Мудрость
родительской

给父母的建议

[苏] B. A. 苏霍姆林斯基 著

吴兴勇 译

любви

民主与建设出版社
·北京·

© 民主与建设出版社，2023

图书在版编目（CIP）数据

给父母的建议 / (苏) B.A.苏霍姆林斯基著；吴兴勇译. -- 北京：民主与建设出版社，2023.5
ISBN 978-7-5139-4190-7

Ⅰ.①给… Ⅱ.①B…②吴… Ⅲ.①家庭教育 Ⅳ.①G78

中国国家版本馆CIP数据核字（2023）第079559号

给父母的建议
GEI FUMU DE JIANYI

著　　者	［苏］B.A.苏霍姆林斯基	
译　　者	吴兴勇	
责任编辑	宁莲佳	
特约策划	高洁琳　刘　优	
封面设计	阿　娅	
出版发行	民主与建设出版社有限责任公司	
电　　话	（010）59417747　59419778	
社　　址	北京市海淀区西三环中路10号望海楼E座7层	
邮　　编	100142	
印　　刷	长沙鸿发印务实业有限公司	
版　　次	2023年5月第1版	
印　　次	2023年6月第1次印刷	
开　　本	870毫米×1230毫米　1/32	
印　　张	10.5	
字　　数	285千字	
书　　号	ISBN 978-7-5139-4190-7	
定　　价	45.80元	

注：如有印、装质量问题，请与出版社联系。

译序

读者们，你们手上的这本《给父母的建议》又名《把整个心灵献给孩子们》，里面包含了 B.A.苏霍姆林斯基(1918—1970)的教育精华。苏霍姆林斯基是苏联最著名的教育实践家和教育理论家，他把自己的一生和全部心血都奉献给了世界上最崇高的事业——教育。苏霍姆林斯基的这些教育建议形成了一套完整的教育体系，并在生活中不断实践检验这套体系。这项检验工作是他在帕夫雷什中学担任校长期间完成的。他从1948年起在该校工作，直到1970年逝世。

在苏霍姆林斯基生活的苏维埃时期，没有一个人对教育学和教育问题漠不关心，各种教育问题影响着整个社会的发展，有关家庭教育的各类书籍层出不穷，人们对家庭教育和学校教育越来越重视。

家庭文明是社会文明的基础，家庭是人类社会的细胞。在家庭教育方面，人们曾走过不少弯路，犯过不少错误。种种不令人宽慰的预测，考虑不周的计划和试验，使人感到压抑的事实，不知出现了多少。于是人们回到原点，重新出发，并且认识到如果没有建立和维持自己家庭的秩序，没有认真注意家庭的各种操心和欢乐的事，就将没有全社会普遍的家庭秩序。

在这个时代，家长们对家庭教育的关切令苏霍姆林斯基激动不安。他没有将学校教育从家庭教育中分离出去，他认为："没有比父母教育人的智慧更复杂的智慧了。"他面向你们——年轻的父母写道："我坚信，家庭——这是海水中神奇的浪花，由浪花中产生出美，如果没有一些神秘的力量产生这种人类的美，学校的职责将永远归结于再教育。"

给父母的建议

读者们读这本书的时候，在字里行间几乎找不到那些令人望而生畏的"科学专门术语"和教育学专家用"教师爷"口吻的告诫、训斥和教诲。这是一本谈话录，是和家长们的谈话，是饱含热情、优美动人、具有诗意的谈话。谈话中包含了对各种个人的痛苦和其生活境遇的叙述，在讲述他们的痛苦和体验的内容中，还涉及了寓言故事、醒世警句、传闻逸事。

苏霍姆林斯基的教育智慧不是置于抽象的结构之中的，也不是分别铺陈在各个栏目中的枯燥无味的事例和鸡毛蒜皮的小事之中的，他的教育智慧是植于人民教育学之中的。这种人民教育学和人民的教育传统紧密联系着，和人民的生活和逻辑学的各种根基紧密联系着，和这种教育学不可分割的是以纯洁的心灵对世界上一切的第一基础——对劳动着的人的热爱。

许多家庭都存在教育失效问题，导致家庭内部混乱，亲子间产生隔阂，出现代沟。现在十分重要的是找到解决这个问题的方法，总结经验，指引我们的孩子走向正确的人生路——做一个好公民。就苏霍姆林斯基的教育来说——这是个完整的东西，是关于一个孩子，关于他的精神生活，而不是单独的"智力的""道德的""劳动的"教育。是作为一种真正的人的教育——这就是他的著作的主要精粹和目的所在。

这本书收集了苏霍姆林斯基在二十世纪六十年代的苏联的报纸、杂志上发表的著作和论文，这些著作和论文中的观点和建议，在今天仍有现实意义。

在这本《给父母的建议》中，苏霍姆林斯基针对如何进行家庭教育和学校教育提出了自己的见解。

针对家庭教育，苏霍姆林斯基建议广大家长不要把孩子始终当作孩子来抚养，而要把他们看成是明天的成年人，要以对成年人的要求来严格管教。要让孩子懂得他是生活在人群当中的，周围的每个人都有各自的需求、忧虑和痛苦，孩子要懂得和理解别人的需求和痛苦，更不能将自己的快乐和幸福建立在别人的痛苦之上，不能养成以自我为中心的观念。以自我为中心的孩子认为周围的人们都是围着他转的，都是为了满足他的需求而存在的，一旦周围的人们向他提出严格的要求，他就会感到很不适应，产生逆反心理，这样的孩子很难教育。

针对学校教育，苏霍姆林斯基的教育法就是要弥补当前学校教育的不足：学生不但要掌握自然科学的知识，而且要掌握生活中的知识。他认为关于人际关系的文化修养课程，一定要在教学计划当中占据一席之地，甚至是最重要的位置——因为我们毕竟生活在人的社会当中。学校教育把一切知识性的东西都教给了学生，却忘记了教生活中最重要、每个公民都应该懂得的学问，即和人相处的学问。

苏霍姆林斯基在这本书的第六次谈话中，谈到一个鲜为人知的、很少有人谈到的方面，那就是爱情在教育子女过程中起的作用。他认为，没有父母作为榜样，没有在父母相互关心和尊重中展现爱情的光与热，就要孩子学会自我教育是不可能的。只有孩子亲眼见到理想的事物，并且被这种理想事物所吸引，才会产生想要做一个好孩子的愿望。在非常微妙的教育领域，只有在人类高尚情操的基础上，道德观念才能形成。而孩子的情感往往是被父母的情感激发出来的。在理想的家庭当中，父母和孩子之间占主导的是一种亲切、坦诚和直率的关系。

父母最重要的就是做好表率，用自己的相互关系来影响和教育孩子，父母的自我教育是影响子女的强有力的手段。教育孩子，实际上就是教育自己，你在教育孩子的时候，也在检验自己的道德和人格。

苏霍姆林斯基认为造成儿童流浪街头、违法犯罪的主要原因是家庭和学校的教育只达到低级的教育学文化水准。很多家长完全不知道如何教育青少年，如何去塑造他们的性格，培养他们的观点和习惯，不知道这个教育过程包含什么内容，应该怎么做。对此，他在书中也

给父母的建议

给了父母一些建议:在使用自己手中的权力的时候,对于孩子的内心世界应该是非常小心谨慎的。每个家长都应该清楚地知道和感觉到,他的直接权力的边界和底线在哪里,孩子隐秘的内心世界的边界是从哪里开始的。对孩子们来说,他们的隐秘的内心世界之所以趣味无穷,恰恰是因为成年人没有介入其中。事实表明,儿童孤僻、冷漠的性格是成年人对儿童生活的世界过分干涉造成的。

难教的儿童和少年,首先是那些没有父母亲、没有享受过幸福家庭生活的孩子。社会教育——是家庭联合学校的教育。父母应该承担教育子女的责任,只要父母各方面健全,就无权把孩子交给其他任何人教育。

针对有的家长和学校信奉的皮鞭教育,苏霍姆林斯基则认为,当皮鞭进入教育的圣殿,这种悲剧还会进一步深化。在教育的圣殿里本该出现智慧和善良的行为,圣殿里的一切都是精神力量作用的结果,可皮鞭的进入让一切都演化为悲剧,直到今天,还有家长(尽管只是一部分)相信皮鞭比说服更有力量。

我们应当使皮鞭教育的那些信仰者丧失信心,并且毫不留情地制止家庭使用皮鞭。教师是不应当动手殴打孩子的。这样做无疑是在借父亲的手殴打孩子,是他犯罪的同谋犯。

体罚削弱了孩子自我教育的力量。如果棍棒让一个处于恐惧状态的小孩子装出端正的模样,那么你真用不着鞭笞孩子了。长期被殴打的孩子,对体罚将不会感到害怕,而温和理智的话语也对他没有了作用。在这种情况下,家长和老师的威信都没有了,往后只能随他去了。

有的人把学校仅仅看作是堆放着知识的仓库。学生每天到学校上学,从这个仓库中获取一部分有价值的东西……谁获取得少,谁就是差生。至于那些获取最少的学生,简直就是毫无希望、不可救药的人。

但学校不是存取知识的仓库,而是点燃智慧之火的火种。每个孩子都是不一样的,学校最重要的任务就是因材施教,让每一个孩子都

译序

能够得到更好的发展。教师是站在人的摇篮旁边，而人是最宏伟的珍品，珍品组成社会的最重要的财富，社会把这笔最重要的财富委托给教师保管和加工，教师应该每时每刻都要记得自己的责任。

学习本能够带来存在的快乐和认知的快乐，如果读书识字对孩子来说，成为使他感到不适和厌恶的事情，难道我们还能平心静气地面对这种局面吗？孩子之所以厌恶和害怕学习，是因为今天也好，明天也好，日复一日，他都觉得自己是一个坏学生。

苏霍姆林斯基劝告教育工作者们：使一个人在学习的园地里成长，这就意味着任何时候都需要谨记，我们是在和一群思维没有定型的孩子打交道。一些孩子的思维比较活跃，像小溪流一样欢快地流淌，另外一些孩子的思维会比较迟钝。不要着急给孩子做定论，不要轻易地给低年级学生打两分。两分是鞭子，是棍棒，会把孩子做一个好学生的愿望的根基毁掉。

教育者的智慧，就在于总是用创造者的眼光来看待自己的教育对象。教育者的真正本事是有办法让受教育对象看得起自己，珍惜自己的人格和尊严。

以上只是苏霍姆林斯基的一小部分教育观点，除去精辟的理论概括外，本书中还有许多生动具体、令人信服的典型事例和富有教育意义的有趣传说和故事，事例中蕴藏着家庭教育的大道理，读完绝对是对自己精神和心灵上的一次洗礼，真心希望有更多的父母能自发阅读这本好书，反思自己在爱情生活、家庭生活和子女教育中的对错与得失，让更多的孩子受益！

吴兴勇

前言

亲爱的母亲、父亲们：

最近这两年我收到了你们寄来的几千封信。对其中的每一封信都做回复是不可能的，但是不回答也是不可能的。每当我打开放着许多母亲、父亲们信件的那些文件夹，我就感到仿佛触摸到许多裸露的心——在这些薄薄的信纸上承载了那么多的痛苦、悲伤和忧愁。就在今天，邮局又送来了九封信。读着这些信，我的心中充满了别人的悲伤。不，不能说这些悲伤是别人的。如果漠不关心地匆匆浏览完这些薄薄的纸片就放置一边，如果不做些什么去帮助他们每一个人，那么会有谁来帮助他们呢？

在一些信件里面，我看到最让母亲感到不安的，是孩子的某些表现违背了父母的期望，给家庭生活带来了阴影。"我的儿子现在上三年级，"新西伯利亚的一位母亲这样写道，"上学之前他就会读书和写字了。一年级的时候还被评为优等生。但是随着时间推移，孩子对学习越来越没有兴趣。得到什么样的分数，三分或是五分，他都无所谓了。到底是什么原因呢？为什么会变成这个样子呢？不仅是我家的孩子，据我了解，别的家长说他们的孩子也变成了这样。我们应该如何培养孩子的学习兴趣？如果要使孩子非常想读书，甚至黎明时就专心于书本，如何才能做到呢？"

"我们该拿正处于青春期的十三岁孩子怎么办呢？"伏尔加顿斯克市的一位父亲在信中写道，"他曾是一个安静、听话、温顺的好孩子……可是不知道为什么，就像我们的爷爷们所说的，好像被谁毒坏了。他开始说粗暴的话，行为不顾我们的劝导，回答我们很没礼貌，和我们对着干。如果以后他的不良言行不断发展下去，该怎么办呢？"

在第三封信中，已经不仅仅是担忧，还有痛苦和绝望。"我只有一个儿子，"顿涅茨克的一位母亲在信中说，"前不久他还在学校里读九年级。我把全部的心血和整个的生命都奉献给了他。我放弃了个人的幸福，为的是把心全部献给他，让他成为一个幸福的人。我失去了一切，为了让他不感到贫苦、缺衣少食。但是很大的灾难突然落到我的身上。有一天，儿子回家对我说：'我已经三天没有去上学了，我再也不想上学了。要是你强迫我去学校，我就离开这个家……'我哭着劝说他改变主意，但是孩子却怒气冲冲地对我说：'我要去工作，我要去挣钱，把你在我身上花的钱全部都还给你，从今以后我再也不认你这个母亲了！'为什么竟有这样的凌辱：这像一把尖锐的刀插在了我的心上。我做了什么事理应遭到这样的报应？要知道我这么含辛茹苦地活着，就是为了他呀……"在人间百态中，重复着同样的悲剧：孩子们不再相信善良和仁慈，他们的心变得蛮横无理、残酷冷漠……于是母亲们发出同样的哀号："怎么办？"

不仅仅是通过写信的方式，我们国家不同城市的母亲带着自己的苦恼坐车来到我这里。我们之间的交谈很沉重，但是也非常坦诚，和在信件中一样有话直说。和她们谈话之后，我更加确信：我们的社会，无论是父亲、母亲，还是即将要建立家庭的年轻人，都需要一本家长教育学，一本关于家庭、关于步入婚姻的道德准备、关于孩子教育的书籍。家长教育学应该成为每个公民手头必备的书籍。家长教育学要在专门的家长教育学校学习。培养人的科学应当位于计划的前列。

社会教育是从家庭开始的。形象地说，教育像是一棵大树，树的根伸入到家庭中，枝叶、花朵、果实需要的营养都是由根部提供的。学校教育的智慧是立足于健康的家庭道德之上的。

长久以来，三十多年的时间里，我每天都要和家长接触。无论是单独交流，还是在家长学校的课堂上，"怎么办"这个问题是家长们提出的各种问题中最尖锐、最迫切的。怎样教育孩子？怎样使父母对孩子的爱、亲热和严格要求达成统一和谐的状态？怎样才能给孩子幸福？没有什么智慧比父母教育孩子的智慧更复杂的了。我的一生都在努力探索和研究这种智慧。你们手中拿到的这本薄薄的《家长教育学》（这次译成中文出版改名为《给父母的建议》）就是我长期思考研究的结果。这本书可能只是家长教育学中的一小部分，我指的是那种父母必备、放置案头的家长教育学，我的书能成为其中的一本就很好了。但愿它能够为家长的智慧宝库增添一点点财富，如果真的做到了，那么作者将会感到莫大的幸福。

目录

家长教育学 ... 001

第一次谈话	让孩子从小就准备好承担为人父母的责任——问题就在这里 ... 002
第二次谈话	为人父母的公民义务和道德责任 ... 007
第三次谈话	对自己的精神面貌进行了解和评判 ... 011
第四次谈话	什么能提升你在孩子心目中的威望 ... 014
第五次谈话	珍惜孩子心中对高尚、完美和坚毅的信念 ... 017
第六次谈话	请珍惜饱含人性的爱情 ... 020
第七次谈话	家庭的道德价值 ... 028

父母必读 ... 033

论家长的教育学素养 ... 034
 和家长集体一道工作 ... 034
 教孩子动脑思考（与家长的谈话） ... 040
 没有惩罚的教育 ... 045
 论家长的教育学素养 ... 050
小心，你面前的是孩子！ ... 057
 父母的权威的重要方面 ... 057

1

道德精神上的依赖源自哪里？ …………………… 062
　　难教的孩子 ……………………………………… 067
　　小心，你面前的是孩子！——致《皮鞭教育学》信件的作者
　　　　　…………………………………………… 074
　　保护孩子心灵的纯洁 …………………………… 079
我们在孩子身上延续自己 …………………………… 095
　　儿子心上的烙印 ………………………………… 095
　　寄语父亲们 ……………………………………… 115
　　我们在孩子身上延续自己 ……………………… 121
　　使自己长大成人 ………………………………… 128
劳动和义务 …………………………………………… 148
　　培养义务感 ……………………………………… 148
　　劳动和义务 ……………………………………… 166
　　写给一位年轻父亲的信 ………………………… 169

给儿子的信 …………………………………… 177

给女儿的信——论爱情 …………………… 303

注释 …………………………………………… 315

家长教育学

　　一个优秀的孩子,他生长的家庭环境一定是幸福的,父母彼此真诚相爱,夫妻俩也热爱和尊重别人的家庭。

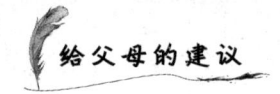

第一次谈话
让孩子从小就准备好承担为人父母的责任
——问题就在这里

母亲带着她的女儿来到学校。

这位母亲……她与十年前相比几乎没什么变化。那个时候,她走向考桌,抽出题签,没有经过特意的准备就轻松地通过了考试——她十分出色地解答了历史科的所有问题,还有文学、数学、化学、物理等学科。她是学校的骄傲。时光飞逝,很多年过去了。如今她已为人母,带着自己的女儿来学校的学前班报名。年轻的母亲仿佛猜到我想了解她的生活情况,便细说道:

"我在大学里进行了两年的学习,成绩很优秀,但是命运并没有眷顾我,我嫁人了。因为丈夫工作的要求,我们需要经常搬家,所以我不得不退学,离开了我喜爱的校园。半年之后,我又和丈夫离婚了。当我和别人说起这些事情的时候,他们要不就是对我感到同情,默不作声,要不就是用一些话来安慰我。同情也好,安慰也好,我都不需要。我现在非常怨恨那些在少年时期教育过我的人。"

她叹了口气,沉默了下来。我能够清楚地感受到,她所气愤的,恰好也是这么多年一直使我困扰、不安的问题。于是我问她:"您有哪些觉得十分委屈的事情?"

"没有学会生活。我想告诉您的是,我和我丈夫离婚,并不是因为我们对彼此失望,也不是大家常说的性格不合,仅仅是因为我们不会生活而已。我不会做妻子,他不会做丈夫。我们两个人不懂得如何相爱，而爱一个人是需要方法和技巧的。我们都无法想象夫妻之爱应该是怎样的，也从来没有人和我们讲过这个事情，哪怕只是涉及都没有。我们没有学会相互尊重，不懂得如何体谅包容身边的人，以及夫妻之间应该相互忍让，我们也不懂得用理智克制情感，不懂得珍惜生活。学会珍惜生活，这是多么重要的事情啊！"

我和这位母亲进行了一次深入的交谈。这次谈话让我印象深刻，永远铭刻在我的记忆当中，留在我的心里。此时，就在我准备写这本《家长教育学》的时候，我还在思考，这本书的第一页应该是什么内容？一本书应该从哪里写起？如果连第一页都没法确定，就像是建房子不打地基，那可太糟糕了。难道不是吗？我们的学校确实没有把这个最基础、最重要的东西——学会生活，教授给学生。我们几乎把所有的东西都教授了，我们的学生知道很多有益的、必要的知识（当然也有一些不是很有用的），比如太阳是由哪些物质组成的，一立方厘米的星际空间有多少个原子，《汉谟拉比法典》[①]有哪些法律条文，什么叫作引力……可是如何应对未来的家庭生活，如何做一个妻子或是丈夫，如何做自己孩子的父母，他们却对此一无所知。教师也好，家长也好，我们都没有认真想过，生活中最重要的、每个公民都应该懂得的学问——与人相处的学问。我们忘记了这一点。形象一点说，人们出生时还不是人，我们需要把他培养成人。一个具有人性的生物，一旦学会了思考，有了情感，就会急忙向一口井奔去，那口井被称为幸福之井——人的幸福之泉。每个人都是渴望幸福的，但并不是每个人都能通过自己的劳动来挖掘这口幸福之井，发现新的幸福源泉。作为教育者，应该从小就教育孩子为了别人的幸福寻找新的源泉，但是非常可惜的是，在我们的教育当中至今没有这样的课程。

如果有一位老师计划利用八年级或者九年级的教育谈话课，和学生们谈谈"年轻家庭中的夫妻关系"这个话题，他一定会被别人认为是个非常奇怪的人。但是，其实和年轻人讨论这个话题，要比讨论亚述利亚王陵墓或者银河系的中心重要得多。

给父母的建议

您肯定也对这种情况有所察觉：在高年级课堂，只要一谈到爱情、婚姻、生养孩子（我指的是文学课，大纲内容一定会不可避免地涉及），少男少女们脸上就会露出笑容，接着窃窃私语……这就像是一面镜子，透过这面镜子，让我看到了高年级学生对人生重大问题和自己未来生活持有轻率的态度。我认为理想的情景应该是这样的：在谈到爱情、婚姻、生养孩子这些话题的时候，一个人——无论是小孩子、儿童还是少年——都应该像一个有教养的人看到有千年历史的艺术古迹一样，怀着一种激动的心情。我们年长的一辈应该善于和儿童、青年谈论人性的伟大和美——包括爱情、婚姻、生儿育女、忠贞不渝的感情、死亡和对往事的怀念等。在我们学会谈论和思考这些问题之前，我们不可能在我们的孩子那里培养出纯洁的心灵和美好的情感。我们的孩子如果对这个领域一无所知，那么总会有一天他们会因此而流泪、痛苦。

在最近的十年里，我对两百对年轻夫妇的离婚原因进行了分析，发现其中一百八十九对都是因为夫妻双方不能相互理解而导致婚姻关系破裂的。他们一起步入婚姻的殿堂，却对夫妻关系中复杂、奥妙的学问完全没有了解，而这恰恰是婚后生活所必需的。没有任何人跟他们说过这些，所以他们也就不知道，结婚意味着年复一年、日复一日地在一间屋子里过日子；婚姻不是几个小时的约会，而是终身的厮守；婚姻生活是巨大的、无法比拟的劳苦运作，是精神上的艰难历程和全力奋斗，要维持这种生活，需要超高的精神文明素养。孩子们需要充分的精神准备和接受睿智学习班的教育。

但是，无论这多么令人惊奇，我们确实没有这样的婚姻生活学习班，家长教育学也由此缺少了第一页。所以，一些年轻人结了婚，却对生儿育女没有丝毫精神和道义方面的准备，面临家庭生活时，就好像是目不识丁的文盲面对一堆哲学难题，一脸茫然。生活要求我们为中学高年级的小伙子和姑娘们开设有关家庭、婚姻、生育和培育子女的课程。讲授这门课程的老师应该是精神富足、道德高尚的人。课程中要运用大量丰富的、令人信服的事例来为未来的父亲、母亲揭示一个真理：结婚意味着从此你要时时刻刻用思想、心灵、情感去与人相处，先是和丈夫或者妻子，然后是自己的孩子。生活上的事情，乍一看，好像只是简单的生活事务，实际上非常复杂，也很微妙，需要用心灵和智慧去慢慢感受和体会。这种看似简单的生活事务需要母亲、父亲和教师的高明智慧。如果我们能真正地在小伙子和姑娘们面前展示生活的智慧和复杂，将有助于他们变得更加成熟、谨慎，像现在很多年轻人言语肤浅、举止轻率的现象就不会出现了。

如果让我来为高年级"家庭、婚姻、爱情、子女"这门最重要的课程编写教学大纲，我会将如何对待人性的欲望放在第一位。要知道，过好婚姻生活，不就是相互爱恋、相互尊重和相互体谅吗？相互爱恋，首先要掌控和管理自己的欲望，为了家庭、父母和孩子的幸福放弃自己的部分欲望，控制自己的欲望。这个世界为人类欲望之花的盛放提供了十分广阔的天地，但是，只有那些能够主宰自己欲望的人才能算得上是幸福的人。亲爱的父亲、母亲们，请一定要记住这句话，然后用这句话来教育您的孩子！您看，忙于离婚的，首先是那些利己主义者，那些个人主义至上者。在这些年轻人眼中，自己的欲望是高于一切的。亲爱的父亲、母亲们，在我们传授给子女的各种学识才智中，最重要的一页，是"怎样使年轻家庭中的个人欲望协调起来"。在将这一页的文字叙述清楚前，我们应该对年轻家庭中可能发生的各种情况进行分析，运用可借鉴的事例来说明：人的欲望是如何产生的；哪些欲望可以满足，又是在什么条件下满足的；而哪些欲望应该克制；如何让自己的欲望符合全家人的共同利益。我并没有夸大其词：不会做丈夫和妻子的年轻父母，往往就像小孩子一样显得孤立无助，没有能力、经验；很遗憾的是，我们也只能够像帮助孩子一样去帮助他们；并且当他们成年生养孩子之日，也就是悲哀降临他们头上之时，对于社会、对于他们的子女来说都将是灾难——因为，在道德和精神方面，他们自己也只是个没有发育成熟的孩子，并不具备为

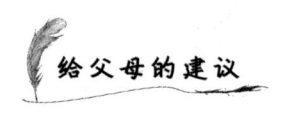

人父母的能力。

我告诉您一个小秘密:"家庭、婚姻、爱情、子女"这门课在我们学校已经开设了。几年来,我们一直在教授小伙子们和姑娘们应该如何做好婚姻和家庭生活方面的精神、道德准备,告诉他们处理人际关系的具体内容是什么,以及如何教育自己的子女,等等。很显然,在教学计划里没有安排的情况下,讲授这一门课不是一件轻松的事情。但是无论面临多少困难,也要讲授给他们,因为这门课和数学、物理、化学是同等重要的,甚至相比起来更加重要。不是每个人都会成为数学家、物理学家、化学家,但是每个人都会成为父亲、母亲,丈夫、妻子。想想看,难道不是这样吗?

不要认为我是在贬低数学和其他自然学科的作用。很显然,这些学科也是非常重要的,没有这些知识,我们甚至都没有资格跨进科学的大门。但是,关于人的知识还是更重要一些。所以,不是今天,就会是明天,关于人和人关系的文化修养课程,一定会在教学计划当中占据一席之地,甚至是最重要的位置,因为我们毕竟是生活在人的社会当中。

亲爱的父亲、母亲们,一定要教育自己的孩子做好为人父母的道德准备!

什么是为人父母的道德准备呢?责任感,责任感,再说一遍,还是责任感!人性鲜明地体现在责任感中,具体表现为一个人承担起对另一个人的责任。要营造人人承担责任的环境氛围,就应当在这样的环境下进行教育,让人有资格承担起"人"这个崇高的称谓。

第二次谈话
为人父母的公民义务和道德责任

父爱和母爱，是很难用语言来表达清楚的，只有等到自己真正成为父亲或母亲，才能充分理解这种感情。我记得一个发生在我们学校的激动人心的事件。一对年轻夫妇——一位男教师和一位女教师已经结婚很长时间了，但是他们没有孩子。他们等了十年之久，期待有朝一日体会到做父母的幸福。可他们已经没有多大信心认为这种幸福会突然降临在他们身上了。但是您看，年轻的妻子终于怀孕了！在教师办公室里，她眼含热泪，兴高采烈地宣布了这个好消息，先是讲给女老师们听，她们又把这个喜讯传给了男老师们。大家都由衷地为他们感到高兴，纷纷祝贺他们。当年轻的父亲把妻子和儿子从医院接回家的时候，他是多么幸福、激动啊！他顺路把儿子抱到了学校，想要对大家说些什么，却忍不住哭了起来。他努力让自己平静下来，说："从听到孩子哭声的那一刻起，我就打心底里觉得自己完全变成了另外一个人。这个孩子是我的心肝宝贝，是从我心中分出去的一块，而且有一种感觉，孩子就是我的第二颗心脏，第二条生命。"他还说，此刻，教室里的孩子在他的眼中完全变了模样，"每一个孩子的痛苦，都让我感同身受，成了我自己的痛苦"。

父亲、母亲们，我们一起认真思考和体会一下这些话吧。孩子是从我们心中分出去的一部分。对于人——万物之灵和世间的创造者来说，没有什么比做父亲、母亲更高尚、更伟大的了。从这一刻起，与你骨肉相连的婴儿开始呼吸，慢慢地睁开眼睛，好奇地打量着这个世界，你的肩上从此承担着巨大的责任。你看孩子的每一个瞬间，也是在

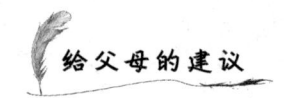

看你自己；你教育孩子，也是在教育你自己，在检验自己的道德和人格。

世界上的职业、专业有几十种、几百种：有的人修铁路，有的人盖房子，有的人种地，有的人行医，还有的人在纺纱织布……但是有一种最包罗万象、最复杂、最高尚的工作，是唯一所有人都在做的，只是在不同家庭当中又各具特色，绝对不会相同的，那就是创造人。

这项工作最明显的一个特点就是，人们可以在其中寻找到无与伦比的幸福和快乐。父亲、母亲在延续人类的同时，也在儿童身上复制着自己。这种复制行为的自觉程度，取决于父母对孩子、对他的未来的道德责任感。我们把这种复制称为教育，它的每一刻都在创造未来和为未来着想。

教育有机地融合着社会教育和家庭教育。在我看来，人类幸福的和谐就在于这种融合。

如果您想身后在社会上留下些痕迹——并非一定要成为著名的作家、学者、宇宙飞船的发明者、科学家、元素周期表上新元素的发现者。教育好孩子，您就能确立自己在社会上的地位，让孩子成为好的公民、好的劳动者、好的儿子、好的女儿和好的父母。

创造人——要求您付出全部的精力，是一项高度紧张的事业。这既需要生活的智慧，也离不开技巧和艺术。孩子不仅仅是幸福的源泉，而且，孩子本身就是幸福——是您辛勤劳动创造出来的幸福。请您记住这些——你既是一个怀着怦怦心跳等待和亲爱的人约会的年轻人，又是一个年轻的父亲，旁边摇篮里的婴儿已经咿咿呀呀学会唱儿歌的年轻父亲；你又是一个长了白头发、因为家庭生活的欢乐和愁苦而变得成熟睿智的父亲，是儿子的父亲，也是孙子的爷爷。为人父母的幸福不是天上掉下的馅饼，它也不会因为年轻的小伙子和小姑娘刚刚办完喜事，并成为丈夫和妻子时，便作为道喜的客人立刻光临。它艰难，它饱经痛苦——这就是幸福。幸福只会光临那些不畏惧单调和辛苦的人们。养育一个孩子是一件十分艰难辛苦的事情，它的复杂性在于它是理智和情感、智慧、爱情和能力，以及刹那因幸福而沉醉又为孩子的未来忧虑的融合。如果丧失了做父母的智慧和能力，那么幸福也会成为泡影。

我记起一段痛苦的往事。我们区里有一个善良的好人,是一个备受尊重、被另眼相看的联合收割机手,因忘我劳动获得勋章的人。他的照片经常登在各种报纸上。有一次,路边的橱窗里摆上了伊万·菲利波维奇的超大相片,上面写着几个大字:"我们学习的榜样!"伊万·菲利波维奇有个儿子,也叫伊万。父亲和母亲很疼爱这个唯一的孩子,但到了爱得丧失理智的地步。伊万西克(对儿子的爱称)所有任性古怪的要求都能得到满足,小宝贝(父母这样称呼他们快十四岁的儿子)要什么就买什么。他享受着父亲的荣誉光环,没有经历过什么磨难,于是成了一个大懒汉。对他来说,一切都唾手可得。但是,在童年和少年时期幸福和欢乐来得越是容易,成年之后能得到的真正的幸福就越少。请你们牢记这一条教育学规律吧,亲爱的父亲、母亲们!老师多次邀请家长伊万·菲利波维奇来学校进行沟通,但是他总是说很忙没有时间,他不是要到集体农庄管委会开会,就是区里请他去进行经验交流,或者是要坐车到邻近的农庄去检查社会主义竞赛的条约。不幸的事情终于发生了:有一天,伊万打伤了班上的女同学,她伤得比较严重,不得不请医生来治疗。学校马上派人去找伊万·菲利波维奇,告诉他:"快,伊万·菲利波维奇,快点去学校,你的儿子遭遇了不幸的事情。""什么不幸的事?"父亲惊慌地问。来人把事情的经过说了一遍,父亲松了口气,说:"我还以为发生了什么天大的不幸呢……我现在没有时间,我要去出席突击手代表大会。"

晚上,伊万·菲利波维奇还是被请到了学校。听完老师焦虑不安的叙述,他一句话也没说,回家就把儿子痛打了一顿,一边说着让他勃然大怒的原因:"让他们再也别叫我去学校了!"然而第二天,伊万西克就跑到田野里抓了两把烂泥,涂抹在橱窗里父亲相片的眼睛处。伊万·菲利波维奇这才明白,教育不是揍人,而是对人的理智和心灵做细致的工作……他明白了,但是为时已晚。这个在生活中发生的真实故事值得我们深思,它对那些儿子还很幼小,或者女儿还未出嫁的父母都很有教育意义。

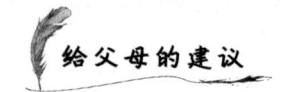

不久前我收到了一封信，是乌拉尔的一位优秀工人寄过来的。他写道："我获得了政府的勋章，大家都来祝贺我，屋子里面充满了欢乐。但是我那十二岁的儿子、五年级的学生，却用离家出走的方式来祝贺我……这些日子对我来说太可怕了。我反反复复思考我做过的事情，我是如何生活的。我最终得出一个结论：我的儿子没有错，实际上是我错了。我不了解儿子每天是如何过的，我唯一的功劳好像就是把他生下来……我没有让他有一个欢乐的童年。只要儿子在学校犯了错误，我就狠狠地打他，儿子因此十分恨我。看，现在的我就像是站在了十字路口：勋章、荣誉、同志们的尊敬对我又有何用，如果最重要的东西都不存在了……"

请多认真思考一下这用血泪写成的字字句句吧！无论您在生产岗位上从事多么责任重大、复杂、富有创造性的工作，您都一定要记住：在您的家里等待着您去做的是更重要、更复杂、更细致的工作——教育人。这不仅对您而言是最重要、最必需、最刻不容缓的工作，也是我们社会的一项最伟大原则的要求：人，是世间最宝贵的。尊敬的父亲、母亲们，我们每个人都应该十分清楚，没受教育、目不识丁、道德低下的人，就像是一架飞机损坏了最核心的部件——发动机，一旦飞上天空，不仅自己会毁灭，也会给别人带来毁灭性的灾难。

如果学校约请您，那么您就去，您最好和工作单位商量请假。据我所知，我们共和国的乡村里，已经有十几个集体农庄都这么做了：如果家庭在教育孩子方面遇到问题需要解决，父亲可以请两周的假。毕竟，孩子因道德无知和不学无术给社会带来的危害，和给父亲两周的时间（当然，这段时间是没有工资的）去认真思考和对孩子进行教育，检查自己的过失所造成的损失相比，要大一千倍一百倍。

有一次，我问一位严格执行给教子不成功的父亲放假制度的农庄主席："这样做造成的经济损失大吗？承担这种损失值得吗？"主席回答说："没有造成直接的损失，为教育孩子迫不得已请假的父亲是不拿工资的。间接的损失倒是有一些，整个农庄大概一年损失一百卢布。不过，社会损失一百卢布，总比社会失去一个人要好得多吧！"

第三次谈话
对自己的精神面貌进行了解和评判

据说,在莫斯科每个月要举办几千次婚礼。这是值得关注的。真希望每一个步入婚姻殿堂的人,都能自我检查一下是不是做好了教育孩子的准备。

"怎么,要是没有做好相应的准备,"一个未来的父亲这样问我,"就不能结婚了吗?"

当然不是这样的。婚姻只是人生中的短暂一节,不应当回答得如此绝对。在人的一生当中,自我教育起着非常大的作用。一个善于自我教育的人,在充分的意义上,可以被称为有教养的人。

对于你,一个年轻人来说,从你产生结婚念头的那一刻起,对自己的精神面貌进行评判,检讨自己的内心,就变得格外重要。婚姻生活和教育子女,就像一朵鲜花上的两片花瓣。一定要记住,未来的父亲,再过几天就要把妻子送进产房里的年轻人:做父亲像是做园丁,他的快乐在于年复一年、废寝忘食地去呵护幼苗慢慢长大,让它避免严寒和酷暑的侵害,但是他最终还是看到了自己辛勤劳动后长出的果实。

教育孩子——这是一种特殊的力量,需要各种精神力量的付出。我们用爱来塑造人,这种爱既有父亲对母亲的爱,也有母亲对父亲的爱,以及对人的尊严和人性美的执着信念。一个优秀的孩子,他生长的家庭环境一定是幸福的,父母彼此真诚相爱,夫妻俩也热爱和尊重别人的家庭。在父母赋予了真诚、美好、无私的家庭中成长的孩子,他们有种独特的气质，我一眼就可以辨认出来。这些孩子心境平和，心灵健康，听从教导，真心相信人世间的美好，对善言教诲和美的熏陶这些影响人心灵的教育手段十分敏感。

时刻反省检查一下自己吧，年轻人，审视一下自己的内心：你具有爱别人的能力吗？你能为他们奉献出自己的精神力量吗？如果没有这方面的天分和能力，整个家长教育学就完全没有意义，只是空谈。请记住，你教育孩子，首先要真诚地爱妻子。而真正的爱，要献出和投入心灵的力量，把对方看作你施予善行的对象，也就是看作你为许多人谋求幸福中的一个。一个好的丈夫应该用爱的力量为自己的家庭创造幸福。这种爱，就像一朵玫瑰花聚集着太阳的光和热一样，这种爱造就你的孩子拥有美好的道德品质。

爱妻子，就应该对她敬若神明、珍惜她、爱护她，不要为对她使用这些字眼感到羞耻，要用你的理智和心灵确信妻子是世界上最好的女人，因为她是你的妻子，是你孩子的母亲。

尊敬的父亲，也许这些话使你感到奇怪。你可能会有疑问："这些和教育孩子有什么关系呢？"很有关系，有直接的、不可分割的关系。夫妻之间的爱情、信任、忠诚不渝和互助——这是为父母的智慧之树输送养料的最细微的根须。

所以，请你，未来的父亲，检查一下自己是否有足够的精神力量从事这项并不轻松的工作——用一生的时间来爱你的妻子。

那么应该如何审视自己、如何去爱呢？一定要提防一种十分危险的迹象，那就是心灵上的麻木。检查自己的心灵存不存在这种恶的种子，如果有，那就赶紧剔除它，不要让它在你的心中萌芽。心灵麻木是对别人漠不关心。你在人多的大街上行走，在人潮汹涌和摩肩接踵之中，你看见了一个人，他的双眼充满焦虑和绝望。你的眼神从这双眼睛上掠过，既没有绝望，也没有焦虑触及你的内心，你没有想到，在你面前的是一个痛苦不堪的人，很有可能，你面前呈现的是他精神世界的崩溃情景，要知道，每一个人的心灵都是一个不可复制的世界。如果你没有感觉到这个世界的存在,说明你已经有了心灵麻木的初期症状。认真关注你身边所发生的一切吧,学会观察和体贴他人吧。一定要记住,在你周围的世界中,最重要的是人!人是多面的,非常复杂,每个人都有自己的喜怒哀乐。如果不在心灵麻木症处于初期阶段就去治疗并战胜它,你就不会把自己的妻子当作一个人来体察和感受,你就不会去爱她,不会努力地帮助她变得更加完美和高尚,这样,你也就不会教育好自己的孩子。

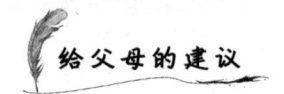

第四次谈话
什么能提升你在孩子心目中的威望

家庭是社会的细胞,包含多方面的人际关系——经济的、道德的、精神的、心理的以及审美的,等等。

让我们来看看一个家庭的命运。年轻的农艺师尼古拉·彼得罗维奇和一个国营畜牧厂的女工玛丽娅相恋并结婚了,幸福快乐地开始了自己的家庭生活。人们帮助这对年轻人盖了房子,是一座石屋。男主人在屋子旁的空地上种上了葡萄,盖上了蜂房,他还把很稀有的良种苹果树和梨树苗栽种在屋旁。石屋和果园、葡萄园连成一片,成了一个静谧宜人的小天地。但是乐极生悲,这个家里的气氛却不像先前那么愉快、轻松和幸福。在这座石屋里的生活变得沉重、闷闷不乐。年复一年,男主人想要发财的欲望越来越强烈。他在花园周围建起了高高的围栏。为了防止有人偷摘鲜花、苹果和葡萄,从早春到晚秋,他每一天都守在花园里。园子当中收获的所有东西都被男主人拿到自由市场去卖了,妻子玛丽娅请求他给家里人留下一点品尝,但男主人并不理会。在靠近房子的地方,他挖地窖,搭板棚,为了灌溉花园和菜园,还添建了电灌设备。他还在园子的深处搭建起温室,在那里不仅培植早熟的西红柿,还培育鲜花——都是为了拿到自由市场上去卖。

尼古拉·彼得罗维奇和玛丽娅有一个独生女儿奥克萨娜。父亲把自己的园子视为禁地,不准她邀请小伙伴来家里做客。女儿中学毕业之后,进入一家乳制品厂工作,随后和一个农机手相爱了。有一天,姑娘带着心爱的人偷偷潜入被白雪覆盖的园子,带他进入温室,摘了几朵美丽的鲜花送给他。没想到父亲突然闯入,他见女儿带着一个小伙子进到他的温室宝地,大发雷霆,一把将鲜花夺去……

"我再也不会踏入这个该受诅咒的家了!"奥克萨娜说道,"您,父亲,一心要损毁我身上一切有关人性的东西,就是您毁了我的童年。您是一个冷酷无情的人!"

奥克萨娜离开了父母。几年过后,母亲也离开了,搬到了女儿那里。家里只剩下尼古拉·彼得罗维奇孤身一人和他的"宝物"相伴。如果幸福建立在卑劣的基础之上,那最终会成为泡影,甚至成为祸患。

财富,只有在它是给家庭带来幸福的时候,才叫作财富。尊敬的父母们,在建造静谧宜人的家庭小窝的时候,一定要记得这句话。我们社会的最高准则:一切为了人,一切都要以人的幸福为目的,这不是什么抽象、空泛的大道理。这是我们处理人与人之间关系的准则,命运为了延续种族而将我们连在一起,也就是说,这也是我们处理和父母以及亲人们关系的准则。

有一次,一位五年级学生的家长对我抱怨说:"我对我的儿子束手无策,我该拿他怎么办呢?他变得不听话、撒谎、逃避干活。就在前一段时间,他撒谎说生病了,没办法参加少先队组织的义务植树活动,实际上他却跑去踢球了。"最让父亲感到不安的是,儿子自私自利,只为自己活着,冷漠无情,他到底在想些什么,也让人捉摸不透。听完他的抱怨,我问道:"请原谅我直言,您觉得您作为父亲做得怎么样?"他回答说:"还可以!"这时我问道:"那您的母亲怎么会一个人孤独地住在一间小屋子里?为什么您让她和家庭、儿孙分开,甚至不允许她和您在一张桌子上共进午餐呢?您母亲住的那间屋子十分残破,只有一扇窗户,您难道没看见吗?就您做的这个表率,还希望自己的儿子正直善良,是个集体主义者吗?您在他的面前高谈为集体应尽的义务、让他时刻将祖国利益放在心上等崇高的言辞,他肯定听不进去。要知道,热爱祖国这棵参天大树需要细嫩的根须提供源源不断的养料。养料取决于您儿子的细微表现,当您的儿子给祖母送去刚摘下来的新鲜苹果和鲜花,端上一杯甘甜的泉水,为老人整理床铺,摆正床头枕头的时候,这些点点滴滴的小事,就是滋养爱国之情这棵参天大树的细嫩根须。"

提高您自己在孩子心目中的地位吧,让孩子们看到您赋予人生的崇高意义吧,由您播撒下的种子将长成茂盛的森林。

镇上来了一位年轻的老师,刚刚大学毕业。某次,他去畜牧场讲课,认识了一位姑娘,一个有着灰色眼睛、灰黄头发的姑娘。姑娘向他讲述了自己的命运:父亲在前线不幸牺牲,母亲生了重病,由于没条件上学,她五年级就退学来畜牧场工作了。年轻的老师爱上了这个姑娘,请求她嫁给他。姑娘却坚决地拒绝了:"您是大学毕业,而我……"但是年轻人没有退却,没有放弃自己心爱的姑娘。三年的时间,他教她学习读书。在漫长的冬夜里,他们一起学到深夜。姑娘聪明又勤奋,通过了中学毕业考试,又考进了医学院,直到这个时候,姑娘才答应嫁给他。姑娘在医学院顺利毕业后成为一名医生,现在夫妻二人幸福地生活着,还有五个孩子。他们的孩子互相友爱、待人诚挚,对父母心里的丝毫波动都能感受到,体贴入微、善良、听话、懂事、热爱劳动。当你细心观察这对父母的孩子们时,首先映入眼帘的,是他们自觉地不给父母带来悲痛、烦恼和忧愁。孩子们竭力要给父母带来幸福,这是父母将对彼此的关切、忠诚和人性细腻的体察投射给孩子而收获到的。我们作为父母,最重要的就是做好表率,用自己的行为来影响和教育孩子,我们一定要永远地记住这一点。

第五次谈话
珍惜孩子心中对高尚、完美和坚毅的信念

世界展现在孩子面前，他认识了很多新奇的事物，一切对他来说都是新的，一切都使他激动：照射进屋内的阳光，"胖娃娃"伊瓦西卡的故事，五颜六色的美丽蝴蝶，远处地平线上的森林，飘动着白云的天空，甚至是老奶奶头上的苍苍白发。但是，孩子面前还有另外的世界，那就是人的世界。如果始终用母亲般慈爱的目光关注和深入影响孩子的心灵，如果孩子在生活的旅途中遇到的一切都像慈母一样善良和温柔，那么世界上将没有不幸、罪行和悲剧，我这里的用意是指我们社会主义世界，没有产生不幸、罪行和悲剧的社会根源。

孩子就是这样开始认识人的世界的——从认识母亲和父亲开始，从认识母亲如何对待他开始，从认识父亲是怎样对待母亲开始。这些认识构成了孩子对善与恶概念的最初的理解。

在一个美好的家庭当中，父亲和母亲和睦融洽地生活着，对人际关系包括对言辞、思想、感情、观念、对情绪的细微体察等十分敏感，敏感（同情与理解）表现为待人友善、同心协力、相互帮助、精神一致、慷慨大气、互相信任、相互尊重等。父母以身作则，把以上的一切都展示给孩子，因而奠定了孩子的信念，这使他对人世间保有美好的信念，保持平静温和的心灵、坦荡无私的心胸，使他面对一切不公平、不道德、反社会的丑恶现象坚决不妥协。假如孩子心中的这种信念破灭了，孩子的心灵就会被悲哀和痛苦所占据，对于家庭、学校和社会生活的道德完美来说，没有什么比儿童因信念破灭而痛苦不

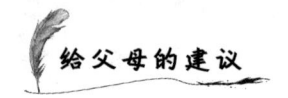

堪更加危险的事情了。

我常常想起尼古拉·普罗霍连科的悲苦命运。只要听到"儿童苦难"这个词，我的眼前就会浮现出他的身影。尼古拉双眼充满着痛苦和哀求，来到父亲那里："爸爸，你什么时候回家？我是多么盼望你能回家呀……"九岁以前，在小尼古拉眼中，父母的关系还算好。父亲会经常帮母亲干家务，每逢傍晚，他都会领着儿子坐在桌子旁，给儿子画飞鸟、野兽，画各种各样稀奇古怪、想象出来的东西。父亲是名司机，到了夏天，会带他去附近旅行。那个时候的科利亚（尼古拉的小名）是多么快乐和幸福哇！但是突然之间，幸福化为乌有，一切都改变了。妈妈和爸爸成了陌生人，相互不再交流，连吃饭的时候都是低垂着眼睛，谁也不看谁。后来，最可怕的事情发生了：爸爸再也不回家了。妈妈说："现在我们要过没有父亲的生活了。"这句话如五雷轰顶，给了小科利亚十分沉重的打击。

在学校里，教育这类孩子是一件难上加难的事情。这些孩子不仅需要教师，还需要治疗心理创伤的医生，需要拯救他们的人。在他们身上必须花费许多精力和时间。这些孩子的信念已经破灭，不再相信这世上还存在高尚、理想、坚强和勇敢，为了让他们重新建立起对人和善良人性的信心，可不是件容易的事。

在科利亚·普罗霍连科家里发生的悲剧并不是例外。那些不想或者不能攀登人的道德情感顶峰的家长们，正在持续不断地散播不幸，遭受着灾难。

常常有这样的情况，孩子向善的信念并没有和科利亚·普罗霍连科一样完全丧失，但是却成了不听话的孩子，正如他们的父亲所说的，春风灌不进驴耳！哪怕是金玉良言也听不进去，左耳进右耳出。这个时候，尊敬的家长们，你们就需要反思一下自己，你们的夫妻关系是不是在什么地方出现了裂痕。要知道，这些裂痕开始时都非常细小，让人很难察觉。经营家庭生活的道路并不平坦，有精神—心理和道德—审美的"坑洼"：一个人对他毕生命运与共的人视而不见、冷漠无情；或是对彼此的不满不加掩饰地轻易表露出来；或是最初打算共同走完一生的两人好几年不沟通、彼此厌烦，精神上相互排斥。

在经营家庭生活的道路上，要绕过这些"坑洼"，善于为家庭生活创造伟大、无价的财富——互敬互爱和包容体谅，这么一来，家庭才能营造出最适宜孩子健康成长的教育气氛。

给父母的建议

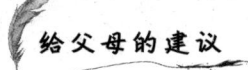

第六次谈话
请珍惜饱含人性的爱情

请您善于爱护、尊重、赞扬并且完善你们的爱情——这种情感非常微妙、变化无常又温柔、强烈又脆弱、可靠又需要智慧，是人的精神力量中最高尚的财富。

有成千上万首诗篇描写它，有数百万首歌曲颂扬它，它变得更加复杂。尊敬的父母们，我想和你们一起，关注爱情的一个侧面，这是一个鲜为人知的、很少有人谈到的方面——那就是爱情在教育子女过程中起到的作用。

在我记忆的苍穹当中，关于尼古拉·菲利波维奇的记忆，犹如一颗灿烂的星星，永远无法忘记。尼古拉·菲利波维奇是一位非常好的医生，一个十分富有同情心的人，他在第聂伯河河边的一个小镇上生活了四十二年。妻子玛丽娅为他生了六个孩子，三个儿子和三个女儿。每当尼古拉·菲利波维奇做完大型手术回到家中时，往往疲惫不堪，一点儿力气也使不出了。他的妻子总是非常体谅他，说："就在这里，在这个葡萄藤下的凉亭躺下休息吧，没有什么比你的工作更加辛苦的了……"但是尼古拉·菲利波维奇总是笑着回答说："不，亲爱的，世界上最辛劳的是母亲。母亲的工作最繁重，最劳累，也是最光荣的。我解救人脱离痛苦，而你却是在创造人的幸福，创造人类。"

我一想起尼古拉·菲利波维奇的生平，就思绪不断。在他的一生中反映出合乎人性的精神力量——人的爱情财富。夏日，太阳缓缓升起，玛丽娅因为白天照料孩子十分劳累，这时还在熟睡，孩子们也在睡梦当中。尼古拉·菲利波维奇醒了，为了不惊动妻子和孩子们，他轻轻地下床，到花园剪下了一枝玫瑰，拿回卧室，插进靠近妻子床头的小桌上的木质花瓶中。这个花瓶是他婚后第一年花费了几个月的时间精心制作的，现在它被静静地放置在桌上，像是一片竖立的槭树叶……玛丽娅睡意蒙眬，在半梦半醒间，隐隐约约听到丈夫小心翼翼的脚步声，床头的玫瑰散发着幽幽香气，芬芳迷人……她再也睡不着了，幸福地闭着眼睛，想要再躺上半小时。

在夫妻相处的几十年中，尼古拉·菲利波维奇天天都是这样。他盖了一个小温室专门养花。无论什么季节和天气，哪怕是严寒的冬季，或是湿冷的秋季，或是寒气未退去的早春，他都会在黎明起床，来到这个小温室，剪下一枝玫瑰送给妻子，这是多么浪漫哪！孩子们一个接一个长大了。长大的孩子也和父亲一样，每天早早起床。于是，花瓶里就有了两枝鲜花，然后三枝、四枝，一直到七枝……

尼古拉·菲利波维奇去世了，儿子和女儿们长大后飞向祖国各地，唯有母亲玛丽娅至今生活在第聂伯河河边的那个小镇里。每年，只要到了玛丽娅的生日，儿女们不管工作多么忙碌，不管离她多么遥远，都会不远万里回到她的身边。于是，木质的花瓶中又有了七枝红得耀眼的玫瑰，其中六枝是孩子们送的，另外一枝是孩子替父亲送的……玛丽娅并没有去任何一个孩子那里定居，因为如果把这个特权给了其中一个孩子，其他五个孩子都会感到极其委屈。

每当谈起要如何教育孩子，我都会想起这个家庭的情况。人的爱有一股巨大的教育能量，千万不要小看它。谁用自己的生活为这个人类无价精神的宝库增添财富，那么谁就能够在自我教育的同时也教育孩子。正如列夫·托尔斯泰[②]所说的：教育孩子的实质在于教育自己。父母的自我教育是影响子女的强有力手段。

尊敬的父母们，以及即将迈上家庭生活第一个阶梯的小伙子、姑娘们，为什么我们今天要谈论爱情这个话题呢？因为这并不是有关爱情的泛论，而是关于最神圣的教育事业的谈话。提到人的爱情——一定要一再强调其本质，爱情不只是幸福，不只是寻欢作乐和满足欲望的最纯净的源泉。爱情给婚姻生活带来欢乐和愉悦，同时也带来最艰巨、最复杂和最重大的义务（因为这项义务是永久的）。伏尔泰③曾经说过："婚姻带来的，要么是最大的幸福，要么是最大的灾难。"如果它是幸福——婚姻本身就是一座人间天堂……如果您明白婚姻的复杂性，如果您认识到婚姻是作为公民的职责，作为肉体和心灵、智慧和理想的职责而存在的，那么，幸福的婚姻也将成为辛勤劳作的一片沃土，而这种劳作，被称为人类的爱情。

在这种微妙精细的劳作中，蕴含着教育孩子的智慧。尽管爱情是以异性之间的相互吸引为前提，并且没有意识是不可能开始的，但爱情不是自然的吸引和本能。仅仅靠自然的吸引，靠本能的推动进入婚姻，那么，用不了多长时间，甚至可能不到一个月，双方喜爱的感觉就会被耗尽，因为那不是爱情。爱情是心灵和肉体、智慧和理想、幸福和责任的结合体。

这一切都有一根红线贯穿其中，那就是劳动，劳动，还是劳动——孜孜不倦地、精心地劳动，这样的劳动为身为父母的你们创造了合乎人性的精神财富。

一个小伙子和一个姑娘热烈相爱了。人们向他们提出劝告："请你们互相好好观察和审视一番。""用不着，我们相信彼此的爱情，它是永恒的。"他们结婚了，在一起生活了几个月，她怀了孕，可你瞧，另一个姑娘落入年轻丈夫的视线，他突然感到，对妻子的爱情消失了。对他们不过是一次离婚，对社会却是一个悲剧。可对还没有出生的孩子来说，是一生的悲哀呀！为什么这样的事情会层出不穷？为了避免这种事应怎样去教育年轻一代呢？

不仅仅要教育，还要自我教育。这种教育要摆在首位——这一点非常重要。在年轻人那里，什么感情都没有，只有对享乐的渴望，他们错以为这就是爱情。他们的婚姻缺少了最重要的东西，那就是孜孜不倦地劳动。这种劳动的实质，就是将自己的精神力量传递给另外一个人，让他在精神上感到更加丰富、幸福。在年轻伴侣相互创造幸福感的时候，在最细致、最稳固的财富存在于日常的关切之中的时候，那么，彼此的爱情就是永恒的。那时就不会突然发现一个人比另一个人更好。爱情和婚姻，总的来说，不能做比较——这一个好些，那一个差一些。每个人都是独一无二的个体，每个人都有自己的闪光之处。随着一个婴儿出生，一个新的世界也就随之诞生了。女人在生养孩子的时候，担任着妻子和母亲的双重角色，她在自己美好的人性中呈现出了独一无二性，不过这种独一无二性是我们用孜孜不倦的劳动创造出来的。正如乌克兰的一个古老谚语所说，有一个好的丈夫就有一个好的妻子，妻子就是清澈的井水，看她一眼，就能够知道自己未来是什么模样；反之，对妻子来说也是一样的，丈夫也是妻子的井水。

　　人的精神中最有力和最精巧的财富——爱情，犹如音乐，有令人心醉的、迷人的美，影响着孩子的心灵。这种财富不断地拨动孩子的敏感心弦——对话语、善意、爱抚和真诚有了敏锐的感知。如果一个人的童年始终在爱的照耀下，这样的人会互相创造幸福，他对父母的言语、善意、教导、赠言、建议或警告都能够很敏感地感知和领悟到。在尼古拉·菲利波维奇家里有一条特殊的规矩，那就是每次吃完饭后，所有的孩子必须要一起收拾餐桌、洗刷餐具（孩子们的年龄没有相差很大——最大的和最小的孩子相差九岁）。有一次，全家人在梨树下用餐，最小的、年龄六岁的女儿忘记了这件事，妈妈责怪地摇摇头，帮她做了本该她去做的事情。小女儿难受得哭了，她良心上过不去，深深感受到了愧疚……

　　那么，我们到底应该如何教育自己，教育孩子呢？

　　如果要我们在关于爱情的诸多丰富的同义词中，挑选一个最能表达以孜孜不倦地劳动为爱情的本质的词语，那么这个词将是义务。

爱情的教育力量就在于人对人的义务美。爱情意味着用心灵去感知人最细微的精神需要。这种用心灵感知人的能力，由父母传递给孩子时，无须用言语解释，是通过父母榜样的力量传递给孩子的。尼古拉·菲利波维奇并没有要求孩子们和他一样大清早起床并且给母亲带鲜花，或者，按小姑娘们所称呼的，"清晨的花"。他没有投入特殊的努力去让孩子们看见他是如何走进花园或者温室并且带回花朵的。孩子们睡熟了，他们像是在梦境当中感觉到父亲在做什么，又是为了什么这样做，他在表达怎样的情感，这种情感带给了母亲什么。孩子们学会感知人的渴望——对幸福的渴望。他们不禁想要去迎合这种渴望，于是，他们行动起来，不断地做好事，给母亲带来欢乐。对母亲来说，"清晨的花"意义非凡——这是人性美的顶峰，是尼古拉·菲利波维奇一家用不懈的劳动创造出来的人类精神财富的最高峰。而通向最高峰的是布满石块的、多刺的艰难小径。将六个孩子养大并教育——需要母亲付出巨大的体力和精神力量。当父亲在日常生活中承担了一些力所能及的家务劳动，孩子们都能从父亲的这些行为中感受到父亲对母亲辛勤付出的态度。令他们特别感动的是父亲的细心与敏锐，他的心灵感知能力，即时刻感知到母亲的不轻松和需要帮助的能力。谈论榜样的力量，伟大的哲学家列夫·托尔斯泰曾经说过：发展这种能力并进行自我教育——这是最好的、最显著的榜样。如果父亲在幼小的孩子眼中正在不懈地发展这种感知能力，妻子奔忙和操劳的事逐渐变成他奔忙和操劳的事，家庭就成了情感和道德教育的学校。谁也没有特意去教育孩子不要对人们冷淡无情，但他们都体贴、热情、善良、细心。父亲的自我教育为他们培养了这种体贴之心。

卡尔·马克思曾经说过：只有存在持久爱情的婚姻才是合乎道德的婚姻。爱情不仅是人无价的精神财富，同时是持续在变化的财富。爱情不是钻石，钻石的色泽和光辉几十年都不会有改变。爱情是宝石，它的色泽每一年，甚至每一个月都在不断变化。最神奇、最令人吃惊的是，这颗宝石属于谁，谁就成为它的色泽的主宰者。我们要向魔术师学习，他掌控着宝石的色彩变化，这项伟大艺术依附于他的智慧。爱情的教育力量，正是依附于这种艺术，除此之外，心灵和肉体、智慧和理想、幸福和责任相结合的婚姻的牢固程度，也依附于这种艺术。如果除了这种强烈的情欲，婚姻中没有其他任何的纽带和支撑点，您的爱情宝石就变成了一块煤炭。于是您的家变成了地狱，对孩子们来说，他们即将遭受痛苦，变得冷漠无情，甚至对人失去信任。在有着高尚道德情操的婚姻中，最初的爱情之火会成为无比珍贵的回忆，终生被铭记，这种火焰仿佛一道映照新生活的光亮——彼此创造幸福、共同养育孩子。在有着高尚道德情操、持续多年的婚姻中，人与人之间的关系是和谐的，首先是一个人对待妻子和母亲的态度会反映出他对待生活的态度。为什么这么说呢？因为妇女、妻子、母亲首先是新生命的创造者，当这种思路、这种理想像一条红线贯穿整个家庭生活时，孩子就会以父母为榜样，首先以父亲为榜样，珍惜生活，热爱生活，对待生活就像对待无与伦比的宝物一样。

学会珍惜生活吧——这是道德行为的主要根茎，敏感、同情、亲切、诚挚、关心他人等枝叶都靠这块主要根茎输送养料。我认识一个很美好的家庭，丈夫是拖拉机手班组的统计员，妻子是挤奶员。妻子的工作很繁重，一周有好几天需要在清晨六点钟就去畜牧场上班，为了给家里人准备早餐，她需要在清晨四点起床。丈夫不让妻子这么早起床，于是他四点钟起床准备好早餐和午餐，先送妻子上班，然后再回来送孩子们去上学。丈夫下午四点钟下班回来的时候，孩子们已经放学回家了，而妻子还在上班。父亲和孩子们吃过午餐之后，会一起准备晚饭。父亲和孩子们干家务活是在一种念头的鼓舞下进行的："我们的母亲太辛苦了！对她来说，今天又是一个紧张的工作日。我们要做出最美味的晚餐，把所有的活儿做完，让妈妈回家之后能够好好休息。"做家务活对孩子们来说并不是游戏，而是对最珍贵的人——母亲的一种关爱和照顾。儿女们为了带给母亲欢乐，日复一日地不吝惜肉体和精神上的消耗，母亲就是他们最珍贵的人。对于人们来说，在

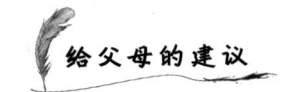

其中倾注了心血的东西就是珍贵的。如果您是一位母亲，想要成为儿女最爱惜、最珍贵的人，那么就让他们尽力为您创造快乐和幸福吧！

从很多细小甚至不为人所察觉的事情当中，儿童的心灵便可体会到成人是如何对待人类头上美的花冠——妇女的。每一次，当母亲忙于辛苦、紧张的工作还没有回家的时候，父亲和孩子们便一起准备晚饭，同时取一块干净的毛巾在洗漱池旁边挂好，等着母亲回来使用。母亲——最伟大的女性劳动者，这块干净的毛巾，表达了父亲对她的劳动、对人类美的化身、对生命源泉的尊重和关爱。

这当中就存在爱的教育、自我教育和以自己的行为做榜样教育孩子。只有存在父亲的自我教育的家庭，才能孕育出自我教育的孩子。没有父亲这个榜样在先，所有关于儿童进行自我教育的言语都是纸上谈兵。没有父母作为榜样，没有在父母相互关心和尊重中展现爱情的光与热，就要孩子学会自我教育是不可能的。只有孩子亲眼见到理想的事物，并且被这种理想事物所吸引，才会产生想要做一个好孩子的愿望。在非常微妙的教育领域，只有在人类高尚情操的基础上，道德观念才能形成。而孩子的情感往往是被父母的情感激发出来的。

我的学生瓦利娅·科布扎莉在毕业典礼前讲述了自己童年时代一段非常深刻的记忆：

在我七岁那年，妈妈生了一场重病，父亲不分昼夜地守护在床前照顾妈妈。我记得有一次，不知道怎么回事，我醒得特别早，天还没亮就醒了。只见妈妈呼吸急促，父亲正俯下身，深情地望着妈妈的脸。他十分悲伤，眼睛里面流露出痛苦和爱恋。就在那个瞬间，我体会到了人的生命所展现出来的一个不为人知的侧面，那就是忠诚。也是从那个时候起，我真正地爱上了我的父亲。

十年时间转瞬即逝，父亲和母亲还是那么幸福和谐。他们是我在这个世界上最爱的人。我对父亲的情感是一种很特殊的情感。因此，我从来没有不听他的话或是对他说谎。每当我注视着他的眼睛，都能看到人类永不熄灭的爱情的光芒。

父亲、母亲们,仔细揣摩这些话吧!仔细想一想我们的所作所为、言行举止、思想情感会给孩子的心灵带来什么影响,想一想我们将用什么来充实孩子的身体和心灵,如何增加自己在他们心中的分量。有一种精神力量,它无比强大,只有它才能把我们的形象,一个真正的人的美好的形象印在孩子们心中,那就是人类最宝贵和伟大的财富——爱情!让我们用自己的生活来创造这个财富吧!爱情就存在于父母心中,有了爱情,我们就有了教育孩子的手段。

给父母的建议

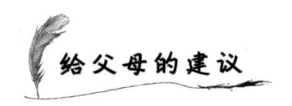

第七次谈话
家庭的道德价值

乌克兰伟大的作家、诗人伊·彼·科特利亚列夫斯基[4]完美地表达了乌克兰国民教育学中的幸福家庭理想:"家庭是一个温馨、宁静的地方;在这里,每个人都很自在、快乐、幸福……"每当我思考"家庭和谐"这个大而内涵丰富的概念时,脑海里第一个想到的就是阿列克赛·马特韦耶维奇一家。阿列克赛是我们集体农庄的庄员,乡亲们都很尊重他。他和妻子玛丽娅·米哈伊洛夫娜曾经都是我们学校的学生,现在他们的三个孩子也是我们学校的学生。

令我们这些老师感动的是,在这个家庭当中,父母和孩子之间占主导的是一种亲切、坦诚、直率的关系。谁想要真正掌握亲子教育学的奥秘,就应当特别重视父母和孩子之间的这种关系。玛琳卡从学校里回家,还没来得及推开门,母亲就从她的眼神中察觉到了什么,思量女儿在学校里并非一切顺利。

"女儿,你今天发生了什么事吗?"

女儿告诉妈妈,今天学校进行了算术课的书面测验,题目很难,她的计算出现了错误……看到外祖母玛丽娅沉默地坐在窗前,神色忧郁,孩子们就会很担心,一个接一个地走近她,问道:"外祖母,请问您是哪里不舒服吗?我能为您做些什么呢?"奥列霞、彼得里克、玛琳卡在放学之后,稍作休息,就开始做家庭作业。尽自己的力量做好每一件事情,这是家庭里的一条重要规定。

有一次(在奥列霞刚满四岁,阿列克赛·马特韦耶维奇一家只有两个学生来学校上学时）学校开家长会，家长的话题提到这家的孩子细心、温柔，夸赞这是个荣誉感很强的家庭，每个孩子做事都很认真努力。于是班主任对这位母亲说："尊敬的玛丽娅·米哈伊洛夫娜，请您来讲述一下，让每个家长都听听，您是如何教育孩子的，如何在他们心灵中培养出这些珍贵品质的！令人遗憾的是，对于大多数家庭而言，这些珍贵的品质还好像空中飞翔的小鸟，看得见却抓不着。"

母亲笑了笑，回答说："我和丈夫都没有时间教育孩子。我们都很忙，每天要上班：丈夫在畜牧场上班，而我在地里，或者在打谷场、果园，反正夏天哪儿需要工作，就在哪里劳动，冬天则和丈夫一起在畜牧场工作。孩子们和外祖母一起待在家中。我们家制定了一条规矩：孩子一学会走路就得干活，不光是做自己家里的活，还要为别人干活。孩子必须学会尊重他人，必须用充满人性的眼光看待他人……这是谁也不能破坏的家规，我们没有时间来专门教育孩子。所以，到底如何教育孩子，还是请那些不用上班、在家陪孩子的家长来谈谈吧。"

她这么一说，我们这些老师、家长终于明白，母亲所说的没有教育的做法，实际上才是真正的教育。

真正的教育——就是母亲说的那条谁都不能破坏的家规吗？

其实是人与人之间的高尚、美好的关系。多年以来，我们一直在思考是什么精神力量将阿列克赛·马特韦耶维奇一家人紧紧团结在一起，我们在其他家庭里其实也看到了这股精神力量新颖的体现。逐渐清晰的是：具有教育力量的最主要的道德财富，其实就是家人之间相互关心、相互尊重的态度。占据阿列克赛·马特韦耶维奇家庭（以及许多其他的优秀家庭）的是人的崇拜，对他人的道德品质和义务的崇拜。

孩子们学着用父母的眼光来观察和看待世界，像父亲那样尊重母亲和外祖母，尊重妇女，尊重人——教育的强大精神力量正是建立在这样的基础上。可以说，妇女——母亲和外祖母成为情感、审美、道

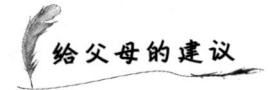

德和精神的中心，是整个家庭的主人。父亲下班回来的第一件事情，就是急忙去问孩子们：母亲和外祖母的身体状况如何。无论他有什么刻不容缓的事情要办，占据首位的还是她们的健康。父亲三十岁生日那天的场景让女儿玛琳卡永生难忘。生日宴会的各项准备工作已经就绪，客人们马上就要到达，外祖母玛丽娅却突发疾病。"什么节日都不必管了！"父亲说着，急忙把外祖母送进了医院。

至于母亲在家长会上提到的做人的规矩，究竟意味着什么——其实就是用充满人性的眼光来看待人。奥列霞是最小的孩子，她四岁那年外祖母去世了。孩子们在外祖母的坟前栽满了鲜花，在自己家房屋旁也栽种了玫瑰，孩子们把这种玫瑰叫作"外祖母玛丽娅玫瑰"。外祖母是五月份去世的，每年到这个时候，三个孩子（玛琳卡、彼得里克、奥列霞）都会在阳光灿烂的日子里到外婆的坟前悼念，并献上一束鲜艳的玫瑰。阿列克赛·马特韦耶维奇家把这一天叫作外祖母日。

也许有人觉得我谈这些没有什么意义，没必要说坟前的鲜花、呈献给死者的玫瑰丛、家庭纪念日——外祖母日。但我想说的是，如果没有一件件具体的事情，就无从谈起真正的教育；没有它们，家庭的精神支柱就不复存在。法国民间有一句古老的谚语：生者如果忘记了死者，死者就会报复。生活会告诉我们这种报复是残酷的，它会让生机勃勃的沃土荒废，长出满是荆棘的野生灌木，使人的心灵从柔软到坚硬，变得冷酷无情、吝啬小气；而以尊敬、爱戴的心情纪念逝者，会让活着的人更加充满生机。坟前的鲜花、外祖母的玫瑰、外祖母日……它们就像是植物的根部，吸收和输送大地的营养，来滋养人性这棵大树的枝叶，让它枝繁叶茂。

在阿列克赛·马特韦耶维奇家，父亲所做的一切，都是为了让孩子们懂得体谅和珍惜母亲。在夏天和早春，畜牧场的工作要比大田栽种甜菜轻松一些，于是，当大田工作比较繁重的时候，父亲就会和母亲调换，他去大田工作，让妻子去畜牧场做轻松一点儿的工作。父亲总是挑最重的活干。这一点，孩子们已经习惯了。他们会以父亲为榜样，向他学习，也用一个男人的高尚、刚强的眼光去看待母亲。

在阿列克赛·马特韦耶维奇这样的家庭里，教育的艺术正是存在于人际关系创造的道德财富之中。在这种人际关系中，热爱与善良是与庄严的义务、辛勤的劳动以及父母的榜样等紧密交织在一起的。阿列克赛·马特韦耶维奇和玛丽娅·米哈伊洛夫娜的孩子们之所以拥有勤劳、诚实、热情、善良等宝贵品质，是因为他们的父母——他们最亲爱的人——为他们树立了好的榜样，展示了作为人的崇高形象。父亲身体力行，一方面给孩子们做好榜样，给他们展现了一个高尚的人应该具备哪些品质，哪怕是最细微的特点；另一方面，从小就唤醒他们的良知——学会珍惜自己的善，做个严于律己的人。

如果要用几句话来概括家长教育学的全部精华，可归结为：我们的孩子需在要求自己方面达到无比严格的程度，至少能做到这一点（这里我要夸张一点）：在为儿子举办婚礼的宴会上，所有的客人都喝得酩酊大醉，身为母亲也要坚信自己的孩子会清醒地回来……独自一人时，对自己仍严格要求，心中有道德规范，不忘待人忠诚和公正——对父母亲来说，这是崇高的期望和理想。而当这种理想达成的时候，对孩子的温柔、爱抚是同严格的要求、应尽的义务，同毫不妥协地对待恶行结合起来的。

玛琳卡在参加隆重的入团仪式之前曾经告诉我说：

我不记得我是从什么时候开始干活的，只记得我总是在干活。那是很久很久以前的事情了。那时我大约七岁，父亲安排我栽种三棵葡萄树苗——当时我做这类工作已经十分娴熟了。我挖了一个土坑，浇了一些水，然后把葡萄苗栽进去。但是在栽下葡萄苗之前，我因为偷懒没有做一道工序——没有按照要求把这些葡萄苗的根在泥浆里面浸润一下，我当时想了想，反正都是要埋进土里的，到底有没有浸润过，谁知道呢？晚上，父亲问我葡萄苗的根在泥浆里面浸润过了吗？我对父亲撒了谎，我长这么大，无论是之前还是之后，从没有撒过

给父母的建议

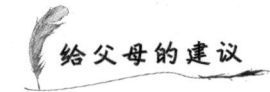

谎。我的谎言被父亲察觉了,他沉默不语,只是紧紧地盯着我的眼睛,然后沉重地叹了口气,我看到他的腰有些弯了,好像肩上扛着一副沉重的担子。他挖出我栽下的葡萄苗,在桶里的泥浆里浸了浸,重新栽种到土里……我在一旁看着父亲的动作,内心十分羞愧,脸色通红……做完这些后,父亲对我说:"你可以骗过其他人,但是你永远骗不了自己。"

家长们常常这样向教师抱怨:"我们该拿儿子怎么办呢?他听不进去为他好的话语。你告诉他这是好事,可以做,那是坏事,不能做,可他当耳旁风,怎么对他说也白搭……脑袋不开窍!"孩子听不进去教导,这真是教育的悲哀。父母对说服教育失去信心,于是用暴力教育,挥起了拳头和鞭子……如何预防这种不幸发生呢?怎样才能做到用语言拨动孩子的心弦,让孩子能够在心灵上与父母产生共鸣继而能进行沟通呢?要做到这一点,就必须让孩子在童年就得经历一项伟大的教育——细腻、真诚的人际关系。这种人际关系是家庭中最主要的道德财富。

父母必读

没有哪一对父母不希望自己的孩子健康成长,他们都希望孩子成长为诚实可靠、热爱劳动、对社会有用的好人。但是不幸的是,并不是所有的父母都会教育孩子。

给父母的建议

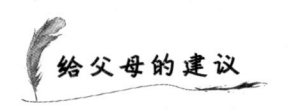

论家长的教育学素养

和家长集体一道工作

多年以来,我们学校和家长沟通的工作与大多数学校没有区别:定期召开家长会,以及平时在学校或者家里与家长交谈;家长委员会成员们也会有他们自己的工作计划。但是所有这些工作加在一起,都没有达成建立家长集体的目的。我们学生们的家长不在一个地方工作,由此可见,家长集体不可能直接建立在企业或机关里。家长们只能在家长会上见面,这时家长关心的也只是自己孩子的学业成绩和平时表现,对于全班或者全校的问题,兴趣不大,关心甚少。

因为没有建立家长集体,在需要家庭和学校在教育儿童上实现统一要求的时候,家长们很难达成共识。这也是我们要建立起友好而且目的明确的家长集体的原因。显而易见,只是召开各种家长会议不可能建立这样的家长集体;除了开会之外,家长集体还必须要承担起其他工作,要让它和任何一个工厂、农庄、机关集体等单位一样,积极并且富有创造性地开展活动。

教育儿童,这是一种劳动,而且是一种细致复杂、需要耐心的劳动。既然孩子们是在同一所学校学习,那么他们的家长就会有一些共同的利益,在这些利益的基础上,就可以建立团结一致的家长集体。

首先,我们应当确定家长集体在解决学校面临的主要任务中的作用和地位,而学校的主要任务是提高学生知识的质量。我们研究了学生的家庭,发现随着时代的发展,家长的文化水平发生了很大的变化。在过半数的双亲家庭里,只有一百一十对父母受过小学教育,而正是在这些家庭中,学生的哥哥、姐姐们却具有高等或者中等学历,家长中有许多工程师、技术员、农艺师以及其他方面的专家,他们都具有一定的知识储备和知识水平,毫无疑问,他们有能力在教育、教学的各个方面来帮助我们。现在我们所面临的问题是,如何积极而有计划性地吸引这些家长参与到这项工作中。

为此,我们决定召开一次家长会,专门讨论监督学生完成家庭作业的方法。我们打算以这个所有家长都感兴趣的重要问题为契机,着手建立起我们的家长集体。在召开家长会之前,在我们这里,关于家长是如何监督和检查孩子完成家庭作业的,已经形成了一个明确的概念。在这种监督中有一条占据优势的原则——只要孩子是在做看书写字之类的事情,家长通常会认为他们就是在学习功课,至于他在做些什么,他是怎样学完功课的,大多数家长并不去关心这些问题。

教师们还特意在学生做家庭作业的时间段里到四十五名学生家里进行调查,发现他们都只完成第二天老师要检查的作业。比如,七年级在周二和周六有几何课,那么就把几何作业放在周一和周五放学之后做,其他的时间不仅不做几何作业,连几何书都不会碰一下。这样的场面在其他的家庭作业中也可以看到。学生之所以几乎每天都在忙忙碌碌,是因为他们几乎每一个明天都有课。而家长并不知道实际情况,对孩子的表现感到十分满意,以为他们的孩子按照应有的方式做好了应该做的一切,做的事都符合需要。

在家长会上,我们详细给家长介绍了学校安排家庭作业时间表的原则,告诉他们,家长的任务不仅是监督学生在家里是否做作业,更重要的是,要帮助孩子以省时省力、富有成效的方法去完成作业。我们还告诉家长,若要使学生熟记教材中的知识,学生不仅要为了明天的课做准备,而且还要完成今天学的功课的家庭作业。只有这样,才能把知识记牢。

家长会上,轮到家长们发言,他们烦请老师注意学生的负担和面临的压力,指出每天的作业量不均衡,每周有几天的作业特别多,孩

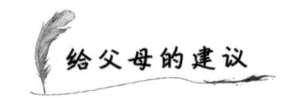

子做不完。家长们的批评指正使我们相信,只要双方共同努力,我们很快就能够克服教学工作中的缺点。

这次举办家长会效果显著:家长们开始提醒学生们做作业时不要仓促完事,要避免一知半解。建立家长集体的下一步工作,就是组织"家长日"活动。为此,我们前期花了很长时间做准备,因为我们希望这一天所有家长都能够来参加,希望能用具体的事例去告诉家长:孩子们做家庭作业时他们应该怎么做,不应该怎么做。

学校设置了专门的展览室,以便家长们能够直接看到孩子做的各种作业和他们亲手做出来的教具。家长委员会还专门出版了一期墙报,叫作"家庭和学校"。

十月底,全校各个年级都开展了"家长日"活动。很多学生的父母都来了。当着学生的面,班主任介绍了学生的学习情况,还讲了学生在回答课堂提问、家庭作业和书面作业上出现的问题。六年级班主任 M. A. 雷萨克详细地介绍了女学生 T.[5]在家是如何准备功课的,以及她是如何回答地理、历史、物理等课的问题的。例如,每逢星期二和星期五,六年级有历史课。在星期二(紧接着课后),女学生 T. 总会复习历史年表资料,并且根据课本复习刚教完的功课,星期三也这样。到了星期四,她使用各种资料,总能把家庭作业全部做好,对她来说,这些资料已经在脑子里形成了印象,运用起来毫不费力。这就是多次的复习促成牢固的记忆。

班主任通知家长,校务会议为每个年级都编制了完成家庭作业和复习的时间表。在家中多次复习刚教过的教材资料——是这个时间表的基础。学生应该在功课刚教完的当天就在头脑里巩固,尽管距离下次上课还有两三天的时间,也要如此。这几天,学生还是应该大致浏览教材不断复习。在下一次上课前,对教过的资料进行最后的复习和巩固。

班主任讲完后,学生们先回家,家长们留了下来。班主任继续和家长们谈话。班主任列举了具体生动的例子,来说明在准备功课时如何做是正确的，如何做是不正确的，同时特别提醒家长们，学生应当严格执行做家庭作业和复习的时间表，习惯于在规定的时间内做好习题。在这期间，家庭长辈中的某一位应当监督，使每个学生能独立地完成作业。教师们引用一些有说服力的例子：两三个人聚集在一起做作业（特别是有关算术、代数和几何等科的作业）不利于那些对知识理解较慢的学生提高成绩，一些学生往往不愿动脑思考，养成抄袭的坏习惯。

这里不妨说一个事例。工人 M. 有两个女儿——玛丽娅和娜杰日达，都是七年级学生。玛丽娅理解能力强，记忆力好，记东西很快，而娜杰日达掌握教材上的基本内容需要花费更长的时间和更多的思考。但是姐妹两个人天天一起做作业。这导致娜杰日达在没有很好地理解功课内容并且不会解答习题的情况下，就抄袭了玛丽娅的作业。娜杰日达代数科和几何科最终只得了两分。如果学生们做功课全靠父母帮助或组成小组做作业，一定会出现同样的结果。

教师们向家长解释：帮助学生在家复习功课的要领，不是替他完成作业，而是监督他独立完成作业，其中包括学会大声朗读作业。学生大声朗读作业，可以检查自己掌握知识的程度。

"家长日"活动之后，全体教师、校长和教务主任开始了每周两次的家访。家访的时间一般会安排在学生做家庭作业的时候。老师们首先会去到那些不会独立完成作业甚至不能够完成作业的学生的家，看看他们在家是不是独立做作业，会遇到什么困难，然后帮助他们安排学习计划以便顺利完成每一次的作业。

举一个家访中具体的例子吧：五年级的学生 K. 在第一个学季俄语、历史、地理这三门课程考得很差。家长不明白为什么会这样，因为他们觉得孩子学习很努力，经常一坐就是好几个小时。班主任 B. A. 斯科奇科家访时发现，学生 K. 做家庭作业时从来都不检查。例如，他会长久地坐在历史课本前，努力一字不差地背熟所有内容，女教师就指导这个学生：应该先通读一遍，理解全部教材内容，然后把教材分为若干部分，对各个部分进行叙述，最后叙述全篇内容。有历史意义的日期要分别列出，时常复习这些时间。家长开始遵照女教师的指导去检查儿子的家庭作业。经过一个月，学生 K. 已经能很好地完成俄语、历史、地理这三门科目的功课，获得了令人满意的分数。

教会学生不仅做好第二天老师要检查的习题，而且还要对当天的功课复习和记忆，这可是一件十分困难的事情。学生们都感到惊讶：如果必须完成第二天要交给老师检查的习题，怎么还来得及复习和掌握学习了好多天的功课呢？改变学习习惯需要好几个星期的时间，经过一番努力，我们最终还是成功了。我们是这样调整规划的：每天放学后，学生们回到家里，先休息一会儿，紧接着在规定时间内开始复习和熟记刚学的功课。先是做好书面练习，然后是口头练习，回答问题。学生们很快习惯了这种学习程序，这大大节约了时间。所有上课时老师讲述的东西，学生都记忆犹新。这些东西很容易被牢记，余下的时间便变得很宽裕，可以做完明天要交的作业了。

每周每一位教师要进行两次家访，学校一共有二十五名教师，每周可以访问五十个家庭。这样我们在两个半月内，就对全校学生展开了一次家访。这次家访取得了很好的效果，我们不仅研究了每个学生独立做家庭作业的情况，还发现下一阶段我们应该做的是：让所有家长对学生的要求保持一致。通过家访，我们对每个家庭、每位父亲和母亲教育孩子的方法有了实际的了解。家长们都很欢迎我们家访，为了提高孩子的学习成绩，他们愿意做任何事情。

六月底，我们决定召开第二次家长会。像第一次一样，我们把这次家长会也称为家长学术会议，这么称呼绝对不是过分夸张，因为我们家长的思想文化水平都很高，使我们能够站在现代教育科学要求的高度上来开展家长工作。在家长会现场，我们阐明了关于教学—教育工作中的一些问题，还宣传了伊·彼·巴甫洛夫⑥的学说和安·谢·马卡连柯⑦极富创造性的教育思想。

第二次家长会，家长络绎不绝前来参加，几乎全体出席，由于学校的场地有限，我们借用镇上俱乐部的大礼堂，才勉强把大家安置下来。校长做了报告，表示在教师和家长的共同努力下，在培养学生养成独立学习的习惯方面取得了初步成绩。大多数家长已经明白了有关家庭作业的教育学要求，于是校长尽可能把主要注意力放在个别家长的错误上。

家长们也借此机会分享了自己在指导和督促孩子做好家庭作业方面的经验。例如，四年级学生 Б. 的父亲告诉大家，自从自己的儿子开始独立做作业，他的成绩提高了。五年级学生 Л. 的母亲也表示，因为严格遵守学校编制的复习功课时间表，孩子学习的耐心和在规定时间完成作业的习惯已经根深蒂固。

除了经验分享外，也有对个别家长和教师的批评意见。例如，家长 Ш. 讲，在职员 М. 的家庭里，源源不断地给孩子礼物变成了孩子取得好成绩的刺激因素。家长们还指出有的教师给学生布置太多作业，加重了学生的负担，或者是布置作业不均衡。

家长们的发言表明了一个事实，那就是家长集体和教师集体开始有了共同的目标和追求，家长不仅仅关心自己的孩子成绩如何，也关心整个学校的工作。

在学年末尾，我们又召开了一次家长会议，一起研究和探讨家庭应如何对孩子进行思想教育。集体农庄庄员 Ш. 做了《我的家庭》的报告，讲述自己是如何教育孩子们从小热爱劳动、互相帮助，如何让孩子们理解自己在集体农庄所做的工作。报告很精彩，听众们被深深吸引，并且展开了热烈的讨论。大家一致认为家长应该以身作则，通过自己的日常劳动和个人言行为孩子们树立好榜样。

直到学年末我们也没有忘记主要的事情——要求家长监督学生完成作业。教师们家访已没有那么频繁——这方面已不是十万火急，但

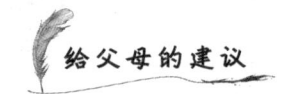

是这样的家访依然有条不紊地进行着。

学年总结时,我发现学生的各基础学科成绩有了很大提高。

在家长集体的帮助下,学校的综合技术教育取得了改善。家长帮助我们与农机站、发电站、集体农庄建立起密切的联系。物理老师也组织了一系列参观学习活动,帮助孩子们了解内燃机、电动机和各种农用机械。家长集体还帮助我们组织了与农业生产先进工作者的座谈会。

家长会上也讨论过社会主义农业对毕业生的要求。这次座谈会让教师集体和家长集体的关系变得更加紧密融洽。

本学年我们继续进行着巩固家长集体的相关工作:每个学季召开一次家长会讨论最重要的教育问题;家长委员会每月出一期墙报,反映家长的诉求;学校为家长举办辅导课,这已经成为一种传统。现在每对父母每天都会抽出时间来指导孩子们学习,对他们的教育给予更热切的关注。坚持监督孩子正确地完成家庭作业。当天学到的功课,孩子们就在当天复习巩固。这样做大大减轻了学生们的脑力劳动,也使他们的劳动更有成效。

这一学年,在地理、物理、历史、自然、化学、文学、苏联宪法这些学科中,所有学生都及格了。我们坚信,随着家长工作的不断改进和完善,留级现象会被我们完全消灭。

教孩子动脑思考(与家长的谈话)

不久之前,我在基诺沃格勒旅行的时候认识了一位年轻的铁路工人。他工作的地方是一个小火车站,那里很偏僻,甚至都没有一所小学。年轻的父亲刚从学校开完家长会回来,他那双忧郁的眼睛让我感到惊奇,他的内心好像深藏着痛苦,让我久久不能平静。

"我儿子现在上三年级,住在一个远房亲戚家里,"这位父亲告诉我,"如果您不仅是一位教师,还是一位父亲,那么您就能够理解我了。难道还有什么比从老师口中听到这样的话更痛苦的吗?老师说:'您的儿子很安静、遵守纪律、热爱劳动,但是……他的智力不行。他能够拿到三分就已经很不错了。'我理解老师的意思,我儿子确实很少拿到四分,五分从来没有拿到过,连三分都很少拿到。别的孩子一节课能够做三四道题,但是我的萨什卡一道也做不出来,他甚至读不懂题目的意思。这到底是为什么呢?难道是孩子的智力发育出了什么问题?请相信,我愿意用我的后半生让我的儿子聪明起来。"

和一位父亲谈论这个话题并不轻松,实在是太沉重了。对于深爱自己孩子的父亲来说,还有什么会比孩子更加珍贵呢!这是一个永恒的真理,因为人生活的意义,就在于能在一个新人身上再现自己,而且要在更高的水平上再现自己;要使自己的孩子在智慧、道德、审美等各个方面都比我们——孩子的父母——有着更高的发展水平。尽管进行这样的谈话并不是件轻松的事情,但是一定不能回避,是需要谈论的。

在现代,在每个公民的创作力都得到蓬勃发展的社会主义时代,个人的命运和幸福是由他的智力发展所决定的。一个在某种程度上感到自己智力发展不充分或感到自己智力有残缺的人是非常不幸的。请您看看那些犯罪、违法的少年们,他们是些什么样的人?他们中有许多是学识浅薄的人,由于多种多样的原因而缺少智力财富,他们被遗弃在一旁,无法得到人类长期积累的精神财富。

在我们的社会当中,只要还有不学无术的人或是在学习上不断失败的倒霉蛋,我们就不可能让所有的社会成员都获得真正意义上的幸福,而个人幸福是社会幸福的保证。毫不奇怪,孩子学习困难会让家长感到十分不安:为什么其他孩子可以学习得很好,而自己的孩子仿佛被命运指定学业成绩超不过三分?这是怎么搞的——命运安排的吗?为什么命运对一些人如此不公平呢?要知道我们马上就要对年

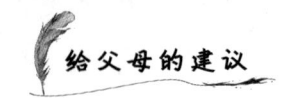

青一代实施中等义务教育,这是历史上从来没有发生的事情。每一个人都必须接受中等教育。这就意味着某个名叫瓦洛佳或者科利亚的差生被老师费九牛二虎之力硬推着、勉强读完八年级后,还必须继续学习,他们必须读完十年级。

这个问题到了非常尖锐的地步。不仅要正确回答伤心的父母提出的各种问题,还要帮助父母找到他们的瓦洛佳或者科利亚发展智力的方法,还要尽量防止出人意料的、不幸的事,有时甚至是悲剧的发生:年轻的公民对自己失去信心,不仅从学校这艘航船上落水,还让自己与社会对立,与社会不断发生矛盾冲突。

防止此类不幸的事件发生,不能只靠学校的力量。父亲、母亲和教师一样,也是教育者,他们作为人的智慧的创造者,丝毫不亚于教师。而且,在孩子出生以前,他的智力就已经在自己父母的根基之上生长出来,人的教育,也就是胎教,当他还在母亲肚子里的时候就已经开始了。

对你们来说,亲爱的父亲、母亲们,都希望孩子是聪明伶俐的,希望人类的精神财富和思想价值都成为他的所有物。实现这些夙愿取决于什么呢?总的来说,儿童和成人的智力取决于什么呢?

原因有许多。首先应该探讨一个原因,它体现为一种不负责任的态度,就是一些年轻父母对待新的生命抱着不负责任的态度。总而言之,儿童健康,尤其是儿童的智力发展有个非常可怕的敌人,这个敌人的名字就是父母嗜酒。在一对嗜酒成癖的父母那儿,孩子被生下来,大脑皮层的细胞发育或多或少会有偏差和畸形。生下一个身体有缺陷的人,并非父母一定是个嗜酒成癖者,只要父亲或者母亲处于严重的醉酒状态就可以了。在父母醉酒时受孕的胎儿,在胚胎里已经带有"胎儿酒精综合征"的痕迹。在一些情况中,这些偏差和畸形,严重的情况下,会表现为孩子天生智力落后,愚不可及,注定只能在针对智力低下儿童的专门学校里学习。在轻一些的情况下,大脑皮层的细胞发育不充分的情况表露得不那么明显,这样的孩子也会思维迟钝，记忆力薄弱。这些孩子一生都要背负沉重的包袱，而这个包袱是轻浮的父母亲强加给孩子的。

为什么要说这一点呢？因为非常遗憾，我们学校就有这样一群孩子，由于父母酗酒导致他们的智力发育受损。我们学校有一个少年——某酒鬼的儿子。他就是一个不幸的人，无论怎样的教育都无法弥补由于父母的罪过而导致他智力的损害。他费了九牛二虎之力，才学会写字；到了五年级，才第一次能够独立解答三年级的简单算术题目；刚刚记住了一条规则，两个小时后就完全忘在脑后；刚把算术题题目读完，就忘了开头说的什么。记性太差是智力发育的缺陷，是脑细胞损伤的结果。在这种情形下，医学已经起不到任何作用。只有耐心细致的教育才有可能在某种程度上帮助孩子的智力发展，但是说实话，只有很少一部分的教师有能力胜任这样的工作。

年轻的父亲、母亲们，请你们记住，你们孩子的健康和智力发展取决于你们自己。一定要记住，创造人，并不是一个简单的生物行为。人之所以和动物有区别，就在于他清楚地意识到自己的活动，生育行为是有意识的，他能在孩子身上再现自己。

儿童智力的发展在很大程度上还取决于环境，孩子是从周围的环境当中获得对世界的最初认识。我们先谈一谈人的环境，谈一谈复杂的、多面的相互关系，通过环境和种种相互关系，孩子认识到自己作为自然界的一部分，是有理性、有才能、有创造性的生物。

从孩子有意识地跨出人生的第一步起，父母就应当引导他观察周围世界中各种事物和现象之间的因果联系。让他小小年纪就学会观察。学会观察，学会发现那些第一眼看来没有什么特色的事物的能力，这种才能是支撑思维翅膀飞翔的空气。理性、思维、智慧的最初源泉就隐藏在周围世界之中，隐藏在那些人人能看见、能认识、使他们感兴趣的现象当中。可以想象，几万年以前，我们的祖先迸发出第一颗思想火花的时刻，一定是他发现了他不明白又很想搞明白的某种事物或现象的时刻。

从遥远的人类文明启蒙时代直到今天，周围世界，首先是自然界，一直是极宝贵的、取之不尽的思想源泉。智慧最初的表现形式就是求知欲。您带着自己四岁的儿子外出散步，眼看着遇到一片森林，森林后面是人工栽种的小树林，有松树、云杉、橡树、白蜡树……孩子自己不能辨别天然森林和人工栽种林之间的区别。应当培养他的好奇心——教他去观察。您可以问您的儿子："看看这些大树和后面的小树，老树和新树之间有什么区别呢？"孩子可能一下子察觉不出区别来，但是只要他用心观察，就一定能有所发现。他的眼睛会闪现出欢乐的光芒，高兴地大喊："森林里的树木都不会整齐均匀地排成一列，但是你看，小树林里的树木排列得多么整齐呀！"

"思考一下，为什么会这样呢？"您继续问儿子，于是儿子又要转动他的大脑了。他很想迅速弄明白他不懂的事情，很显然，他不是总能成功的。但是即使他回答不了您提出的问题，即使您自己说出了答案，好奇心的火花已经在儿童意识里闪烁。假设您没有激发起他的求知欲，没有引导他去寻求小树林里树木排列得整齐的原因，假设他不知道人可以用双手培植森林，您的儿子也将会发现那些从来没有注意过的东西。

你们走进一片古老、茂密的森林，眼前是橡树和白蜡树粗壮的树干，这时孩子就会发现，这些树干上长着绿色的苔藓，而且它们只长在背阴的那一面。"这是为什么呢？"孩子会好奇地问。他掌握的知识还不足以去解释这个令人惊奇的自然现象，大自然的神秘又一次令他惊叹不已。你们走进森林深处，孩子大声喊叫："爱——琴——海！"森林的某处远远地回应着，回声在山谷中荡漾，在远处消失了。孩子听到这个神奇的声音又会提出一个新的"为什么？"

孩子认识世界的道路就这样开始了。请你们利用每一个空闲的时间，引导孩子一步一个脚印地在这条路上顺利地走下去。请您带他一起去大自然的各个地方感受吧，去田野、去森林、去池塘边。哪怕是最不引人注目的长着小灌木丛的小沟壑里，也隐藏着好多令人惊奇的东西，只要您善于发现它们并引导您的孩子发现它们，令您的孩子感到迷惑诧异的、难以忘怀的时刻，就是求知思想飞跃的时刻。

那些惊奇的事物刹那间在儿童的大脑里涌现，思维细胞之间就构建起了极为精密复杂的网络体系。周围世界展现在您孩子面前的各种事物和现象变得多姿多彩，他无法理解的、难以猜测的事物也就越多：为什么夏天太阳高悬天空，而冬天太阳却矮矮地挂在天边？为什么高大的橡树结出的橡果小小的，但是纤细的瓜藤却结出大大的西瓜和南瓜？为什么天空出现闪电，紧接着就有雷鸣呢？冬季的时候，为什么有些小鸟要迁徙到温暖的南方，而另一些小鸟却留下来和我们一起过冬？您的孩子在大自然中遨游，不时提出成千上万个类似的问题。幼年时期从周围世界看到的东西越多，他提出的问题也越多，他的眼光就越锐利，记忆就越深刻长久。让我们竭尽所能地培养孩子的智慧，教他们学会思考吧！

没有惩罚的教育

人们将一个十四岁的少年押送到基洛夫市警察局的儿童临时收容所。他是个机灵、活泼的孩子，通过调查，他留了很多次级，在五年级待了近三年，这次他离家出走了……在警察局里他反反复复地说着一句话："我绝对不回家，也绝对不去上学！"

儿童收容所要求学校给孩子写鉴定，校长做了以下回复：学生费奥多尔·C.是个非常难管教、好恶作剧的顽童。他嘲讽愚弄老师时的那副样子，简直就像个二流子和大笨蛋。现在已经查明，在离家出走之前，费奥多尔曾经多次在学校课堂上捣乱，学猫叫，学狗叫；在离家出走的途中，他曾经取下车站商店的玻璃，从橱窗里拿走了一个背包、一个小手电筒和几节电池。"这种违法犯罪行为应该受到严厉的惩罚。这样的学生绝对不能留在普通的学校！"校长生气而严肃地说，完成了对自己学生的鉴定。

我们还是要回过头来讲述费佳（费奥多尔的小名）的命运。暂且让我们掩卷深思，家长同志们，无论你从事什么职业，无论你是工人、医生、教师，还是党务工作者或者经济工作者，或者你还是个年轻人——并没有孩子，是未来的父亲或母亲，通过这件事让我们都来思考一个问题：为什么至今还有流浪、无人监管的孩子？这种社会反常现象的根源在何处？要知道，它的危险性不仅仅在于事件本身，还在于它会使一部分青少年品德败坏、道德扭曲，然后就此进入社会并造成危害。童年无人照管是一颗罪恶的种子，一旦他长大成人，就会结出恶果。

我坚信，造成儿童流浪街头、违法犯罪的主要原因是家庭和学校的教育只达到低级的教育水平。是时候让家长们和教师们都深刻意识到，无论是没有家庭协助的学校，还是没有学校介入的家庭，都不可能独自承担起最精细、最复杂的创造人的任务。然而现实情况是，家庭和学校互不理睬、沟通，只是按照自己的标准来教育孩子。

许多家长完全不知道如何教育青少年，如何去塑造他们的性格，培养他们的观点和习惯，不知道这个教育过程包含什么内容，应该怎么做。没有哪一对父母不希望自己的孩子健康成长，他们都希望孩子成长为诚实可靠、热爱劳动、对社会有用的好人。但是不幸的是，并不是所有的父母都会教育孩子。

实践出真知，它让我们相信，对于成年人来说，孩子本身就是最大的教育力量。事实上，有孩子的家庭为教师们创造了有良好教育效果的可能性，他们可以把这个家庭打造成培养纯洁道德、高尚思想、真诚人际关系的教育基地。如果在学校的帮助下，在一对年轻夫妇的家庭里打下了较高的家庭—学校教育的高级教育水平的坚实基础，那么，就连孩子也能创造出奇迹：这种家庭的孩子绝对不会允许父亲成为酒鬼，他会制止父母之间粗鲁的谈话和无意义的争吵。这就是我们认为指导家长如何教育孩子是教师们最重要的任务的原因。

在我们学校，家长学校开展活动已经有十五年之久了。它有好几个组：没有孩子的年轻夫妇分在第一组；即将入学的学前儿童家长分在第二组；其他年龄段学生的家长也相应地进行了分组。

孩子们在学校学习十年，而他们的家长要在家长学校里学习十三年。父母都要参加学习，毫无例外。如果哪位家长因为特殊原因不能出席讲座，需要得到校长或者班主任的许可。

每个小组每月需要学习两次，每次持续时间大概是一个半小时，由校长、教务主任和优秀教师担任主持人。作为校长，我一向认为这方面的工作是学校领导人的所有任务中最必需、最重要的。

有的读者可能会问：假如在一个学校里有七个家长小组开展活动，一个月内至少要把家长们找来集训两次，这么一来，一位教师只做好与家长谈话的工作都不容易。不，我们不会感到工作负荷太大，因为我们从许多不必要的工作中解脱了出来，而且学校有多种灵活的同家长交往的形式。我们不用总是到孩子们的家里去，他们的父母可以到我们这儿来。

教师们在培训家长的时候，总是尽量生动具体地说明：正确地教育儿童、少年、小伙子和姑娘们究竟意味着什么。不是空喊口号，或只是发出号召，然而遗憾的是，有时召集家长开会往往流于形式。我们要给父母提出合适的建议。

例如，培训新婚夫妇，也就是未来的家长时，谈话离不开夫妇关系的道德操守，以及如何控制自己的欲望，从而使自己的欲望能够与他人的欲望调和起来。按日常生活中的理解被称为幸福或不幸福、成功或不成功、两人创造的精神财富（然后是一家人创造的）等，这一切东西都建立在人际关系的道德操守上面。在讲课的时候，我们既做到不触及人们的隐私，又能够很有分寸地触动人内心深处极宝贵的、严禁侵犯的角落，这种方法正中年轻父亲和母亲的心怀。顺便提一句，这些年轻夫妇几乎都是我们以前的学生。

列夫·托尔斯泰说过：孩子的降临让父母置身于一个特殊的"敏感区域"。我们要在孩子出生之前，把这个敏感区域尽可能全面清楚地展示在父母面前,让他们有所准备,同时我们深信,他们在以身作则教育孩子时,自己的一举一动、一言一行都会在孩子那儿留下有关智慧、德行和心灵的痕迹。

我们在培训即将入学的孩子们的家长时,教会家长如何发展和锻炼孩子的智力和语言,如何培养孩子的情感。我们为他们开设了"父与子""母与女""家庭是学习人际关系的学校""儿童的道德教育"等专题讲座。

儿童的劳动锻炼是家庭教育当中最重要的组成部分,具有非常重要的作用。人们常会想到,民间教育有一条富有智慧的谚语:从孩子学会用勺子吃饭的那一天起,就应该教他劳动。在我们学生的家里,劳动成为建立家庭成员文明关系的基础。为了他人,为了他人的幸福和快乐而劳动,就像一根红线贯穿在整个家庭生活当中。

我们和父母一起努力,从孩子自己有意识地生活起直到发育成熟,都不断要求他为他人做一些事情。比如在孩子七岁即将入学的时候,让他在自家院子里为妈妈栽种一棵苹果树,等到果实成熟,把苹果摘下来献给亲爱的妈妈。

如果孩子成长到十一二岁,回顾自己童年的时候却看不到任何劳动成果,不能够满意地对自己说:"这片茂密的小树林,是我为了方便大家休息而栽种的;那株葡萄藤,也是我为大家栽种的。"那么,这个儿童受到的教育显然是片面和不足的。

"儿童、少年把为他人、为社会劳动当作是快乐的源泉,就完全用不着惩罚。"多年的经验让我们相信这个教育规律的真实性。这样的孩子完全不需要惩罚,甚至与惩罚有关的问题都不会产生。不需要动用惩罚意味着没有违反纪律和破坏组织的孩子。

是的,我可以肯定地说,我们学校的学生不知道什么是惩罚。这首先是因为他们童年的快乐源泉,是对创造的渴望和在为别人做好事时体验到的成就感和满足感。在我们学校,少先队和班级不会"严厉斥责"孩子;家庭中抽皮带、打后脑勺以及其他形式的惩罚也完全消失了。

如果做不到这一点，就很难说家庭—学校联合教育具备最起码的教育学素养。弗·伊·列宁说过：只有学校能够巩固革命的成果。然而，没有惩罚的教育不只是属于范围有限的学校的事情，这是进行全社会共产主义改造的最重要的问题。对最复杂、最精细的领域——人的意识、行为、相互关系应该实行没有惩罚的教育。

经常会听到一种议论，说是为了杜绝犯罪，惩罚必须更加严厉和残酷。这种说法是错误的！如果在童年、少年和青年早期没有惩罚，更准确地说，如果没有惩罚的必要，就不存在犯罪了。

我最开始讲到了离家出走的男孩子费佳。当时就弄清楚了，对于费佳来说，不论是在学校还是家里，都好像身处地狱。他学习很吃力，怎么努力都学不好功课，老师只会没完没了地在家长联系簿上写："您的儿子不愿意学习，请采取措施……""他的表现很坏，请采取措施……"父母每一次把家长簿放下之后，就会"采取措施"——把孩子狠狠地打一顿。孩子对老师和父母充满恨意，于是开始故意不做作业，故意破坏纪律。

每个人都应该记住：如果孩子老是因受到惩罚而恐惧，他内在的、天生的自我教育力量就会不断减弱，惩罚越多、越残酷，自我教育力量（存心向善的力量）就会越微弱。

惩罚，尤其是当它的公正性受到怀疑时（在大多数家庭冲突中常有这样的情况发生），会使人的心灵和性格变得粗野、凶狠、残忍。在童年和少年时期经常受到惩罚的人，无论是警察局的儿童收容所、法庭，或是劳动改造营，都不会使他感到害怕。

与其他灾难相比，我们教育工作者最害怕、最感到头疼的就是心灵的粗野、道德上的厚颜无耻和对高尚美好事物的麻木。它也会在家庭，在儿童幼年时萌生。只有在教育学修养最重要的发源地——学校的帮助下，才能够预防这种灾难。

当然，也有很难教育、非常难教育的家庭。但是，我在学校工作

了几十年，还没有遇到过完全不可救药的家长，还没有遇到过内心没有存留一星半点善良火花的人。把一粒微不足道的火星变成明亮的火炬，这是教师的一个非常艰巨同时又非常高尚的任务。

针对未成年人的共产主义教育这个尖锐问题，如果缺乏家庭—学校联合教育的高度的教育学素养，要成功解决这些问题是不可能的。

论家长的教育学素养

1. 语言的魅力

不管我们的学前教育机构有多么出色，培养幼儿智慧和思想的最主要的"专家"仍然是父母。孩子由家庭生活走进长辈成熟和智慧的世界，这是儿童思维的基础，父母家人的这种作用是任何人都不能取代的。学者们在托儿所、幼儿园通过大量的观察证明：当同一年龄（例如三至四岁）的幼儿们长期只有孩子之间的交往，而失去了长辈们个人的精神影响，他们的思维发展就会变得十分缓慢。只有每天都能和母亲、父亲、奶奶、爷爷、哥哥、姐姐接触的环境，才是适合儿童思维发展的环境。当然，我没有否定学前教育机构对幼儿的巨大影响，但是把儿童的全面发展，包括智慧教育应办的事统统推给这些机构，是不应当的。

当今时代，我们正在进入社会的发展时期，全体民众，特别是父母的教育学素养是影响每个公民履行自己的社会义务的重要因素，而这种义务首先在于教育好年轻一代。所以，必须提高家长的教育学素养，尤其是那些影响儿童思维全面发展方面的素养。在我们学校，为还没有上学的孩子父母创建了"家长学校"。教师集体坚信，对于教师和家长来说，很难找到比帮助儿童形成和发展思维更为重要的事情了。事实确实是这样。比方说，一个孩子入学的时候很聪明，观察力很敏锐，领悟力很强，记忆力也很好，但是另一个孩子思维缓慢，理解力和记忆力都很差。是什么原因呢？在这些问题的探索上，我们曾经是盲目的，形象点说，在还没有为未来的学生父母亲建立学校以前，我们就像是摸索着寻找小路的盲人。

每次家长学习活动都有一个专门的主题。例如，儿童的解剖生理学特点、儿童的神经系统、儿童身体和心理的发育、儿童的精神生活，等等。培训家长提高教育学素养的主要形式是开展引用各种实例的讲座，由校长、副校长以及高级教师主讲。

我们努力让家长清楚自己在儿童精神发展中承担的重要责任。

我记得，为了让家长清楚所处环境对儿童智慧形成的影响，在一次家长学习活动中我跟他们讲了几百年前印度国王阿克巴尔的故事。

阿克巴尔听哲人们说，无论孩子童年处于什么环境，即使没有人教他们学习祖先的语言，印度人的孩子都会说印度语，中国人的孩子都会说中国话，于是他想要验证一下哲人的话是不是真的。遵照国王的命令，在与外界完全隔绝的房间里，分别安置了三十个不同国家的还在吃奶的婴儿。由几个没有舌头的仆人照料孩子，食物则是让一个不能说话的阉人从小窗口递进来。孩子们居住的房间的钥匙被国王挂在自己胸前，谁也不能出入这个屋子。孩子们就在这样的环境中慢慢长大，从来都没有听到过人说话的声音。

七年过去了。一天，在哲人们的陪同下，国王打开了屋子的房门，但是他听到的不是人的语言，而是一片模糊不清的叫喊……面对这样的情况，这些"最聪明"的哲人丢尽脸面。

从科学的观点来看，这个试验（如果这种灭绝人性的行为也能称为试验的话）是严密的。阿克巴尔像许多人一样，证明了环境对于处在生命早期的儿童有多么重要。现在，大家都知道世界上有几十例人类的孩子由野兽（狮子、老虎、豺狼）养大的事例，这些孩子在婴儿时期落入兽群，和它们一起生活多年。全靠一些偶然的机会，这些

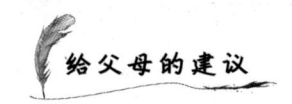

"野"孩子重新回到人类社会,这个时候他们年龄已经是十岁到十七岁不等。学者们用了很多年的时间,努力教这些孩子们说话,但是这种努力似乎是徒劳。一些孩子在一年内仅仅能掌握一两句话,没有一个孩子能够被培养成人类社会当中有价值的一员。之所以会有这样的结果,是因为他们在野兽群中度过的时间正好是他们对外界最敏感的时期。二至七岁是人的发展最关键的时期。这个时期,儿童不知不觉从周围世界获取了很多知识、技能和习惯,它们是儿童心理发展的基础。思维、表达能力、语言掌握程度、情感表达、对待周围世界的态度等都是在这一时期形成的。孩子不断地接收到越来越多的信息,对知识的渴望日益增强。长大以后,这种求知的欲望就会变成他对知识进行理性思考的强烈爱好。

而在野兽群中度过的孩子没有人们所特有的心理刺激素,生物本能由野兽的生活所引导。在野兽群中度过对外界影响最敏感的时期的孩子们,他们大脑半球的皮层细胞保持在最原始的状态,这种状态一生不会改变。

如果家长没有理解这些真实情况以及掌握其他许多知识,那么拥有教育学素养是不可能的。父母是任何人在任何情况下都不能取代的教育者。我现在对未来学生们的父母说几句话:

你们生下了孩子。请记住,当他能够用自己的眼睛看到五颜六色的花朵或者好玩的玩具,能够用自己的耳朵听到树叶的沙沙声和蜜蜂的嗡嗡声的时候,你们就要开始培养他的智慧。儿童入学的时候他有多大程度能成为有发展的、机灵的、聪慧的人,取决于婴幼儿时期人性的东西进入他意识的情况。如果家长对孩子的教育漠不关心,就此造成的后果,无论是多么能干、多么有经验的教师也没有办法改变。

在培养家长的教育学素养的时候,我们努力达到一定的系统性和连续性。在提出一些有益孩子作息的制度、多方面的游戏活动的建议的同时,我们还要强调关注孩子的精神发展。我们提出了如何发展儿童感知的具体建议。感觉是通向外面世界的一扇窗户,儿童就是通过它来知道外面世界的一切的。我们要让这扇窗户永远干净、明亮、通透。

情绪记忆在幼儿对世界的感性认识中起着重要作用。很多事实证明，孩子在幼时体验过的事物，它的美会使他终生铭记。那些入学时聪明、机灵、好学的孩子，记忆里留存有许多关于世界的感性形象。在提高家长教育学素养的同时，我们也在不断地完善自己，因为在教育工作中一切都是相互影响的。一年级的小学生尤里·M.讲的一个鲜明的、生动的故事让我激动不已。他描述早春的清泉，描述屋顶的厚雪层融化滴落到地面……这件事让我再一次深刻感受到，对于我们成年人来说，利用一切机会带幼小的孩子走进美丽神奇的大自然是多么重要！让孩子看到一朵花是怎样开放的、蜜蜂怎样采花蜜、天空中飞扬的雪花好像神话中的能工巧匠切割出的。要让孩子观看耸立在晨雾中的城市和乡村，欣赏霓虹的色彩闪变，倾听金黄色麦田的声音……

观察力、注意力、求知欲，这些重要的心理素质很大程度上决定了儿童的智力发展水平和学习成绩。对学前儿童多年的观察让我们得出这样的结论：求知欲望和观察能力并不是大自然赋予人的本性，这些素质是幼年时期由成年人培养出来的。

带有丰富情感的感性认识同样也是儿童语言充分发展、词汇得以丰富的基础。

特别令人遗憾的是，我曾经见到过这样的学生，他读到二三年级，仍对"黎明"这个词语没有任何概念和感觉，这个词也不能带给他任何情感上的触动。为什么会这样呢？这是因为这个孩子从来都没有亲眼看到过黑夜怎样结束，白天又是如何来临的。在这样的孩子那里，从头脑里闪现的词汇都源自书本。思维不清晰，言语不准确，嘴巴比较笨——这正是那些在二至七岁时没有在记忆里铭刻下鲜明形象的儿童智力发展的特征。如果鲜明的形象没有被铭刻下来，词汇也就没有铭记下来，进入儿童意识中的词汇，就像暗淡的火花短暂地燃烧，转瞬即逝。

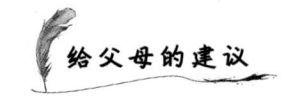

这大概是我们每一个教师都不得不思考的一个问题：为什么孩子之间差别如此大，一个孩子有很强的记忆力，而另一个孩子却"一只耳朵进，另一只耳朵出"？通过观察学前儿童的智力发展，我们发现了一个重要的规律，学生记忆力的持久，依附于幼儿时期进入儿童意识的词汇是否鲜明，是否带有强烈的感情色彩。

2. 学龄前儿童的五百项发现

我常常讲述春天森林中生命复苏的现象，我要让孩子的脑海中呈现一幅那样的图画：穿过堆积的落叶厚层，雪莲花钻了出来，舒展着幼嫩的茎叶，开着浅蓝色小花的风铃草好奇地张望着已经解冻的蓝色湖面……讲到这里，我看见一些学生的眼睛里闪烁着好奇的光，他们自己也按捺不住，想讲述这样的图景。而另外一些学生虽然露出认真听讲的神情，但是眼睛里没有光芒，目光冷漠，我的话在他们的内心世界激不起任何反应。这样的学生教起来是很困难的。他们在课堂上听讲也会很吃力，需要费很大力气才能记住我所讲的东西。在他们的情绪记忆中没有鲜明的形象，可以一把抓住它，以便培养记忆力、求知欲和观察力。

我在我们未来学生的"家长学校"的学习活动中讲述了这一切。我跟家长们一起分析周围环境的事物，它们可能是激发孩子语言情感的源泉。你看！离村庄不远处有一片橡树林，森林里有几处清凉的泉眼，还有一块特别的空地：如今还是二月，被阳光照射而温度升高的土地已经开始苏醒，在一处处雪堆中，能看见一些蓝色的雪莲花。橡树林里还有一块草地，许多年以前我们把它叫作"铃兰波良拉[8]"。老师们会经常带孩子来这里，不仅仅是观赏大自然，还教孩子们思考。橡树林里有几棵橡树，直到春天都不会落叶。整个冬季它们都挺立在皑皑白雪之中，满树的叶子，有的是深红色的，有的是金黄色的，有的是橘黄色的，色彩斑斓，十分美丽，好像有神奇的魔术师在为这些树木装点一样。树林中有一个偏僻的角落，很久之前狐狸在那里建起了自己的小窝……而你看，这里是灌木丛生的峡谷。一眼望去，好像没有什么特别的、令人感兴趣的东西，但是只要仔细观察，就会发现有很多引人入胜的好去处，有很多能够给我们的语言增添情感色彩的生机勃勃的源泉！谷底还有一湾清泉，即使寒冬腊月时节也不会结冰，一年四季都在静静地流淌着。原野上开满了丁香花，就是在我们的校园里，孩子们也能够看到本地少见的松树、云杉、花楸等树木！我们对家长们说：引领孩子走进大自然吧，大自然能使孩子的情感得到启发，语言变得生动、丰富！让你们的孩子尽可能发现多的问题。我们相信家长的教育能力，很多家长简直就是教育孩子的天才。父母的语言和生活智慧，是人民教育永不干涸的源泉。如果怀着善意走近这个源泉，并给它注入科学知识的养分，那么我们枯燥的教育学理论就会充满生机。

将长辈的生活智慧、崇高的母爱和睿智的父爱传递给幼小的孩子，这个过程是不可取代，也不能人为地创造的。当不得不分析一些教育失败的事例时（很遗憾，在生活中这样的事例并不少见），家庭应该为孩子创造良好的环境这个道理就更加令人信服了。

我们学校从孩子五岁起就开始对他们进行系统的教育。每周一至两次，孩子们要在规定的时间来到学校，由他们未来的一年级老师负责对他们进行教育和启蒙。主要的教育方向是发展他们的思维。天气好的时候，孩子们便到森林、果园、田野中去——前往那些思想和语言的发源地，我们时常告诫家长们这些地方具有启发思想和语言的作用。在和大自然接触时，我们尽量引导孩子发现和领悟那些乍一看不值得关注的事物之间的因果关系。我们认为发展儿童的观察力和求知欲有特别重要的意义，将其看作儿童思维发展的前提条件。在教师的指导下，孩子们每一次与大自然亲密接触，都会有特别的发现，他们的思维都会触及大自然那些不引人注目、不易察觉的奥秘之处。一年之中小孩子们会有五百个以上的"新发现"。下面就是这些"发现"的例子：我们周围的一切，要么有生命，要么没生命；水和太阳的光与热是生命必不可少的条件；植物是从种子生长而来的，种子是活的，它会成熟长大，植物结果实是为了繁衍后代；水有三种形态：水、冰和汽；如果人给土地施肥，植物就会长得更加茂盛；土地表层是黑土，它是植物生长的环境。这些"发现"，都得益于感性认识对生动鲜明的形象的领悟。正是在不断发现的过程中，语言富有情感色彩，同时各种概念初步得以形成，比如生物和非生物的概念。

在这期间，我们已经发现了一些儿童智力发展的某些异常情况（在这个年龄不太明显，之后会越来越明显）。这些学前儿童对那些奥秘漠不关心，而大多数孩子对这些奥秘会感到惊奇，你要知道，某些惊奇——形象点说，是思维的心脏。

我们对漠不关心的孩子的家庭情况进行了研究，结果表明：智力怠惰的原因是病弱、感性认识局限、缺少影响儿童情感领域的多种鲜明的形象。弄清了这个缺陷之后，我们开始深入个别的教育工作，其目的首先是使感性认识积极起来并培养语言的情感色彩。

我们十分坦诚地告诉家长，如果你们不每天对孩子进行系统的教育训练，你们的孩子上学时智力发展将很差，学习成绩也会很差。

六至七岁是对孩子进行更系统教育的时期。和前一年一样，为了让孩子发展思维，我们也组织孩子走进大自然；除此之外，还教孩子们阅读，以阅读和游戏紧密结合的这种方式来学习。这样，孩子们入学的时候就已经学会了初步的阅读技巧，这就有利于在学龄时期进行内容丰富的发展学生思维的多方面教育工作。

小心，你面前的是孩子！

父母的权威的重要方面

有些家长认为，孩子不听话，是因为他年纪还小，意识水平还没发展健全。孩子长大了，他开始明白应当服从父母，那时用纪律去规范他就会很容易。于是这些父母亲给入学前的孩子提供充分的自由，让他任意表露自己的需求。

在我们工人住宅区住着职员彼得·阿法纳西耶维奇·H.一家，他家有三个孩子：一个小男孩，两个小姑娘。他们家生活富裕，父母对孩子有求必应，特别是对儿子。还在上学以前，儿子维佳就养成了由着性子做事的坏习惯。吃饭的时候，看见妈妈给他用小孩子用的小盘子装菜汤，他就要孩子脾气：

"为什么倒在这个小盘子里？我要那个大盘子！"

妈妈拗不过他，只好把小盘子的菜汤换到了大盘子里。

"但愿他长大之后会明白要听父母的话。"每当儿子表现出新的任性行为的时候，妈妈就这么说。爸爸心里也是这么认为的。

父母经常给维佳买一些儿童读物，可他并没有珍惜，而是把书一页页撕了，用书页折成纸飞机或者纸鸽子。父亲试图制止这种淘气行为，小男孩遇到这种情况却有自己的制胜法宝，那就是大哭大闹。母亲出面袒护儿子，她当着儿子的面对父亲说：

"眼下他就要上学读书识字，到时候他会爱惜书本的。为什么要现在禁止他做自己喜欢的事情呢？长大了就会好的。"

维佳上小学了，父亲说应该在他上课前两小时叫醒他，去做一些准备工作。但是母亲很心疼儿子，迟迟没有叫醒他。于是维佳上学时总是慌慌张张的，经常把书忘在家里，或者是忘带作业本，而且还总是迟到。休息日，维佳在床上一直躺到十一点钟。他懒洋洋地，躺在被窝里，听着父亲责怪母亲不该纵容孩子任性。但是父亲的话对他没有起任何作用，因为他知道母亲会迁就他，而父亲最终会向母亲让步的。孩子发现父亲和母亲经常对他提出完全相反的要求。于是孩子自己就会思考，谁的话是可以不听的，谁是偏袒自己、保护自己的。这样导致的结果就是，谁的命令符合自己的心愿，他就会听谁的。

请你们看看，在 H. 的家里，孩子从童年起就没有被教导执行命令。维佳的父母其实知道他们对儿子有家长的权利，这种权利可以使他们很容易实现自己的要求。但是他们有意不使用，总以为孩子渐渐会明白应当服从父母亲，在这之前不应该对他提出严格的要求。这样的观点证明他们不理解孩子的纪律性正是依靠这样的方法培育出来的，忘记了自己作为父母应有的权利和义务。

家长应该树立权威。在苏联的家庭里，父母必须树立自己的权威，这是父母教育孩子的责任。在父母的权威之下我们懂得什么呢？父母的权威代表父亲和母亲使得孩子们服从自己的意志的可能性，是制定受实际家庭生活制约的要求的权利。这种权利由苏维埃法制来保障，而苏联法律赋予父母教育子女的责任的同时，也赋予了父母相对应的权利。

某些父母认为，只要孩子懂得服从的必要性，他们自己将会照做。这种观点无疑也是错误的。事实恰恰相反：孩子在童年的早期是先养成听话和服从的习惯，然后这种习惯反映在他的意识当中，他慢慢才明白了必须听话和服从的道理。如果孩子在生活中深信他的任性要求总能得到满足，他不听话的表现不会给自己招致任何不良后果，他就习惯于任性胡为，久而久之，他就会认为这样做是理所当然的。

为了在孩子心中形成权威的正确观念，应该将树立正确的观念和培养服从听话的习惯紧密联系起来。孩子听懂道理之前，他的生活就开始了。在实际生活中，孩子应当得到服从和听命令的经验。与此同时，并非所有道理都能通过合乎逻辑的论证加以说明（比如，完全不需要对一个三岁的孩子讲清楚为什么他应该比成年人早睡的道理）。

只有父母的要求是为了更好地培养苏联国家未来的公民时，家长的权威才能够正确使用。首先，父母的要求应当从共产主义教育的角度看是合乎情理的。孩子长大之后明白了这些要求的必要性，将会对教他执行这些要求的父母产生感激之情。此外，当父母的要求是一致的，也就是说母亲和父亲在要求同样一件事，对于孩子来说，这项要求才是他必须无条件执行的。如果父母的要求（命令也好，禁止也好），是在双方争吵中产生的，特别是当着孩子的面争吵，无论这要求是否合理，对孩子都没有权威性，孩子都会认为这是可以不执行的要求。

有些家长以为，他们对孩子的权威应当主要以禁止的形式表现，这是不正确的。如果孩子听到的仅仅是禁止，这会束缚住他，让他变得胆小、消极、没有活力。家长的权利不仅表现为禁止孩子做什么事情，更重要的是要提醒孩子去做大人规定的积极向上的事情。

多年来，我们一直在观察集体农庄生产队长伊万·伊万诺维奇·Ш.家是怎样教育孩子的。他们夫妻要教育五个孩子，两个孩子已经中学毕业，现在正在专科学院就读，另外三个孩子还在我们学校学习。他们的孩子无论在家里还是在学校，都是非常守纪律的。家长成功的秘诀在哪里呢？首先，父母对孩子的要求总是果断的、一致的，这些要求不是禁止，而是鼓励孩子积极地活动。父母会有意识地避免对孩子使用"不能"这个词语，努力从"应该"这个词，简单明确地说出自己的要求。

使用禁止这个词通常是在孩子做了不正确的事时。由此可见，为了避免使用禁止，或者将这种必要率降到最低，应该防止孩子积累消极的经验。在Ш.的家里，父亲和母亲成功地做到了，那就是一次就教会孩子如何正确地行动。这么一来，父母的权威对孩子来说是推动他们正面行为的引领力量，而不是经常的制止和纠正。即便父母不得不使用禁止这个词,也容易被孩子们理解和遵从。这是好理解的,孩子习惯正确地做事,比做那些不能做的事容易得多。

这对夫妇从来不会抱怨孩子的任性行为,孩子们不会胡闹,因为他们作为家长从来不会对待同一件事情提出两种相反的要求,会使孩子无所适从。他们十分清楚,夫妻之间的冲突和争吵,会使孩子幼小的心灵产生疑惑,接着就会不听话。他们总是相互包容、相互让步,避免争吵。在必要的时候,甚至也会向孩子们让步。

对孩子们严格要求并不意味着让他们成为墨守成规的人,甚至达到盲从的地步。要善于理解孩子的思想和感情,探察他们的心愿。有时可以允许孩子做仅仅代表自己的愿望而不完全符合父母意愿的事,一律禁止会让他感到痛苦。这种方法是有益的,让孩子通过亲身体验的方式明白自己的错误。

我们来说说Ⅲ.家发生的一件有趣的事情。十二岁的儿子格里沙性格有些内向,心里有一些不让兄弟姐妹们知道的"小秘密"。

有一次,父母发现格里沙和他的伙伴们经常避开人,去到荒野的一个废弃旧棚子里。父母对此感到很疑惑:"他们去那里干什么?"但是他们没有盘问格里沙。他们知道,如果发生了严重的事情,孩子自己就会来找他们。他们确实没有想错。有一天,父亲正准备下地,格里沙走过来请求说:

"父亲,请允许我今天在棚子里过夜……"

"为什么呢?"父亲奇怪地问道。

于是儿子解释说,他和小伙伴们正在玩"游击队"的游戏,荒野上的那个旧棚子就是"游击队司令部",今天晚上所有的"指挥员"都必须到齐。这个游戏父亲不喜欢,但是他看到小男孩对这个游戏是那么痴迷,带着强烈的责任感履行着自己"值日官"的职责。父亲知道用不容分说的禁令去破坏孩子的感情是十分愚蠢的做法。还有一个不能忽略的事实就是,孩子并不是擅作主张,而是向父亲提出自己的请求,揭开了自己的秘密,儿子是多么信任和尊敬自己的父亲哪!此时，父亲权衡利弊，认为一个晚上没休息好不会影响孩子的健康。父亲允许了儿子，心想：让他们自己认识到他们的游戏有些过头了吧！正如父亲所料想的那样，孩子们的夜间游戏遇到的麻烦远多于想象。他们不习惯熬夜，所以很快就散伙回家了，恨不得马上蒙头大睡。这件事情之后，孩子们的游戏都保持在正常范围内，格里沙也对父亲更加信任了。

通过这件事我们可以明白什么？这说明父母在使用自己手中的权利的时候，对待孩子的内心世界应该是非常小心谨慎的。每个家长都应该清楚地知道，他的直接权力的边界和底线在哪里，孩子隐秘的内心世界的边界是从哪里开始的。对孩子们来说，他们隐秘的内心世界之所以趣味无穷，恰恰是因为成年人没有介入其中。每个小男孩、小女孩都可能会有自己的隐私和小秘密，它们多半是和游戏、朋友、友谊之类的事情有关。成年人对孩子隐秘的趣味圈子干涉得越少，孩子的"秘密"也就越少，他们对待成年人也就会更加坦诚和信赖。

事实表明，儿童孤僻、冷漠的性格是成年人对儿童的内心世界过分干涉造成的。尤其不能容忍的是父母对孩子的同学关系和交友问题进行简单粗暴的干涉。一些家长在孩子们面前定下规矩：什么样的人是可以交往的，什么样的人是不可以交往的。这是非常错误的做法。父母的职责不是"禁止"或"允许"与谁交往，而是很有分寸地帮助孩子正确建立友谊。孩子慢慢长大，他个人生活的世界会越来越宽广，父母直接干涉的范围越来越小。如果说学前儿童和低年级的学生天真无邪，他们会在无意中把自己的全部"秘密"泄露给父母，那么，少年和青年在敞开自己个人世界的时候会克制和沉稳许多。而且，如果父母企图刺探和干涉他们的个人世界，他们会十分痛苦。

在这种情况下，父母需要展示完全不同的一种立场，这种立场基于长辈对少年、青年个性的尊重，基于承认他们拥有不容争辩的权利。那时候，父母和孩子就不会疏远，无论孩子年龄多大，都是如此。

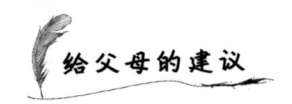

影响父母威信的因素有很多，正确而又有分寸地使用家长的权利就是一个必要条件。家长的权利是权利，同时也是一种艺术。

道德精神上的依赖源自哪里？

每当追究起谁应该对青少年犯罪负主要责任的时候，无论是写文章还是发表谈话，大家首先想到的就是学校。

这些违法的少年都是什么人？他们来自什么样的家庭？其中有多少人是在没有父亲的情况下长大的？又有多少人早年失去了母亲？他们的文化程度如何？这样一些非常重要的问题，却很少有人去思考。

文学家们经常指责教育科学院，指责那里的专家学者没有利用自己优越的条件好好研究难教少年的问题。他们说科学院拥有几十万名教师的经验，还有很多高速运转、能够快速处理很多资料的电脑……教育学，它的理论连同它的实践，都受到了责难。

我没有掌握全国性的统计资料，只能够根据我所熟悉的资料说说自己的看法。

我做了三十年的教师，亲眼看到几千名孩子在我身边长大成人，结婚生子，然后他们又把自己的孩子送到了我们学校。在我几十年的教育工作中，我遇到过二百七十名难教的少年，并和他们相处过。他们的心灵都受到过家庭创伤。他们早在童年时代就对任何高尚、纯洁的东西失去了信任，知道了许多不该他们知道的事情。在二百七十名难教的少年当中，有一百八十九人是单身母亲的孩子，七十七人的家庭破裂，仅有四个看起来生活在正常的家庭中（父母健在，但是如果我讲述了这些家庭的真实内情，未必有谁能听完后不感到深刻担忧）。

上面所说的好像已经不是在谈经验，而是在罗列数据了。这二百七十名学生，每一个我都单独建了资料卡片，上面记载了我认为了解一个人必须掌握的全部资料，十分详细。我三十年的教学实践积累的这些资料告诉了我什么呢？它告诉我，难教的儿童和少年，首先是那些没有父亲、没有享受过幸福家庭生活的孩子。他们从小就有的一种想法给他们带来有害的影响：他们是作为对母亲错误的惩罚，偶然来到这个世界的，是不被祝福的孩子。

很难用语言来表达他们的心灵伤痛，他们时常感觉自己是没有父亲的、没有人需要的。这些孩子从懂事的那一天起，听到最多的就是母亲抱怨的话："你就是我的报应，你出生的日子应该是一个诅咒的日子！"

慢慢翻着已经泛黄的记事簿，在我眼前的那些儿童和少年——一个个对老师充满恶意，像动物一样竖起身上的毛，随时准备进攻，温柔的话语让他们不适，到处和老师对着干……

人道、真诚、同情心、帮助他人——这种对于恶习的道德免疫力只能在某个阶段获得，就是当一个人童年早期在一所好的学校中度过，当他受到学校良好人性关系的熏陶，只有好的家庭才是这样的学校，父亲和母亲互相相爱并作为孩子的榜样，也可能是这样的学校。

对人的爱，只能够用爱来培养，就像火只能够用火来点燃一样。

我想起了十二岁的科利亚·K。有一次，我给孩子们讲卓娅·科斯莫杰米扬斯卡娅[①]的英雄事迹，小男孩两眼透露着恶意，说：

"这不是真的。"

"你为什么会这样想？"

"因为所有的人都在骗人，因为世界上没有真话，好话都是课本上编造出来的。"科利亚好像背负着很沉重的东西，一边喘气，一边低声咕哝着。

一个小孩经受了多少难以承受的悲伤，以致丧失了对真理、善良、人性的信念！这个小男孩曾经生活在充满谎言、虚伪和欺诈的环境里。他的母亲曾经三次被人欺骗，三个男人让她生了三个儿子，但是没有一个男人和她结婚。母亲每天对他们说：谁也别相信，什么也别相信；只要能够去骗就去骗，谁会骗，谁就能赢……母亲自己就教孩子去欺骗、伪装好人、偷窃。

在我们学校,有了这样一项操作,就是把班级日志上记载姓氏、名字、父名⑩的那一栏取消了,取消的原因是每个班上都有这样一些孩子,你要是和他谈起任何有关父亲的话题,无异于在反复戳痛他的伤口。我们从来不向学生询问他们的父亲在哪儿工作——我们会通过其他途径和方式去了解学生父亲的情况,因为这是重要的教育资料。

我们国家有多少这样的孩子?十多年来,社会舆论一直要求废止在出生证上用空格线代替父名的规定,这条规定实际上和理智相对立,不符合我们的道德标准。

最新一期的《文学报》刊登了民警中校 B. 奇诺夫与该报纸的特派记者 Евг·博加托夫的一次有意思的对话。中校经验十分丰富,在多年的工作中积累了智慧,非常善于分析罪犯的细微情感和心理活动。在他看来,目前犯罪最主要的根源在于犯罪者的个人过失。没错,不管在何种环境当中,人都应该是一个人,以任何复杂的环境为借口,都不能减轻个人的罪过。但是这样的论断有自己的局限。如果把犯罪看作是一种有深刻社会根源的现象,就可以得出另外一种观点了。既然社会上还存在犯罪现象,这就意味着,还有一些人在社会、道德、精神、审美领域上存在着问题。

司空见惯的是,人们一谈起学生的各种道德败坏行为,就首先归咎于学校。这种言论使舆论走偏了,首先让家长产生了错觉。许多家长会就此推论:既然全部的过错都在学校,那么意味着学校可以解决一切道德教育的问题;如果教师能够承担起这项任务,那么一切都会有好的结果。既然学校能够解决所有,或者几乎所有的问题,由此可见,家庭在教育中起不到实质性的作用。目前有很多家长确实是有这样的想法。

不难想象,这样的想法会带来怎样令人忧虑的后果,实际上这种后果已经出现了。很多家长特别是年轻的家长深信:他们的任务就是生育孩子,让他们来到世上,至于教育等其他事情就让社会去操心吧。事实上,现在归入社会教育这个概念的仅仅只有学校。社会关心和照顾正在成长的年青一代，许多人错认为就不需要家庭的关心了。家庭的稳定是一个十分重要的社会问题。这个问题解决得好不好，在很大程度上影响着青少年的道德面貌。应该让每一个人都深刻认识到，他对社会的责任和他对社会最重要的责任，就是教育好自己的孩子。孩子的最初和主要的培育者就是父母。对于未来的父亲和母亲，应该在他们读中学的时候，就教授他们教育学知识。教育学应该成为一门人人都掌握的学科。有的人会批评我夸大其词，但是我的确是这么认为：如果年轻人不学习教育学的基本知识，那么他们就根本没有权利和资格去组建家庭、生育孩子。

社会教育是家庭联合学校的教育。从精神上塑造人，在子女身上再现自己，在子女身上完善自己，这是无比高尚的公民应有的创造。

应该通过一项法律明确地规定父母应该承担教育子女的责任。应当制定一项严格的规定，只要父母各方面健全，就无权把孩子交给其他任何人教育。如果父母硬是要放弃自己在教育上的权利和责任，表明他们是道德不健全的人，他们的孩子应该送到儿童之家，交给社会来教育。

近几年，对社会主义和共产主义社会中社会教育实质的错误、片面的认识，导致出现了一种自私自利、依赖他人的风气，这种风气渗入到学校的教育工作当中，甚至侵入到少先队、共青团组织的生活。

B.奇诺夫在《关于犯罪和惩治的对话》中提到青少年在"道德精神方面的依赖心理"现象，深入仔细考察这种现象是怎么产生的，是一件很有意义的事情。

夏天刚到，共青团区委会就不让人安宁了：喂！你们这些当老师的有没有思考过，为了让高年级学生过好暑假，你们应该采取什么措施？因此，假期应该休息的五十岁女教师就被委派到一所名为"共青团员及团外青年劳动、休息独立夏令营"中担任值班员，在那里，劳动只有一丁点儿，少得可怜。空闲时间太多了，于是这种闲散现象需要监管，赋予它一种文化休闲的假象……

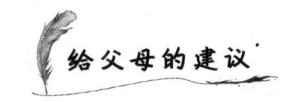

对此，一位校长下定决心不再这样做。整个夏天，他把十七岁的高年级学生派到拖拉机队和大田组进行劳动。孩子们高高兴兴地去了，干得热火朝天，觉得自己是在真正地工作。但是共青团区委会却对此不满意：怎么能够这样操作——脱离集体劳动，没有墙报，也没有人组织学生早晨起床锻炼身体？

如果学生们在少年和青年时期衣来伸手，饭来张口，一切都坐享其成，那么我们还能够培育出经过锻炼的共产主义战士和坚忍勇敢的人吗？不久之前，在我们这个州的一个村庄里发生了一件笑话般的事情。集体农庄俱乐部有个排球场，支撑球网的两根柱子腐烂了，变得摇摇欲坠。几个二十多岁的青年就给区办报纸写了一封读者来信，抱怨说："怎么回事？对我们年轻人也太不关心了！"区报把信件给党组织书记看了。为了息事宁人，书记找来几名集体农庄的老木匠，他们为身强力壮的年轻人找来一对细长的木杆，将腐烂的柱子挖出来，然后把新的木杆埋入挖好的坑中，最终修理好了球网。这样做完之后，书记给区里回复："已经采取措施。"

确实有这样一些人，他们真心以为多建造一些运动场和跳舞场，多摆放一些台球桌，就能使青少年减少犯罪。这太幼稚了，这是天真的、孩子式的幻想！道德坚定性和对邪恶势力的抵抗能力不是由跳舞场和台球桌决定的。每个小伙子、每个姑娘都应该有自己高尚的生活目标和丰富的精神需要。读书应该成为他们最主要的事情。为什么这个少年晚上无所事事？为什么他要寻找消磨时光的地方？为什么我们要想方设法地帮助他浪费青春年华？因为他从小就习惯做那些能消磨他时间、令他玩乐散心的事，他早就习惯于和那些迎合他、吸引他、"拥抱"他（围着他转）的人打交道。只顾满足个人需求、依赖别人的风气腐蚀了青年的心灵：应当有人为我安排好一切，应当有人围着我转……为什么这个少年每天都要去外面闲逛，要么去文化宫，要么去咖啡馆，要么去台球室，就是不愿意待在家里安安静静地读一会儿书？为什么他喜欢去任何地方就是不愿意待在家里？为什么他们不愿意挽着母亲的手,和她一起去剧院或者俱乐部?所有这一切都是教育失当造成的后果——学校教育、社会教育,当然也包括家庭教育。

谈到道德精神上的依赖心理的源头,千万不能忘记其中最危险的——充满谎言的环境,或者说是似是而非的环境。当一个没有长大成人的小孩感到这个环境中总是隐藏着什么、人们沟通浮于表面的时候,他起初会疑惑、痛苦,到后来会想:那样做也是对的,让他人去解决问题吧,让他人去做各种困难的选择吧,让他人把责任揽到自己身上吧……

在我们的日常生活中,在各种机构和团体组织生活中,都会有很多的失误和过错,绝对不能把所有的问题都归罪于学校。

难教的孩子

啊,难教的孩子!他们给老师、家长以及整个社会都带来多么沉重的思考,带来多少说不清的焦虑和痛苦哇!不久之前,有过这样新奇的言论:没有教不好的学生,只有不会教的老师。所以,为了保险起见,人们总是把"难教"这个词语打上双引号,以为这样就没有危险。但是事情远远不是这么简单……

回避"难教"这两个字真的能够让学校、家长,乃至社会变得轻松起来吗?现实是不可能轻松地解决这个问题。事实上,难教的孩子肯定存在,无论哪里都会有,你无法回避他们。由于千差万别的原因,我们发现一些孩子在智力、情感、道德方面的发展是不正常的,甚至是畸形的。

长达三十年的教育工作,使我有机会调查、研究了七十多个难教的孩子。深入研究发现,他们每一个人的个性里都有某种特有的、与众不同的而又深藏不露的东西,他们形成这样的性格都有自己的根源,都有一个渐进的过程。

大概很多教师都会遇到这样的情况,并为此忧愁不已。全班同学都在全神贯注地听课，听懂后很快就能按照老师的讲解解答习题，但是别佳没有听明白，不会做习题。每个学校都有类似的孩子，成绩差、赶不上班级进度，最后只能留级，出现这种情况的原因千差万别，这样的孩子身上被牢牢地贴上了难教的标签。校长指责老师不会教，老师就指责孩子不听话、坐不住、偷懒。

为了帮助别佳改掉这些坏毛病。上课的时候老师紧紧盯着他，课后还要把他留下来补课，但是正面管教没有什么效果。别佳十分厌恶学习，他学会了欺骗和撒谎，既欺骗老师，又欺骗家长；还学会了抄作业，即使自己会做，也还是要抄别人的作业。

就这样，别佳成了一个不折不扣的懒汉。不仅如此，有时候他还要捣乱。如果老师遇到了什么不愉快的事情，他就幸灾乐祸。他会想方设法让老师伤心、难受。记得有一次在四年级的数学公开课上，教师玛丽娅·彼得罗夫娜想要在观摩听课的同事面前展示一下全班学生的积极性，于是向每一个学生提问，没有落下任何人。轮到别佳的时候，她对他提出了一个非常简单的问题：

"说一说，把十平均分成两份，会得到几？"

数学课上数不清的两分早就让别佳难受不堪，于是他决心报复一下女老师。

"二！"他毫不犹豫地回答。

女老师十分愤怒，强压下怒火，继续温和地说：

"瞧你，别佳，这不是在做游戏，这是在上课。再仔细想一想，如果把十分成两等份，会得到几？"

"二乘二等于四。"别佳的回答引得全班哄堂大笑。

可能不太引人注意的是，智力发展异常，会逐渐以不遵守道德规章的状态显现出来。在学校里遇到多少这样难教的孩子，他们就给家长和老师带来多少麻烦和痛苦！但是，亲爱的成年人们，让我们设身处地地想象一下，如果是您处在别佳的境地，日复一日，年复一年，每天充斥在耳边的都是"你做什么都不行""你就是个差生""别人都可以做到为什么你什么都不会"这样的话，您会是怎样的心情呢？

有一次，基洛夫格勒州儿童收容所的负责人对我说："我们收到过一份鉴定，是一位校长为他们学校里一名离家出走过四次的学生写的。您知道他写了什么吗？'该学生待在四年级已经是第三年了，他学习差到这种程度，在三年级也学了两年。他对待老师粗暴无礼，又好耍无赖。老师呵斥他，他就用骂人母亲的脏话与老师对骂，难道这样的无赖还能够留在学校吗？'"

我真想在这个鉴定书上写上批语，再把它还给那位校长："要是让您在一个年级待上三年，您就会像狼一样嚎叫，而不只是破口大骂了！"

一些学校的教师和校长很大的错误在于：他们不去仔细研究孩子变得难教的根本原因。一个医生总是首先为病人仔细检查身体，努力寻找并确定病因，然后再找治疗方法。一个教师也应该这样，如果他是一名真正的教师！一名真正的教师应该仔细、耐心、深入地研究孩子在智慧、情感和道德方面的发展。我们无法想象一位人道主义的医生会对病人这样说："您已经病入膏肓了，我不能帮您治疗。"

但是，我们却有多少教师每天都让孩子感到自己是没有希望的，而且还经常以直接的方式告诉他这一点。教育学的真正意义在于，哪怕他是一个低能的人，也不要让他感到自己是残缺的，也要让他享受到做一个高尚的人的快乐，享受到认识的快乐，享受到智慧劳动和创造的快乐！

基于多年的教育工作实践，以及对儿童智力劳动及多方面精神生活的研究，我产生了一个坚定的信念：导致学生变得难教、成绩不好最根本的原因隐藏在教育中，在他幼年时期所处的环境中。这意味着，幼儿在一至七八岁期间没有获得对于思维发展至关重要的某种东西。

在学校里，当教师对发生在孩子身上的事情毫不知情，他不知道孩子用尽了自己的全部智慧力量，却还是无法掌握真理和深奥难懂的科学知识。这些内容对他们来说就像是天书，他们非常绝望，只好避而远之。

所有和儿童打交道的人——教师、教育工作者、家长，都应该懂得一些科学知识并在实际中运用它。孩子出生的时候，他的神经发育过程并没有结束，这个过程要持续到十七八岁甚至更晚一些。一至七八岁是神经发育最复杂、最深入的时期。在孩子从柔弱无能的婴儿变成人的过程中，他最初几年的社会环境对他起着举足轻重的作用。科学界有三十二例野兽养育小孩的事件，狼、虎、狮子或其他动物曾以盗劫的方式叼走一些小孩，并精心照料他们，直至将其养大。这些"野孩子"尽管他们后来被偶然发现，回到了人类社会，但是没有一个成功地被改造成人，他们无法重新融入人类社会。这个可悲的事实再一次证明了，童年时期的智力教育到底有多么重要。

话题回到别佳，他是怎么一回事呢？为什么别的孩子都能够理解题目的意思并作答，别佳也尽其所能，是不是他的大脑和别的孩子不一样呢？不是的。别佳的脑袋里也有思维的物质（神经元），也有数十亿神经细胞，和其他孩子的大脑一模一样。那么，问题出在了哪里？

问题出在别佳幼年时期所处的生活环境。他的幼年生活环境没有为他的大脑提供充分的、大脑发育需要的刺激，而这些刺激是孩子在幼年时期的神经系统应该接收到的。为了让数十亿的神经元发展成有智慧、有求知欲的人的大脑，这些神经元从儿童出生起就应该不断地受到人的持久影响。

思维是从提出"为什么"开始的。儿童开始接触周围的世界，他亲眼看见许许多多新鲜的事物，并且为之惊奇：一群蜜蜂朝着开花的苹果树飞去了，然后它们又飞走了，它们飞到哪儿去了呢？一只小鸟在茂密的大树上筑巢，另一只小鸟却在屋檐下筑巢，这是为什么呢？夜晚的原野是灰蒙蒙的，可是到了早上却像是盖上了一层丰厚松软的白色地毯，这又是为什么呢？太阳从西边落山了，星星在天空中闪烁，这些星光为什么会一闪一闪的呢？永不满足的求知欲、好奇心、寻根究底的探索精神不会自然而然地进入人的大脑，而是从另一个人那儿获得的。这是使孩子人际关系正常发展的重要因素。因此，当孩子产生疑问时，我们成年人回答孩子的问题越多，孩子的认识兴趣就越大，他观察周围世界发现的新鲜东西也就越多，他也就越惊奇、快乐。

就在孩子询问和成年人回答的过程中，孩子的大脑中一些令人惊奇的东西会被创造出来。思维的发源地和物质基础——大脑紧张地工作，神经细胞进行着最复杂的生物化学过程，最终神经元成为人的思维器官。没有一次次的提问，神经元就只能停留在沉睡的状态，它们的发育就会中止，神经系统就不会有可塑性和灵活性。这样，心理就得不到发展，只会停滞在本能的原始状态。不引发儿童的思考，不培养儿童刨根究底的探索精神，就会白白浪费掉儿童思维发展的大好时机。

对一个人的智力和思维的启蒙教育开始得越晚，这个人就越呆滞封闭、越难以教育。关于这一条教育的重要规律，十分遗憾，许多教师已经忘记了，而家长对此毫不了解。家长之间至今还流传着错误的见解：上学以前不需要对孩子进行教育，不用教他读书认字，就让他的大脑像一块干净的黑板，一个字都不要写在上面。于是，当孩子提出一些问题的时候，许多大人们总是这样回答：等你上学以后就知道了。

孩子的好奇心和求知欲就这样被残忍地扼杀了。

别佳幼年时期的生活环境是什么样的？任何类型的人际关系都没有触动他的大脑吗？别佳的父母平时都要上班，于是孩子就交给奶奶带。奶奶是个好人。但是她的关怀仅限于孩子天然本性的需求方面：吃饭、睡觉、洗澡、换衣服等。奶奶什么话也不会和孩子说，什么也不指给孩子看（她的视力不好），也不让他和周围的孩子来往，别佳就自己和自己玩。他也看到了很多美好有趣的事情：啄木鸟在树干上

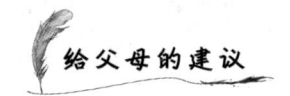

跳来跳去；大黄蜂在齐心协力地工作；苹果树的枝头上有时会停着一只漂亮的黄莺，而蓝蓝的天空上，时不时会传来云雀的歌声。成千上万幅美好的画面在他面前出现又消失，但是这些东西并没有留在他的意识当中。小男孩快两岁半了，连自己身边的很多东西都不认识。

秋去冬来，别佳的活动天地更小了。宽敞温暖的房间到处铺着地毯，不管他怎么走，怎么爬，怎么跳，都不会磕碰到坚硬的东西，也不会被绊倒。从早到晚都在奶奶关切的目光下，享有丰盛的食物，还有好多玩具。可是不知为什么玩具一到手就被他弄坏了。就这样，别佳直到五岁，奶奶才允许他和外面的孩子一起玩耍。但是令人担心的事情终于发生了：别佳并不知道什么是游戏。大家一起玩捉迷藏，分配别佳去找藏起来的小朋友，别佳要是找不到藏起来的小朋友，就会倒在地上哇哇大哭；要是他找到了一个小朋友，又会死死地揪住对方的头发，用拳头狠狠地殴打。

这样，孩子们都不愿意和别佳一起玩耍，别佳倒也没有很难受，他到一处灌木丛找个地方坐下，折下一根树枝，用它无聊地敲打着地面。或者做些别的，把灌木的叶子揪下来扔在地上。孩子们惊奇地发现：别佳，一个快六岁的孩子，竟然还不会算术，数数还数不到五！

曾经像植物一样活着，这就是别佳过去的故事。但是不要认为别佳是智力有问题的孩子，他的智力绝对是正常的，但是发展很弱。这个事实，只有那些了解儿童头脑中发生什么，知道思维怎样产生，记忆是怎样巩固和发展的人才能够理解。

如果别佳在学校里幸运地遇到一位懂得儿童心理、聪明又认真负责的老师，那么一切都会变得不一样。这位老师会把小学低年级阶段变成别佳学习思维的学校。老师会每天和自己的学生们一起去田野，去森林，去河边。他在孩子们面前揭示大自然的奥秘，他要唤醒孩子们沉睡的大脑。于是孩子们的大脑开始活跃起来。他们心中会产生很多问题，并且求知欲逐渐在发展、巩固。

除了让学习困难的儿童和所有孩子一起上课外，还需要采取其他的措施：从一年级至三年级，要针对他们进行专门的辅导。这样，他们的智力发展才会慢慢赶上来。并且在这种情况下最重要的是，让孩子在任何时候都不觉得自己注定是失败者以及自己是有缺陷的。

有的教师和家长认为，只要强迫学习困难的学生学完一定数量的教材，就可以将他们拖出困境，这是非常错误的观念。作为教师和家长，无论什么时候都要记住，不要强迫孩子坐在书本前不停地学习，而是要培养孩子的智力，发展他的大脑，提高他的智力和能力，教他学会思维。那些从早到晚一直待在幼儿园的孩子，有一个聪明而又富有知识的教师是很重要的。

学习困难儿童的话题是个宏大的话题，也是一个困难的问题。实际上它是一个最复杂的教育问题。我们不能对它掉以轻心，一定要慎重对待，否则会付出沉重的代价。

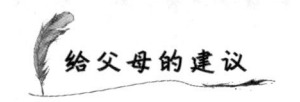

小心，你面前的是孩子！
——致《皮鞭教育学》信件的作者

读者，首先是我们教师自己，在读过阿·布连科瓦娅的书信后，会说：要知道这只是一些个别现象。难道能够根据这些不具代表性的个别现象得出结论，提出问题吗？这些信能够让信上提到的那些不善待儿童的人认清自己，为自己的行为羞愧，这难道还不够吗？

是的，不够。无论我们的学校里善于理解儿童、少年心灵的优秀教师是如何数不胜数，我们也没有权利放任教育中的不文明行为和对儿童命运的冷漠态度，即使那只是个别现象。

无论如何不能冷漠、毫不关心地从绝望的哀号旁走过，这是双亲在哀号，也是孩子在哀号："我应该怎么办？"这样的哀号在书信中提到过数次。

有的人把学校仅仅看作是堆放知识的仓库。学生每天到学校上学，从这个仓库中获取一部分有价值的东西……谁获取的少，谁就是差生。至于那些获取最少的学生，简直就是毫无希望、不可救药的人。

显然，我们忘记了，在一个旗帜上写着"一切为了人"的国家，学校的使命要复杂得多。我们教师是站在人的摇篮旁边，而人是最宏伟的珍品。珍品组成社会最重要的财富，而社会把这笔最重要的财富委托给我们保管，我们每时每刻都记得自己的责任吗？

有一次，我偶然走进一所刚刚翻修过的学校。这里一切都是富丽堂皇的，无论是教师办公室、走廊，还是与体育馆并排的淋浴间……但是，不知道是哪个孩子把新油漆过的护壁板用墨水弄上了一个污点。于是校长、总务主任、值班老师都围在这个墨水污渍旁边,一点一点地用力擦洗。这时,有两个六年级的学生没去上课,在校门旁踢球。可是校长也好,老师也好,谁也没有注意到他们。一个小时后,还是没人注意到他们……怎么会发生这么荒谬的事情:在老师们面前,处理护壁板上一个墨水污渍成了最重要的工作,可在学校里最重要的是孩子呀!

当你看到有些学校为了摆脱一个坏学生,倾尽全力,在这件事上表现得机敏、有办法,你不免感到惋惜、痛心,他们本应该将这些才能更好地运用到其他的地方。要知道,每一个儿童,毫无例外地是一个完整的世界,这个世界还未被揭示和研究。我们教师应去打开它,把它提高到自我意识、自我完善的高度。

很可能,在我回答什么是教育这个问题的时候,答案不符合科学的观点。但我认为,教育是能使人不断提高、需要细心和耐心、做起来困难又有趣的事情。

教育工作者真正的本事是有办法让他的学生看得起自己,珍惜自己的人格和尊严。一个孩子如果不懂得尊重自己,那他就徘徊在灾难的边缘。

从这封信中可以读到这样一些内容:"晚上,男孩子轻轻地起床,为的是不把母亲从睡梦中惊醒。他打开了自己的练习本,在上面伪造分数……如果他擦去两分,如果他还知道为两分而羞愧,这还不算是可怕的。严重的是,当小男孩放学回家,满不在乎地把书包扔下,对于'今天得到了多少分'这个问题,回答的是'你自己看吧'或者把成绩考核簿扯得稀烂,对于老师的问题'以后在哪儿给你记分数呢?'他回答说:'你就把分数记在我的额头上吧!'"

一个生物意义上的人,如果他是在集体中长大,如果他意识到自己是存在于这个集体之中的,那么,他就会希望成为一个好人。他也希望人们把他看作好人。而我们的使命就是使这种愿望尽可能地发展。

请您理解有时发生在孩子心头伤感的事："为什么我不能像别人那样把字写得漂亮一些？为什么别人做数学题可以轻轻松松搞定，可我经常一头雾水，怎么也算不出结果？别人都是好孩子，我却是个不讨人喜欢的坏孩子。"糟糕的今天，糟糕的明天……孩子百思不得其解：他和别的孩子一样，都是学生，怎么突然成了坏学生呢？最开始他还有羞耻心，到后来他已经不害羞了，他习惯了和别人不一样。在他的心中确立了一种观念：不是所有的人都能做好学生，总有一些人应该是坏学生。长此以往，心就变得僵硬和麻木。我不知道，在学校里还有什么比这更令人感到悲哀的事情。

当皮鞭进入教育的圣殿，这种悲剧还会进一步深化。在教育的圣殿里本该出现智慧和善良的行为，圣殿里的一切都是精神力量作用的结果，可皮鞭的进入让一切都演化为悲剧，阿·布连科瓦娅所写的就是这回事。

直到今天，还有家长（尽管只是一部分）相信皮鞭比说服更有力量。他们说学校是让人成材的地方，不能变成一个温馨的家庭。我们应当使"皮鞭教育"的那些信仰者丧失信心，并且毫不留情地制止在家庭内使用皮鞭。

阿·布连科瓦娅说得对：不幸的情况在于，一部分教师在这方面的"理论"水平和家长相差无几。

我知道上帝本想让瓦尼亚的父亲聪敏些，却只教会了他生孩子，没有一点教育本领，如果在这种情况下我还把这位父亲叫到学校，对他说："您的孩子瓦尼亚是一个不用功学习的懒汉。"那么我这样做无疑是在借父亲的手殴打孩子，我是他罪行的同谋犯。

很多人都自称为知识分子，但是这种身份并不妨碍他们坚持一种信念：不用拳头就会使孩子性格软弱，使其变得温柔，无法适应生活。实际上，皮鞭不仅降低了孩子的尊严，还毒化了他的灵魂，激发出他心中最黑暗、最卑劣的东西——怯懦、仇视、虚伪。那些在童年时期既没挨过拳头，也没被敲过后脑勺的人，才能最坚决、不妥协地

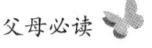

面对邪恶。

大概在十五年前,一个小姑娘来我们学校上学,她叫凡塔捷尔卡,她很擅长编故事。有一次,在课间休息的时候,奥列莎(我们都这样称呼她)惊慌失措地跑到我面前,表情十分恐惧。"别佳对格里沙……用棍子,用棍子。"她说道。在她的字典当中,仿佛没有"打人"这个字眼,她居然还不知道一个人可以殴打另外一个人,因为她的童年生活是幸福的。那么,小姑娘会不会因为自己的这种"无知"就不能适应生活呢?结果完全是另一个样子的。一些年以后,在她亲眼看见一个暴力分子持刀向一位妇女砍去时,这个十九岁的女大学生夺下了暴力分子的刀。她受了伤却保护了那位妇女,使她免于死亡。

皮鞭割断了成人与儿童的精神联系,使得一切教育的努力成为徒劳,无论家长还是教师,他们的一番努力会因此付之东流。如果棍棒让一个处于恐惧状态的小孩子装出端正的模样,那么你真用不着鞭笞孩子了。究竟用什么来取代失去威力的皮鞭呢?这样的孩子,对体罚都不感到害怕,而温和理智的话语也不被他理解。在这种情况下,家长和老师的威信都没有了,往后只能随他去了。

千万不要向一种现象妥协。有些教师由于教育素质低,或是不能理智掌控自己的情绪,于是就诉诸精神的皮鞭。尊重孩子就不能和凌辱孩子的手段结合在一起,同样不能和"强制的""意气用事的"手段——喊叫、敲课桌、威胁等震慑手段结合在一起。

这不是主张宽恕一切的说教,不是满口"尊重""同情""热忱"等漂亮词汇。我相信,真正的教育不能和"强制的""意气用事的"手段结合在一起。教师在学生面前提出各种教育要求,与此同时,教师又容忍学生做得不好,这种做法就像在沙浪上荡着桨,也注定是失败的。

学校不是存取知识的仓库,而是点燃智慧之火的火种。每个孩子都是不一样的,学校最重要的任务就是因材施教,让每一个孩子都能够得到更好的发展。

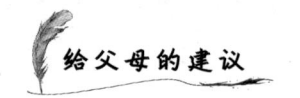

学习本应该带来存在的快乐和认知的快乐，如果读书识字对孩子来说，成为使他感到不适和厌恶的事情，难道我们还能平心静气地面对这种局面吗？孩子之所以厌恶和害怕学习，是因为今天也好，明天也好，日复一日，他都觉得自己是一个坏学生。我这里还保存着一封信件，上面写着："我的女儿学习成绩非常不好，总是得两分，每次她都很忧伤。有一天晚上，我突然被女儿的哭声惊醒：'你怎么了，孩子？'女儿边哭边哀求说：'妈妈，我们搬家吧！搬到一个没有学校的地方去吧！'"

使一个人在学习的园地里成长，这就意味着任何时候都需要谨记，我们是在和一群思维还没有定型的孩子打交道。一些孩子的思维比较活跃，像小溪流一样欢快地流淌，另外一些孩子的思维会比较迟钝。不要着急给孩子下定论，不要轻易地给低年级学生打两分。两分是鞭子，是棍棒，会把孩子做一个好学生的愿望的根基毁掉。

我们学校的低年级有一个规定，在孩子还没有满意地完成作业之前，不会给他打任何分数，而是鼓励他："再试一次，你会做出来的！"做一个好学生的愿望会激励孩子尽其所能地完成作业。这才是上文提到的真正的严格要求。他，小小的孩子，汇集自己的全部力量（这种精神力量是取之不尽、用之不竭的），迈上了一个更高的台阶。他从学习中获得了快乐。他在梦中看到的是自己神气的样子，而不是鬼鬼祟祟地站在那儿涂改学生手册上的分数。我们通过不给他记两分，不诉诸任何"强制的"手段挽救了不止一个学生，使他不会低首下心、贬低自己，甚至是堕落。

当然，这不意味着让孩子带着两分从一个年级调到另一个年级，这是敷衍了事。我们要做的是唤醒孩子的自尊。如果孩子懂得了尊重自己，他将会向自己提出原本老师提出的要求。

学校，在这里最复杂的人的关系不断发展着。如此复杂是因为学校进行着既伟大又困难、既快乐又让人备受折磨的造就人的工作。教育者的智慧，就在于总是用创造者的眼光来看待自己的教育对象。

保护孩子心灵的纯洁

善良是用善行培养出来的，邪恶是恶行造就的，这是教育最重要的规律，也是日常生活和我们社会成员相互关系中的一条最重要的规律。

但是有时候在生活中遇到的一些事情，乍看，很难用既有的规律去解释。在一所学校就曾经发生过这样的事情。

在一所农村学校，四年级有二十四名学生，女教师用开玩笑的语气说："我对自己班学生了解的程度，可以说只要走进教室，看到他们的眼睛，我就已经知道今天谁掌握了功课，谁没有掌握功课，谁回答提问能够得'五分'，谁只能得'三分'，这些都一目了然。"

班上有几个男孩和几个小女孩，他们能快速且无误地解答算术习题。最让女教师引以为豪的是米沙·H.——一个在数学上有天赋的男孩。他甚至不需要抄下题目，只是听一遍，就能够快速地心算出来，然后口头上说出计算过程，毫无疑问，米沙的算术得的全都是"五分"。由于他解答习题出色，得到了同学们和老师的称赞和敬佩，米沙视这一切为理所当然。

班上还有一名学生，他叫尼古拉·Π.，他也很会算题，但是速度很慢。他有的时候得到"四分"，但是大多数情况女教师只给他"三分"，因为他的解题速度实在是太慢了。

有一天，发生了一件出人意料的事情。女教师出了一道复杂的习题。她把尼古拉叫到黑板前让他来做。尼古拉不急着做，而是带着深刻的理解分析了这道题目的条件，一下子就把难题算出来了，并且说出全部计算过程。全班同学聚精会神地听着他的解答。女教师对此十分满意，四年来第一次给了他"五分"。

突然，大家听到教室里传来了哭声。同学们十分惊讶地发现：米沙趴在课桌上伤心痛哭。女教师立马明白此时此刻在米沙心中发生了

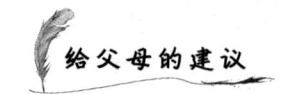

什么——嫉妒折磨着这颗心,让他感到痛苦。这个男孩不能容忍班上有第二个算术天才。

学生的表现让女教师无法平静,她忧心忡忡地跑到我这儿来寻求帮助。我们一起思考了很久:这种可怕的嫉妒究竟是怎样开始侵入孩子的内心的呢?要知道这个男孩一直处在充满善意的环境中,知识水平总能被客观地评价,老师每次打分都很公正,决不偏袒任何人。

但是,即便如此,邪恶还是潜入了孩子的心灵。这个不寻常的事件使我得出一个结论:有时候邪恶好像完全不被察觉,仿佛它完全不存在。而实际上,邪恶隐藏在孩子身边,窥视着他们,使孩子的心灵受到摧残,变得畸形。

我们必须保护儿童的心灵,可危险究竟隐藏在哪儿?如果葡萄没有被栽培在一块肥沃的土地上,如果土地没有被汗水灌溉,那么,土地就会野草丛生,即使无人播种野草,野草也会占据这块土地;人的心灵也是这样:在童年和少年时代,必须用善良驱除邪恶来保护心灵。对于儿童少年,道德上的畸形在某种时候也可能萌发成熟,即使没人教他作恶,只要没有教育他向善,就足以使他道德观扭曲。邪恶的种子如此难以发觉,以至于直到它已经生根发芽,教师才惊慌起来。构成我们教育系统的一条重要原则是:时刻维护孩子心灵的纯洁,不要在这块肥沃的土地上落下任何一颗邪恶的种子。

这被当作邪恶的种子究竟是什么?它们是从哪里落到孩子的心灵中的?维护心灵究竟需要做些什么?

一、要防备心灵的空虚,要防备一个人心里没有任何神圣的、坚定的信念。心灵空虚是最可怕的祸害,让这种祸害在儿童和少年心中存在,不需要任何特别的环境,只要对人冷漠无情、对人为什么活着不感兴趣就足够了。心灵空虚的人丧失了最宝贵的幸福——施行善事和用心灵的力量对抗邪恶。他好像被蒙住了双眼,既看不到自己的善良之处,也体会不到自己应有的尊严。保护孩子的心灵,这意味着要帮助孩子在心中牢固地树立起一些永不动摇的神圣信念。对孩子来说，这些神圣信念最好能像生命一样宝贵，最好能像荣誉、良心一样被珍视，最好能像幸福、平安以及家庭的温暖一样被重视。为了保护孩子纯洁的心灵，应该在孩子心中树立以下神圣信念：

对善的信念，对人是善的创造者的信念。人不仅能够为自己创造善，还能为其他人创造善，人最大的幸福是为别人创造善。

对劳动是伟大的、神奇的、革新能力的信念，对人用劳动创造自己美好的未来的信念。

对自己的信念，对善于发现自己的善良和智慧的信念，对有能力体验自豪感的信念——既为自己而自豪，也为自己劳动所创造的成就而自豪，为用劳动为别人创造幸福的善举而感到自豪。

对我们社会的理想、道德以及现在和未来的伟大真理的信念，对自己有创造能力的信念——认为自己在命运的发展变化中不是任其摆布的一粒灰尘，而是一股伟大的创造力量。

在儿童心中树立这些毫不动摇的神圣信念，不是说一些有关神圣信念的漂亮话语。真正的思想教育是引导孩子用正确的思想指导自己的行为和斗争。正确的思想只有和个性、个人兴趣、愿望、追求和行动计划融合在一起的时候，才能成为孩子心中的神圣信念。为了避免邪恶占据儿童的心灵，孩子应当用自己的行为和斗争来证实向善的信念。

因此，使儿童的行为举止体现高尚的思想和道德，在教育工作中具有巨大的意义。在我看来，触动儿童心灵的意义，在于让儿童用自己的行为来说服自己，让他在自己的行为中看到自己的心灵冲动。在儿童心中树立善的信念，这看似是一件简单的事情。实际上，这几乎是教育工作中最复杂的事情。如果在这个创造人的领域，您取得了成功，您就有把握您的学生在任何时候都不会走上邪路。然而，为了稳固孩子对善良的信念，就必须达到这样的地步：让他看到他用自己的力量做出的善事，让他在为他人做的善事中留下一点自己的心血。只有在儿童用善事表达他的自然本性和个性时，对善良的信念才会成为孩子心中的神圣信仰。我认为，教育工作只有在那时才趋近最终的目的，这就是当学生受良心的驱使创造善的时候，就好像一个极度干渴的人不得不走向清泉，他不得不创造善。按照我的观点，培育纯洁心灵的关键是让儿童通过行善来展现自己人性的自然本质。在儿童心里激发出做好事的渴望，不是为了表现给他人看，而是为了儿童自己，出于儿童的内在动机。这种渴望使儿童的个性变得高尚——教育的"秘密"多半就寓于此。

二、要防备对人表现出冷酷无情、毫无怜悯心，要防备出现那种麻木不仁、铁石心肠的状态，这种状态会滋生出利己主义的恶果："对我来说，一切事都是可以做的；我做我自己喜欢的事；事情只要对我有利就行了，至于对别人有什么影响，和我没有关系。"在世间万物中，人是最异常、最复杂、最美丽也是最难以捉摸的。要在认识世界的过程中让自己变得高尚起来，首先要认识最神奇的生物——"人"。当一个人举起手来伤害一个和自己一样，充满灵气的、会思考的、具有复杂和独立的精神世界的生物，这种罪行的巨大悲剧恰恰潜藏在其中，那就是罪犯没有想到他举手伤害的是万物之灵——人。如何才能使人，以及人的思想、情感和全部精神财富，对学生来说成为世间最珍贵的东西呢？我认为，学生受教育首先是让他认识人。孩子在世界上首先应当认识的就是人。无论他对人认识到什么程度，他都不会停止发现人身上新鲜、美妙和神奇的东西，任何时候他都会对人的伟大和复杂而感到惊叹不已。必须把认识人的活动渗透到学校生活和学生与周围人的关系当中，来保护儿童的心灵不受邪恶的侵蚀。

带着让孩子认识人的目的，触动孩子的心灵，启发他的思维，这需要高超的教育艺术和丰富的教育知识。我努力让热情、委婉、尊重成为孩子和他人相处的主要的基本品质，这里的尊重指对人的精神世界中最细腻的领域——思想、愿望和感情表示尊重。我努力在儿童集体中营造一种体贴、真诚、有分寸的气氛。非常重要的是，在孩子幼童时期，就要让他树立一种思想：每一个人——无论是幼小的孩子，还是成年人、年迈的长者，都有权利拥有幸福……尊重一个人，意味着要避免粗暴地触动他内心最敏感、最疼痛的地方。

那么应该如何培养孩子细腻的精神品质呢？应当从小就养成孩子对一些影响精神世界的最细腻、最温和的手段有强烈的感应，而语言、美好的事物、带有情绪色彩的记忆，就是这样的手段。儿童的心灵对语言应该是极为敏感的，就像琴弦感应同一音域音叉的声音那样。语言是保护儿童的心灵不受粗暴、冷漠、麻木和铁石心肠伤害的强大手段。如何才能运用好这个精妙有力的手段呢？在这种情况下什么是最重要的呢？首先要善于运用语言描绘出人的精神活动的生动画面。我总是力求找到一些词汇，这些词汇能帮助儿童在头脑里认识人的各种细腻感受的概念。

这样的事情并不少有：和儿童经常相处的人遭遇了不幸的事情，但孩子们却无动于衷。如果不用教育的手段让他们用心去观察和体谅他人，他们就很难察觉到他人的不幸。而人的心灵需要用语言来激发。我给孩子们讲述人的痛苦。因此，孩子们转换角色，拥有了换位思考的能力（如果没有语言的作用，这种能力就不会被激发出来）。这种能力是同情心的源泉。谁学会了同情，就学会了尊重他人——理解他人的感情和心境，珍视每一颗陌生的心。换位思考的能力教会孩子感受他人的内心状况，不用说话就能理解和同情他人的悲伤、痛苦和不幸。孩子今天碰见了一个他昨天或前天遇见过的人，可现下他察觉到此人的精神状态有了新变化，即使变化细微，孩子也可以察觉出来。这种对人的内心变化和细微差别的感知能力，发展和完善了儿童的情绪记忆——他不仅用头脑记住，还用心灵记住；他不仅记住了用眼睛看到的事情，还记住了他当时对此事的体验，记住了自己曾经如何面对别人的痛苦和悲伤。教育艺术的重要侧面就是培养和完善儿童的情绪记忆。从儿童上学的第一天起，我就教育他们要用心灵去感受身边最亲近、最宝贵的人（妈妈、奶奶、爸爸和爷爷）的内心状况。

我使用祖国语言的一切财富，以便在孩子们的意识中建立起有关忧郁、快快不乐、悲伤等心境的概念，这样的心境有几十种、几百种细微差别，再丰富的语言也很难表达。甚至最亲密、最宝贵的人都不会向孩子讲述这些情感体验的细微差别，但是他们应当善于感触和识别出这些精细微妙的情感差别。我教育孩子们说，母亲下班回来了，用你们的心去倾听，她的自我感觉是否良好。人的自我感觉有数十种成因和数十种差别。根据母亲的眼神、动作，母亲对你的态度，你应当能感受到她的心情是平静还是焦躁，是快乐还是忧愁。你需要根据母亲的心境调节自己的言行。

应当特别关注老人（爷爷和奶奶）的心理感受。我尽我所能让孩子们不仅明白老人的概念，而且用心感受暮年老人正在步入自己一生的黄昏。敏锐地感受爷爷、奶奶情绪状态的能力，是衡量儿童、少年情感修养的一个重要指标。对老人的热忱和关心并不是某种"援助"，而是一种双赢和互利的伦理道德活动。我极力让孙子和爷爷拥有共同的精神需要，努力让精神需要和人的交往需要成为把最小的人和最老的人联系在一起的重要纽带。这是另一个同样精细微妙且十分复杂的儿童教育课题。

三、应当维护儿童的心灵免于利己主义和个人主义侵害。儿童利己主义最主要的根源可追溯到他意识形成的最初阶段。在这个时期，儿童的心理十分敏感、柔顺、可塑性强，很容易受到教育的影响。但是也正是在这个时期，对一个孩子来说，他的个人意愿就是"全世界的中心"；他的全部情绪和他对人对己的态度，一切都毫无例外地是从个人意愿的土壤中生长出来的，并且他的情绪和态度的好坏取决于个人意愿的满足程度。哪怕一点点不如意，都会让他内心沉重。他对其他人的心理状况是漠不关心的，他既不能看到也不能感受到更不能体验到身边的人或亲人的悲伤和不幸。利己主义摧残儿童的心灵。利己主义者对亲人的内心世界没有敏感的感觉，甚至对为了给儿女创造快乐奉献一生的人的内心愿望，也就是对父母的精神世界也漠不关心。在利己主义者那里，人——这个万物之灵，不是一个有思想、有情感和有追求的个体，而是享乐的工具，要么就是不能给他带来任何好处的中性生物。

利己主义绝不是留存在人们过去意识中的残余。在今天的某些家庭中，尽管父母都是很好的公民、集体主义者，是热忱善良、富有同情心的人士，儿子却常常成长为精致的、冷酷无情的利己主义者。我想将利己主义称为精神上的自我堕落，因为这种可怕的邪恶主要是在这样的情况下滋生并发展的：孩子整天沉湎于享乐，心中只有自己，而成年人不敢摘下孩子的眼罩，让他看一看别人，不敢下决心告诉他每一个人都有享受幸福和欢乐的权利。

如何保护孩子的心灵不受利己主义的侵害呢？

预防利己主义的主要方法是，教育孩子控制自己的愿望。这种教育工作应从家庭开始。在孩子刚刚懂事时，就要让他领会到下列事实：自己是生活在人群之中的，别人也有自己的愿望，也希望得到满足。我们告诉年轻的家长们：教育孩子尊重人，必须首先教育他尊重他人的意愿、利益和向往。孩子上学以后，在引导孩子用心灵和头脑认识世界的活动中，教育孩子尊重他人的意愿占据很重要的地位。个人的意愿，要使它不在某种程度上触犯到他人的精神世界，不和他人的意愿相冲突是不可能的。没有孤立的、悬空的个人意愿。为了保持生活和谐，每个人应该懂得迎合别人合情合理、合法的意愿，让自己的意愿与社会生活协调。

所有的这些道理，我都是在利用孩子们易懂的事例的基础上加以阐明的，并且（这样做特别重要）我运用和演示生活中各种丰富的实际情景，使孩子们学会在各种愿望、利益、渴望错综交织的世界中判断自己所处的方位。

我们学校附近有一个花圃——秋菊花丛，每天你们都会从那片花丛旁边经过。真想摘下一朵花，只摘一朵，欣赏它，享受它的美该多好！但是，如果每个人都按自己想的去做，会导致什么呢？恐怕那里

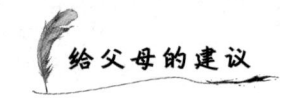

就只有一些被摘断的花茎了。如果每个人的愿望都要被满足，社会生活就会因为各种刁钻古怪的愿望和随心所欲的要求而变得混乱，这样的愿望和要求都是没有限度、没有节制的。要记住，你的愿望是一只敏捷的小鸟，它的名字叫作"我要"。"我要"飞上蓝天，它就一定会碰上另外一只小鸟，它的名字是"不行"。"我要"和"不行"狭路相逢，结果会怎么样呢？多数情况下，"我要"会飞回自己的小窝。你也应该从此吸取教训，不要将"我要"这只小鸟轻易地放出去。

"我要""不行""能够""必须"——要在复杂的情境中判明自己所处的方位——这要求孩子对他人的精神世界具有很高的心灵敏感度，对于上文述及的维持好和谐的生活也要如此。儿童自己在某种程度上就是这种和谐的创造者——应当引导儿童用智慧和心灵去认识世界。和谐的生活为人奏响了美妙的旋律，这是因为人们像辛勤的工蜂，不断往由复杂的人际关系构成的共有的蜂房送去善良的蜜汁。劳动不息的类似工蜂的人拿进精神财富和珍品的共同库房里的每一滴善良的蜜汁都是意义非凡的，实际上，人的道德和社会规范就是靠着这一滴滴善的蜜汁长久维持的。如果没有为了这一滴甘美蜜汁（蜜汁代表为了共同幸福的善行）的日常劳作，社会生活会变得像地狱般艰难，人的精神也早就被折磨得疲惫不堪。由此可见，为了保护孩子免受利己主义的侵害，我们必须坚定不移地教育孩子们为和谐的社会生活增添善良的蜜汁。以下这些原则十分重要，需要按照这样来做：孩子们从共同的蜂房中取出的蜜汁，应该少于他放进的。如果破坏了这个平衡，辛勤劳动的工蜂就将不堪重负。

四、还有一种恶，在人们警惕的眼光中，它和预防利己主义紧密相关。千万要珍惜儿童纯洁的心灵，使其远离这种恶。这种恶的名字叫作冷漠。冷漠是利己主义的一个方面。冷漠往往滋生于细微之处。冷漠的幼芽是从一粒很小的种子萌发的，而这粒小种子就隐藏在父母亲的教诲中："多想想自己，多关心自己的事，管好自己就行了，别人的事情你少管。"这些告诫，看起来似乎没有什么过错，但在孩子心中却不知不觉播下了冷漠的种子。母亲还教训孩子:"你看,孩子们在打群架。互相拳打脚踢,不要上前,靠一边去,打输了不关你的事。即使打赢了也不关你的事。"于是,在母亲的教导之下,孩子不仅对同伴的淘气和顽皮不闻不问,就是遇上强者欺凌弱者、流氓侮辱无自卫能力的姑娘,他也会视而不见,袖手旁观。对此我们发现了一条精神生活的规律:如果一个人对一件事情视而不见,那么他很快就会对所有的事情视而不见。没有什么会让他感到不安,也没有什么事情会使他在意。冷漠让人的内心空虚,让利己主义者本就极其缺乏道德情操的精神世界变得更加苍白。于是,一个人就像费·米·陀思妥耶夫斯基[11]所说的那样,只是为了"喂饱自己的肚皮"而活着。

冷漠是利己主义开花后结出的毒果。在一个冷漠无情的人那里,内心没有任何理想可言。他可能成为叛徒,昨天他还在你面前弯腰屈膝、对你深表崇敬,今天他就可以肆无忌惮地诋毁你、抹黑你。冷漠是残忍、无怜悯心、冷酷、麻木不仁、死气沉沉、喜怒不形于色、厚脸皮、情感封闭的亲姊妹。冷漠无情的人没有可以完全向其敞开内心世界的朋友,无论是熟人、亲人、友人,他都不会向其推心置腹。冷漠无情的人不懂得人的本性固有的需要,什么是真正的友谊、一个人对另一个人的忠诚不渝、儿子对双亲的义务以及父亲对儿子的义务。冷漠无情,使利己主义者道德堕落。

要防止孩子的心灵变得冷漠,就要在每一个孩子身上找到和培养人性中最美好的一面。预防冷漠的方法如下:对一个人来说,在生活中不可能任何东西都不会令他内心激动。孩子的心灵对周围世界的善与恶的反应,是个人精神世界中最细腻和最敏感的范畴,在这个汇集了社会理想和个人追求的范畴里,诞生和确立个人的道德信念。一个善于思考的教育者在任何时候都不会放过的,是儿童用冷漠的视线从一些东西上溜走,而那些东西本应该使他感到快乐、令他惊叹,或者使他反抗、愤怒。教育的真正艺术,就体现在让儿童不仅学会用眼睛去看世界,还学会用心灵去感受世界。

五、必须保护儿童的心灵，防止说假话、欺骗、虚伪，养成做事只图"表面功夫"或者只图"讨好上级"等不良习惯。说假话、欺诈、颠倒黑白、粉饰太平、打肿脸充胖子、遮人耳目、弄虚作假，所有的这些恶行都在教唆人变得卑鄙无耻、假仁假义、麻木迟钝、冷漠无情。当儿童看见或者心里感受到成人努力展现的事实并不是事实原本的样子时，他心中对真理的信念就崩塌了，对他来说，心中再也不会有什么神圣不可侵犯的、永恒的东西了。一种观念在他的心中逐渐被巩固：每个人都在努力适应生活；为了保全自己，你应当讲你不想讲的话，讲那个决定你的命运的人喜欢听的话。阿谀奉承、谄媚、溜须拍马这些行径是撒谎、欺骗、伪善产出的畸形儿。

在维护儿童的心灵避免受到这种恶习的侵害时，需要注意的是：撒谎、欺骗、伪善的种子（轻微表现）往往不会被我们成年人察觉到，而儿童们却能看得见，并用他们的心灵感受。他们或者进行抵制，或者对弄虚作假习以为常。某学生的某一门功课学得很马虎，连续几个学季都是勉强得三分，并且勉强进入下一个年级；校园里面的一小片农作物刚刚发绿，区里的报纸就开始夸夸其谈某某学校试验田种的作物有多么好；某共青团委员会什么事情也没有做，在总结大会上却说他们做出了可观的工作成绩，表示很满意。所有这些都是伪善、虚假、欺骗的有毒的种子，它们在纯洁心灵的肥沃土壤中种下，结出极恶劣的果实：伪善、寡廉鲜耻、阿谀奉承、溜须拍马、卑鄙、变节、善变、背信弃义、口是心非、见风使舵、见异思迁等。

保护儿童心灵的纯洁，意味着用真话进行教育，不对学生说假话。说真话对一个教育工作者来说，和他的命运、前途息息相关，是决定他的未来的最高准则。换句话说，说真话永远是教育工作者必须要遵守的最重要的原则。无论在什么情况下，教师在孩子心目中都应该是一个真正反对弄虚作假、诚实守信的人，是一个为年轻人确立反对伪善、说假话和欺骗的立场的人。

从孩子上学的第一天起，我的目标就是让孩子的心灵像清晨的露珠那样纯洁。保持心灵的纯洁是一门教学艺术，是一项复杂的劳动，全靠这样的艺术和劳动，智慧的声音和儿童最初的情感活动才得以融合在一起。在我看来，人的良心恰好是建立在认识周围世界的基础上的。不仅用智慧来认识，还要用心灵来认识。孩子在认识周围世界的同时，会对他见到的一切进行富有表达力的、鲜明的、感情真实的评价。孩子对于周围世界的各种思考通常会从情感的最初冲动中显现出来，而情感最初的冲动总是纯洁的。

如果您希望将自己的孩子培养成具有真理精神的、憎恨伪善与欺诈的人，您就不要急着抑制这种纯洁又高尚的情感冲动。

对教育工作者来说，必须特别留意，在牵涉到劳动的事情上不给儿童蒙上虚伪、不真实和欺骗的阴影。劳动和诚实是两股相互补充的、强大的教育力量。在这种情形下，我们要对每个孩子的劳动成果给予公正客观的评价，这具有非常重要的意义。我们教育工作者时刻需要谨记，儿童智力劳动的成果（他在某个阶段获得的知识和完成的具体教材习题），远远不能清晰准确地反映出他所花费的劳动。这样的情况时有发生：一个孩子轻而易举就掌握了知识，几乎没有花费什么力气就获得了很高的分数；而另外一个孩子投入了许多时间，克服了很多困难，结果只得到了一个一般的分数。一种不正常的状况就形成了：我们测量和评价的不是学生付出的精力，不是他顽强坚持拼搏的精神，而是他的天赋。如果仔细分析一下学生做作业的内在促进因素，那么我们可以得出一个结论：这样的评分方法是学校教育工作的严重失误之一。在学习花了很多功夫却获得低分的学生心里，委屈感会逐渐生成，甚至产生怨恨感，产生不健康的依赖心理和对自己缺乏信心；而轻松得到高分的学生，可能会变得傲慢和自大，从而降低对自己的要求。

怎样才能保护儿童的心灵不受到这种不幸的侵害呢？怎样才能使分数公正地评定孩子的劳动，同时也评定孩子的能力呢？优秀教师们的经验表明，办法只有一个：实行个别化教育，采取高明、小心谨慎和有分寸的方法进行知识评分。对那些学习能力更强的学生要更多地提问和布置作业（例如，数学课或文法课的老师布置书面作业的时候，对能力较强的学生可以布置较复杂的习题，达到使他充分运用智力，按实际的才能做功课的目的）。教师的教育艺术决定了是否能做到使拥有较强能力的人不会故步自封，而拥有较弱能力的人不会想到他永远只能做容易的题目，与事实相符的智力劳动评分可以促进才能的发展，促使那些昨天不能解答中等难度习题的学生，今天敢于去尝试解答较难的习题，并且取得成功。

智力劳动评分的客观性是在学生集体中公开评分的必要前提，首先要做到客观、公正地计分，才能在上课时对学习差的学生公开指正。

六、防止孩子懒惰、游手好闲，防止他养成做作业敷衍了事的习惯。我把懒惰称为心灵的冬眠。懒惰不只是在人什么都不想做的时候危害他的心灵。有的时候，懒汉也会去做你要求他做的所有事情，但是对他来说，唯一的动力是强迫和监督。还有一种懒惰，那就是精神上的懒惰，这种懒惰缺乏内在动力，精神力量和内在动力能驱使一个人工作做得更好，使学生做习题的结果比他预想的更成功。一个人如果对自己亲手做的工作的质量完全不放在心上就证实他有这方面的懒惰。

懒惰使孩子的心灵变得畸形，也就是说，懒惰使孩子的活动丧失了最主要的内在精神动力——奋发向上的动力。用劳动激发儿童心灵的欲望和点燃他的热情，意味着要给予他创造的幸福感和精神生活的充实感。激发孩子心灵中的振奋精神，这是教育艺术中最精细的教育技巧；这种技巧拯救了孩子，使他免于经历无趣单调的生活，也使他免于产生将劳动当作重负的观念。

在学校生活中，思维的惰性是懒惰的本源。要知道，劳动——无论是脑力劳动，如读书、做作业，还是体力劳动，如在菜园或者果园劳动，都是精神生活的外在表现，思维作为一条红线贯穿劳动生活。

灵感和激情是从唤醒思维开始的。要在思维中有一种肯定自己的工作（劳动）的愿望，没有这种愿望，就不会有热爱劳动、富于创造的人。

我看到四年级的尤拉怎样趴在桌上，写一篇题为"一个晴和的秋日"的作文。小男孩发动全部脑力，强迫自己写出点什么东西。他不想写作文。在他的脑海里没有晴和秋日的各种鲜明图景，更别说要运用词汇把这样的图景呈现在作文本上了。直到他被老师允许放下笔走出教室，他才松了一口气。不写作文的愿望占据了尤拉的整颗心，压迫着他。与此同时，我曾看到，当我们走近思维和语言的源泉（到田野、森林中去），尤拉在观察自然现象时，他变得振奋起来，两只眼睛闪烁着思维的光芒，他的心灵因入迷而变得纯洁高尚。我努力地回忆，发觉正是那些自然景象使尤拉兴奋无比。我试着将这些景象作为线索，用这些画面唤起孩子心中的灵感。我走近尤拉，轻声对他说："你回忆一下吧，你是如何发现那些霜的——欧洲野菊的花瓣上凝结着的一个个小小的结晶，在那个秋天的早晨……你还记得吗？太阳升起后，这些小结晶就化成了露珠，在花瓣上闪烁着光芒……"

孩子的眼睛瞬间有了光彩。我看到孩子在回忆。我看到他已经放弃了尽可能快地胡乱结束这篇作文的打算。他的脑海里出现了那个宁静秋日的早晨的好多画面……画面让人想要用语言表达出来。画面惊动了思维，他伸出手来开始写作了。在孩子面前的已经不是一张纯净的白纸，而是一块很大的画布，孩子是一个艺术家，他将在这块画布上展现大自然的美丽。创作的灵感就是这样产生的。灵感是活跃的思想在跳动，是一下子就抓住人心灵的思维活动。灵感成为一种内在力量，这种力量使尤拉一时间忘记自己正坐在教室里做作业。灵感不折不扣地改变了一个人。刚才我还从尤拉的眼睛里看到呆滞、漠不关心以及无动于衷（"即使有什么不好的要发生，就让它发生吧"）的情感，现在他的眼睛和他的脸庞因活跃的思想而焕发生机。灵感使他感受到劳动给人的满足和享受。

我发现自己最重要的任务，是让每一个孩子都能体验到智力劳动中的灵感。对智力劳动和学习的强大愿望的源泉就存在于这样的灵感体验中。所有形式的智力活动，单调的语法练习也好，背诵诗歌也好，解算术题也好，都需要灵感。在教师那里，唤起灵感的机会成千上万，数不胜数。

在生产劳动中，灵感同样是预防懒惰的强大力量。不想劳动是伴随着学生的思想沉睡出现的，而我们教育者却只知道强迫学生用双手干活。一双缺乏思想的手是不能唤起灵感的。我们激励学生去从事体力劳动，不管这种劳动是如何简单和单调，在劳动过程中都会有发挥创造性思维的天地。灵感会驱动双手，让劳动成为大脑和双手和谐运动的游戏。在每一次劳动中，我都力求寻找到将双手和灵感联系起来的方式。这是一个重大且严肃的问题——将智力劳动和体力劳动统一，下文将专门讨论它。

七、虚荣心——儿童心灵的又一个敌人。过分追求荣誉、渴望表扬、得高分和出风头，儿童心灵的这些毛病往往是由学校自身的风气造成的。当教师常常忽视内在精神激励因素，而将外在激励因素的作用过分强调时，后果特别严重。

过分看重分数是在给教育的发展帮倒忙。口头提问时，学生来不及把答案说完，分数就已经出来了。过分夸奖常常使智力和能力被错误评价，导致学生对自己的智力和能力产生错觉，自我陶醉、沾沾自喜，不尊重同学。这种趋势潜藏着思想懒惰，使学生对学业缺乏兴趣的势头。虚荣心是冷漠和缺乏同情心的另一种表现。

虚荣心会导致什么后果呢？我们来看一个实例。四年级的一位女生在校园里捡到了 20 戈比，她交给了女老师，说："很可能那个丢失了这笔钱的人正在忙着寻找呢！"女老师当着全班的面表扬了这个小姑娘，学校的墙报上描述了她的义举（甚至挂上了她的相片），广播里也报道了她的事迹。一个星期之后，在课间休息时间，有两个小姑娘走到女老师面前，其中一个交出 10 戈比，另一个交出 5 戈比，也自称拾金不昧。但是这一次女教师没有表扬她们。两个小姑娘很不高兴,她们抱怨地问:"为什么不让我们的事迹上墙报?"原来,她们交的钱不是捡来的,她们只是想要用钱"买"一个表扬……

老师出于善良的动机,往往对任何一个行为予以"道德评价"——无论这是好的,还是不好的。不断赞扬那些正常的人际关系中自然而然的行为:扶老奶奶过马路——表扬;告诉生病的同学留了哪些家庭作业——表扬;"三八"妇女节给妈妈准备了礼物——表扬。不仅当着学生们的面表扬,而且当着家长们的面表扬。久而久之,虚荣心就牢固地盘踞在儿童的心灵中。

必须驱除学校中虚荣的风气。这就要求教师在对待知识评分和能力培养方面采取谨慎和理智的态度。为什么要在学校和班级里分出一部分学生,在他们身上贴标签似的,给予他们学习能力极强的高才生的美誉?这里需要再次强调的是:对有天赋的学生,给他们的学习难度要稍微加大一点,而那些被认为能力平平的学生,也要让他们在某一个方面取得优秀成绩。总而言之,对能力的形成和发展的描述应该是灵活动态的,这是预防虚荣心最好的办法。

不需要对学生在学校里做的所有事情都给予评定。很多智力工作是学生本应该完成的,尤其是中年级和高年级的学生,他们的智力劳动不是为了分数,而是出于对知识的兴趣。

在道德关系范围内的表扬,更要特别谨慎地对待。要努力达到一个人做好事是出于内在的激励,是良心的驱使,而不是为了表扬。

八、最后一项警告——谨防幼稚病。我这里所指的是人在精神发展方面的一种奇怪的毛病,这种缺陷可归结为道德上的不成熟——"过长的童年"。在学校里常常可以遇到一些十五六岁的青年,他们的身体已经发育成熟,但是在精神、道德和劳动发展方面却停留在十岁、十一岁孩子的水平。

在一所学校里,有一群十六岁的九年级学生在冬天被派往集体农庄的果园,让他们摘下树上有害虫的叶子,蛾虫在那些叶子上产满了

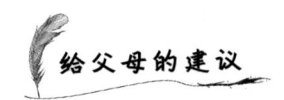

虫卵。零下三摄氏度的天气，街上很安静。在这种条件下，同样也是十六岁的建筑工人要在室外连续工作六小时。学生们却一个小时都坚持不住：他们怕冷，于是把工作丢下，跑回学校取暖。这是在劳动和道德方面幼稚病的典型事例。

无能、无力自卫、缺乏劳动、面对困难束手无策，所有这些都导致了思想的幼稚病。我曾经听过几个十六岁的姑娘回答有关托尔斯泰和屠格涅夫⑫长篇小说的问题……这些回答反映出孩子的幼稚、狭窄的视野、孩子气地看待复杂的生活现象。

幼稚病是一种恶，它给人的精神力量和创造力量戴上了镣铐，把人的社会生活局限在狭窄的空间里。

如何才能够预防幼稚病呢？最可靠的预防措施，是把人的道德成熟和劳动成熟统一起来，把人的身体锻炼和精神磨炼统一起来。如果学生一直过着很轻松、养尊处优的日子，没有遭受过任何磨难，没有鼓足干劲持久奋战的经历，不知道汗流浃背和手上结老茧是怎样一回事，他们就永远不会在精神、道德和劳动方面成熟起来。

为了让精神的成熟和劳动的成熟统一起来，我们让十二三岁的少年通过劳动得到锻炼，这样的劳动需要付出较大的体力和精力。到十五六岁的时候，劳动的紧张程度还要增强，几乎接近成人劳动。如果天气不是很冷的话，就让十二三岁的少年在空气新鲜的室外做些力所能及的工作；而十五六岁的青年，则要在零下十摄氏度到零下十五摄氏度的严寒中，有时甚至在暴风雪中劳动，比如到田地里为畜牧场取运饲料。这些少年和青年从自己真实的经历中认识到什么是真正的工作后，将会相信不克服种种困难就不会有生活。这种体验是精神和劳动得以成熟的最重要的条件。只有那些在青少年时期就学会真正的劳动，学会战胜困难的人，才不会像孩子一样看待事情，而是像一个成年人那样去思考生活。

我们在孩子身上延续自己

儿子心上的烙印

1. 幸福和不幸的家庭

这是乌克兰民间的一个古老传说。

母亲只有一个儿子，十分珍贵，百看不厌。母亲不期望儿子有孝心，她会一滴一滴地收集清晨的露珠给儿子洗脸，用最讲究的绸缎给他缝制衬衣。孩子慢慢长大了，身材匀称，容貌英俊。他娶了一个令人惊叹的、美丽非凡的姑娘做妻子。小伙子把妻子带回自家的农舍里，但是年轻的妻子不喜欢婆婆，甚至憎恨她。母亲怕和儿媳见面，总是躲着她，成天坐在过道屋里，最后只好搬到了外面的破棚子里居住。即使这样，那个美女还是不甘心，她对丈夫说："如果你还想和我在一起，你就把你的母亲杀死，把她的心脏剖出来，放在火上慢慢烘烤。"

儿子并没有被吓得颤抖哆嗦，妻子绝美的容貌完全迷住了他。他对母亲说："妈妈，我的妻子命令我杀死您，她要我把您的心脏从胸膛里取出来，放到火上慢慢烘烤。我要是不听她的，不按照她说的做，她就要离开我，可是我不能没有她……我不能不听她的……"母亲哭了，说："好吧，儿子，就按照你的想法去做吧。"

儿子把母亲带到一处茂密的森林，折断了一些干枯的树枝，点燃了篝火，然后杀死了母亲，把她的心脏取了出来，放在火红的木炭上。一根树枝突然燃起，噼里啪啦作响，一小块木炭飞了出来，正好打到了儿子的脸上，儿子被烧伤了。儿子大叫一声，连忙用手捂着被烧伤的地方。这时候，在火上被慢慢烘烤的母亲的心脏也突然颤动了一下，它低声说道："我亲爱的宝贝，你是不是被烫疼啦？快去摘一些车前草的叶子，那种草就生长在这篝火的附近。你把叶子敷在被烫伤的地方，把妈妈的心贴在叶子上……不痛了之后再把妈妈的心放回火上……"

儿子听了，失声痛哭，从火中把母亲炽热的心取了出来，把它捧在手上，放进母亲被撕裂的胸膛里。他泪如泉涌，热泪一滴一滴滴在母亲的心脏上：他终于明白了，任何时候，任何人，都不会像母亲那样热烈而真诚地爱他。母爱是如此伟大、无穷无尽，母亲希望儿子快乐、幸福的心愿是如此强烈，以至于母亲的心脏又恢复了跳动，被剖开的胸膛合拢了，母亲重新站起来了！她紧紧地把长着一头卷发的儿子抱在怀里。儿子对妻子满是憎恨，不愿再回到她的身边，母亲也不愿意回家了，于是母子二人向着广阔的大草原走去，最终他们成了两座高耸的古墓。

这就是人民用智慧创造的传说。

没有爱比母爱更强烈，没有温情比母亲的抚爱和关切更温暖，没有牵挂比母亲的不眠夜和合不拢的双眼更深切。

对迫近人生黄昏的父母来说，没有什么比孩子们回报和感激父母的付出更令他们感到欣慰了；对父母来说，没有什么比孩子们冷漠无情、漠不关心、忘记父母付出的一切，更让他们感到悲伤和哀痛了。

"不孝的儿子""不孝的女儿"，这也许是国民对一个人最尖锐、最深刻的谴责。我在中学工作了三十二年，最早坐在课桌旁的学生早已为人父母。几百个人的命运出现和定格在我的眼中。生活让我相信：我们应当培养像劳动人民那样纯洁和高尚的心灵，我们应该从这永不干涸的道德源泉中吸取培养真正的人性、同志情谊、真正的兄弟情的精神能量。劳动人民无情地谴责孩子的不回报,并颂扬孩子的孝心和奉献。现在请大家听我讲述一个有教育意义的真实故事,它不久前就发生在我们的镇子里。

玛丽娅和赫里斯京娜是邻居,都在集体农庄工作,她们都生了一个儿子,并都将儿子养大成人。玛丽娅的儿子叫彼得,赫里斯京娜的儿子叫安德烈。两个孩子年纪一样,一九三九的秋天,他们都到了需要服兵役的年龄。

玛丽娅和赫里斯京娜一起把儿子送到军队服役,她们俩在一起掐指计算着,还需要等多少天,蓝眼睛、浅色头发的彼得和黑眼睛、头发像乌鸦翅膀般黑亮的安德烈就能回家。

战争开始了,侵略者进入了乌克兰。那两年,两位母亲都没有关于孩子的任何消息,见不到日夜盼望的报信者。苏联的军队解放了乌克兰,分别寄给赫里斯京娜和玛丽娅的装在蓝色三角信封里的信件来了,两颗欢乐的心颤抖不已:孩子们都还活着!战争最后的枪炮声停止了。彼得和安德烈在同一个星期回来了,欢乐充斥着母亲们备受煎熬的心。

但是,还没高兴多久,两位母亲都遭遇了不幸,但她们的命运却不同。玛丽娅病倒在床,一双脚不听使唤了。这可难倒了彼得:不仅仅是母亲病重,还有一种不幸同时来临,就像人们常说的,祸不单行。

黑眉毛的未婚妻一直在等待着彼得,他们高兴地决定结婚了。你不能禁止年轻人的爱情,可加林娜婚前怀孕了。按照国民道德的规范,彼得应该把怀孕的姑娘带回家,但是母亲目前卧病在床,彼得分身乏术。母亲看到儿子一筹莫展,她也睡不好觉,对儿子说:"别让加林娜蒙受羞辱,把她娶回家做你的合法妻子。至于我,就看上天的安排吧!"加林娜来到彼得家,嫁给了彼得。要不是母亲生病了,这个家庭会十分幸福美满。

彼得听说基辅有一位医生医术高明,决定送母亲去治病,但这

给父母的建议

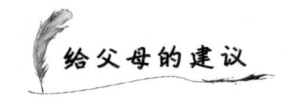

需要钱,于是彼得和加林娜决定卖掉农舍。他们卖掉了农舍,一路颠簸,把母亲送到了基辅。母亲住进了医院。医生告诉这对夫妻,母亲需要在医院住上一年半或者更长的时间。

两个年轻人生活十分困苦,但是他们全部时间都在照顾母亲。为了能治好母亲的病,加林娜的衣服都卖了,彼得的键钮式手风琴也卖了。

玛丽娅在医院里一住就是两年,不是医生所说的一年半,最后母亲终于痊愈出院了。她对乡亲们说:"治好我病的不是药物,而是两个孩子的一片孝心。"

镇上的人们谈论这件事情的时候,态度十分尊敬,对彼得和加林娜两人赞不绝口。他们告诫自己的孩子,人生在世,就要像彼得和加林娜那样活着才有意义。

我们先把幸福的玛丽娅和她幸福的儿孙们放在一边不谈(在我们这里,婆婆称呼儿媳妇为女儿,儿媳妇称呼婆婆为母亲,这不是没有道理的),再看看赫里斯京娜的命运吧。她的命运按另一种方式进行。赫里斯京娜的儿子安德烈回家的时候带了几箱子的战利品,但是他从来没有在母亲的农舍里打开过。他嫌弃母亲的农舍太拥挤,决定盖一处新房。于是他选择在小镇的偏僻尾部、远离草原的一个地方,盖了一座砖房,房顶上的瓦是当时非常罕见的锌板。他结了婚,小日子过得很滋润。

然而赫里斯京娜的农舍眼看着就要倒塌了,她请求儿子帮忙修缮一下房顶,但是儿子说:"我自己的事情还忙不过来呢,你自己想办法吧。"母亲难过地哭了,只得自己用干草盖住农舍房顶。她心想:"这还不是真正的不幸,只要我的身体还能应付就行……"谁能料到,真正的不幸来了——安德烈的母亲病了,无法从床上起来,她的一侧身体失去了知觉,手脚不能动了。赫里斯京娜的邻居们找到了安德烈,指责他说:"安德烈,你还有良心吗?你的母亲病倒了,你应该经常去照顾她。"安德烈嘴上敷衍地答应去看望母亲,但是实际上从来没有去过。善良的邻居们照顾着生病的老人。

半年过去了,一年过去了,赫里斯京娜的病情一点都没有好转。儿子也一次都没有去探望过母亲。

镇上传言,儿子抛弃了母亲。人们都称安德烈是冷酷无情的人,然后用一个更富有表达力的词称呼他——畜生。

大家看见他就很嫌弃地躲开了,没有人向他问好。安德烈很害怕,最后自杀了。

为什么会发生这样的事情?

为什么有的儿子会没有孝心呢?人们为何如此地铁石心肠?这种心肠是如何养成的?大家禁不住想起了这个不幸母亲的一生。赫里斯京娜一生的心血全部都倾注在了宝贝儿子安德烈卡(安德烈的爱称)身上,甚至为了他食不甘味,寝不安席。大家想起了集体农庄成立之前赫里斯京娜和丈夫驾着马车下地割麦子时的情景。那个时候,她每次下地前都要在马车上放些芳香的干草,再铺上白色的亚麻布床单,然后把睡着的安德烈卡连枕头带被褥一起抱上马车,还要把脸遮起来,免得炽烈的太阳光直接照射他们的心肝宝贝儿子。父母在辛勤劳动时,安德烈就这样舒舒服服地躺在旁边的马车上睡大觉。而别人家像他这样八岁大的孩子,早就开始在森林里做捡拾劈柴、运水、点燃篝火等力所能及的事情了,只有安德烈无所事事地躺着,睡得很香。

安德烈卡渐渐长大,身体健康,朝气蓬勃。母亲对他极度疼爱,她不让任何忧愁触及他的内心,不让丝毫苦楚使他安逸的童年变得黯淡。某年秋天,赫里斯京娜让这男孩品尝煎好的蘑菇再拌上酸奶油,这种食物很合他的口味,他要求每天都吃。附近的蘑菇越来越少,母亲只好到十二俄里之外的森林里去采摘。有一天,母亲不小心划伤了脚,千辛万苦才回到家里。可她咬牙克制着,不让不幸发生的事显露——怎么可以让安德烈卡的心境变差呢?"为什么要让他知道这世界上还有痛苦?"每当赫里斯京娜想在孩子面前遮掩什么让人伤心的

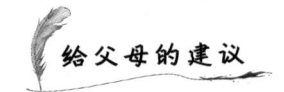

事情的时候,她总是抱有这样的想法。这一次也不例外。她潦草地包扎了一下伤口就到邻居家寻求帮助去了。自此以后,女邻居每天都送来一筐新鲜的蘑菇,作为交换,母亲会送给女邻居自己缝制的绣花衬衫。

就这样,安德烈卡从来都不知道,为了他,母亲遭受过什么样的不幸和痛苦。他心里所想的只有自己的快乐和满足。他只知道别人应该让他享受快乐,却不知道自己也应该为他人创造幸福。长此以往,安德烈就变成了一个铁石心肠的人。

2. 教育的根本问题

彼得鲁斯(彼得的爱称)的童年岁月完全是以另一种方式度过的。母亲很爱他,也时刻把儿子放在心上,但不使他远离生活中的一切复杂和矛盾。在生活中,快乐和忧愁、幸福和忧愁本来就是交织在一起的。一个人在童年时代不仅要用头脑认识世界,还要用心灵去感受世界。生活中发生的任何事情都会在孩子幼小的心灵当中引发最不相同的感受、体验、冲动和追求。童年时代的这些内心活动,在儿童心中留下极其深刻印象的是怜悯、仁慈、同情这些情感。玛丽娅这颗敏感的慈母心谨记着,要让孩子从小就感受到:有许多的人和我一起生活,他们也有自己的利益和愿望,他们也想成为一个幸福快乐的人。

要成为一个最幸福的人,就应当热忱地、敏感地关怀他人的内心。当然,玛丽娅不可能在生活中的每个地方都重复这个神圣的国民道德要求(孩子还不能深刻理解这个高深的道理),她只是身体力行地教导孩子这样去生活。

玛丽娅有个邻居是一个独自生活又常年生病的老太太。我记得,每当玛丽娅的大果园里有什么水果开始成熟——欧洲甜樱桃、日本樱桃、苹果、梨子、李子或者葡萄,母亲就会呼唤彼得鲁斯:

"快,给老奶奶送过去!"母亲将一盘最早成熟的水果递到他手中。

孩子对这样的情况已经习惯了。

"关于爱人类等大话,空口说说很容易,"玛丽娅教育儿子说,"动动嘴皮子要比冬天帮助亚里娜奶奶劈些木柴容易得多。人类离我们很远,而亚里娜奶奶就在我们身边。如果冬天她没有办法取暖,我们的良心会过意不去。听着,儿子,要用真心去关怀他人的忧虑和疾苦。"

时光飞逝,很多年过去了,彼得和加林娜的孩子早就从我们学校毕业。我用四十年的教育工作得到了这样的成果。我已经期待着,在一个阳光灿烂的九月,能够在学校门口迎接彼得和加林娜的孙子们——相信这一天不会太远。对我来说,学校生活的每一天都是在孩子们的欢声笑语中开始的。我通过孩子们快乐的眼睛,看到了他们对盛开着的玫瑰花的赞叹,看见了孩子们惊奇和诧异的表情,他们正在入神地观察周围世界的某个不平常的、新鲜的现象——天上的白云像一只神奇的小鸟,五彩斑斓的蝴蝶在花丛中翩翩起舞……孩子们还兴高采烈地向我展示他们准备送给爸爸妈妈的礼物……这真是太好了。社会和家长居然给了孩子们那么多的快乐。但是人不免居安思危,面对孩子们无忧无虑的脸庞,不知为何,在我的心中,忧虑油然而生。

我想起了小时候的安德烈卡,他也曾像这样生活得快快乐乐的,他甚至不任性撒娇,因为疼爱他的母亲会预料到各种可能发生的任性撒娇,并且将各种任性行为预先扼杀在萌芽状态。

有一个永恒的问题总是令我不安,这个问题可以称为家庭教育永远都离不开的根本问题:在对儿童的教育中,应该怎样把严格要求和关怀照顾、严厉和关爱、服从和自由有机地结合起来?有一个编辑部在刊登了托利·H.的来信[13]以及给他的回信之后,收到了许多父亲和母亲的来信,我在这些信件中,几十次读到同样一个问题——到底什么才是明智的父母之爱?

我们在一个如此有意义的时代,每一个公民都把崇高的创造人的

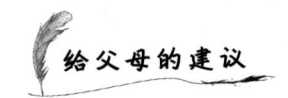

事业看作最不可比拟的幸福,这种幸福感在于在孩子身上重现自己,在于创造一个新人,也在于眼看着他的智慧、情感、意志、性格、美德以及独特个性逐渐形成。我们每一个人都要为自己的同胞创造点什么:面包或者机器,衣物或者宇宙飞船,供制造奶肉产品的牲畜良种或者交响乐。但是我们每个人都有隐蔽很深的个人特色,同时又有社会化的创造工作——教育和培养人。我们是如何培育自己的孩子的?我们给世界带来的是个什么样的人?我们在自己儿子的心灵中留下了什么?做父亲的深思一下这些吧。这些问题和建造食品加工厂、钢铁厂、安装石油管道、建设电站一样地重要。

我们的父母们正在为了我们子孙们的幸福建设共产主义社会。我们生活、劳动、为理想而斗争,实质上都是为了使我们的孩子日子过得幸福。我属于在1941年艰苦年代拿起武器、参加苏联红军迎击敌人的那一代人。我们中的许多人在战火中牺牲,成千上万个阵亡的兄弟的坟墓在已有二十多年树龄的大树树荫下。那一部分幸运地从战场上活着回来的人,艰辛的劳动落到了他们头上。我们在废墟和瓦砾上建起了食品工厂和钢铁企业,兴建起新的城市和电站,修建起条件优良的学校和文化宫。

我们的妻子是幸福的,我们做父亲的也是幸福的,因为我们的孩子在健康快乐地成长。当我们看到一座供儿童们游乐的文化宫正在修建,看到拥有矫健身躯的孩子们和妈妈、奶奶、爷爷一起走向公共汽车,而这辆汽车在这个夏日载着他们前往少先队夏令营,我们从心底里为他们感到高兴。奶奶和爷爷拎着行李,母亲们反复地说着告别的话。汽车开动了,扬起的尘土笼罩了英雄陵墓旁的栗树……每个星期我们都会去营地看望一次自己的孩子(他们都是十四五岁)。我们非常仔细地询问他们吃得怎么样,在知道夏季食堂的一块窗玻璃碎了之后,我们非常愤怒:总务主任干什么去了?要知道在这种天气孩子们会感冒生病的呀!我们刚刚向夏令营负责人表示了自己的愤怒,过了五分钟,总务主任就带着一个安装玻璃的工人赶过来——食堂的窗玻璃换上了好的。

所有这些成了我们日常生活中的规律,我们应当为这些感到高兴。假如有人对生活感到遗憾,其理由是艰难的日子对教育孩子更有利,这是十分愚蠢的。但愿孩子们不会回到那样的日子,那时孩子们忍饥挨饿,一小块面包都成了他们梦寐以求的幻想。但是,我作为一个父亲、一个共产党员,深信许多父亲和母亲也在为一个问题而担忧:我们对儿童的爱,确确实实是一个巨大的、永远也不会熄灭的火炬,但是,它能在孩子的心里激起感恩的火花吗?孩子能否感受到他们的幸福生活是父母用大量的劳动和汗水换来的,是善良、真诚、敏感、有求必应的父母用一生的辛劳付出换来的?能否感受到还有很多人在为他日夜操劳?这些人中有很多是和他非亲非故的"外人",但又是非常宝贵的人,宝贵在如果没有父母和这些"外人"的默默奉献,他都不能活下去,尽管通常情况下,这个道理他并不知道。父母的爱永远是靠人类智慧引导和照耀的吗?父母之爱的明智性究竟是什么呢?

数百个孩子的命运在我的眼前出现,给我带来一个坚定的信念:父母的高度明智的爱在于父母善于在自己的孩子们面前展现人生快乐的真正的源泉,让孩子们看到和感受到生存的乐趣正是来自这源泉的。

从儿童的本性来说,他们对幸福的理解是自私的。儿童往往把长辈为他们创造幸福和财富的行为当作是一种理所当然的事情,在他们暂时没有根据自身的经验(这种经验永远不会自然而然地发生)体会到他们个人的欢乐源自长辈们的劳动和汗水之前,他们将坚信:母亲和父亲活着仅仅是为了带给他们欢乐。

有一种观点曾经大行其道:说什么好吃懒做、游手好闲、不知回报的儿女,往往是出自远离生产劳动的精英家庭。这种观点是臆造出来的,现实生活就能反驳它。生活令我相信一种相反的情况,铁石心肠的人们最常在劳动人民家庭见到,包括工人家庭、集体农庄庄员和知识分子家庭，在那里父亲和母亲非常疼爱自己的孩子，为他们奉献出一切，不要求他们做出任何回报。这个事实乍一看可能显得反常和令人难以置信：在诚实劳动的忠良家庭里，父母都善良、热诚、明理、有求必应、富有同情心，孩子却成长成冷酷无情、没有良心的人！在这种情况下，没有什么令人难以置信的事：孩子长大变得铁石心肠，是因为他是一个只知道贪图享乐的人，他生活的全部乐趣就是索取和获得——而这，恰恰是家庭教育中最可怕的情况。

3. 父母之爱的明智性

在我的观念里，以明智的爱（家长理智地爱孩子）为目标的精神准备教育，是建设我们社会道德基础的一项非常重要、非常细致的任务。令人遗憾的是，不仅很多家长，甚至很多党的工作者却持这种观点——我们国家公民的社会活动与子女教育以及家长义务完全没有关联。这是一种非常错误的观点。

教育人，教育自己的子女，这是公民最重要、排在第一位的社会活动，是公民应该履行的社会义务。大部分家长都很明白这个道理。在我们学校的一次家长会上，一个五年级学生的父亲当众表明，自己的社会事务过于繁忙，腾不出时间来管教儿子，其他家长毫不客气地对他说：如果连自己的儿子都顾不上管教，您所做的社会事务就没有任何意义和价值。没有时间管教儿子，实际上就意味着没有时间做人。

力图使家长掌握父母之爱的明智性，我们认定在这方面的工作是教育过程中最重要的任务之一。我们的"家长学校"不断开设着，已经不止十年了。顺便一提，我认为完全没必要将这种学校称为家长学校，这个响亮的词语不能反映出对家长进行的培训工作的实质。在"家长学校"里有未来学生的家长组（在他们的孩子入学前三年，我们就开始做他们的工作了），还有一至三年级家长组、四至五年级家长组、六至八年级家长组、九至十年级家长组。

关于父母之爱的明智性问题和关于善待和要求、爱抚和严管如何和谐一致的问题是一条红线，这条红线贯穿我们和家长的谈话内容。我们的谈话很有分寸感，不会去触碰私人的伤痛，但与此同时，我们尽可能地防止家长在最细腻的精神生活领域犯错误。

父母对孩子的不明智的爱会导致孩子受到伤害。这种畸形的爱有许多种形式，主要有以下几种：爱子女达到极致，即溺爱放纵的爱；君主专制的爱，即独断专横的爱；包办操纵的爱，即赎买式的爱。

溺爱可能是父母亲和孩子们的种种关系中最令人痛惜的一种。这是本能的、无理性的爱，让人们自然想到母鸡对小鸡的爱。父母对孩子迈出的每一步都感到高兴快乐，却从来不考虑这是怎样的一步，它可能导致什么结果。眼下就有一些父母出现这种情况，他们对孩子的狂热崇奉就好像崇拜神一样。

这是我亲眼看到的一幕：一位女邻居来到五岁的谢廖沙的母亲那里做客，两个妇女站在院子里，男孩在她们身旁玩耍。没过多久，谢廖沙就当着母亲和邻居客人的面撒尿，母亲却宠溺地说："您看看，我这孩子就这样，一点也不害臊。"可是，这种漫不经心的溺爱会导致十分可怕的后果——它使孩子随心所欲，子女将骑在双亲的脖子上，变成暴君。

溺爱，使得孩子堕落腐化，首先他将不知道如何控制自己的欲望，野蛮人、下流人和无赖汉的口头禅成了他的行为准则：我做的一切事情谁都没办法干涉，无论影响了谁，我都不负责任，只要能满足我的愿望就行。在极度宠爱的环境中培育大的孩子不知道在社会生活中还有"可以""不可以""应该""不应该"的概念。在他看来，似乎他所做的一切都是可以的，应该的。他成为一个为所欲为，甚至是病态的人。生活对他的要求哪怕只是很小一点，对他来说，都成为难以承受的重负。在极度宠爱的环境中培育大的孩子是利己主义者，他自私透顶。他不懂得自己对父母的责任，不会也不想劳动，他目中无人，他没有感觉到身边的人的存在，首先是他的母亲、父亲、奶奶、爷爷也都有自己的想法、自己的需要和自己的精神世界。他慢慢地认定了这样的信念：他来到这个世界，他的存在本身，就是对父母最大的恩赐了。

有一幅照片令我十分愤懑，这种情绪直达内心深处。这幅照片刊登在我国的一本文学艺术杂志上，展现的是学校开学第一天的忙碌场景：一些一年级小学生走进教室，在自己的座位上坐下；教室门口和窗户那里，幸福的爸爸妈妈们挤在一起，他们向教室张望着，脸上带着甜蜜的宠溺神情；女教师的脸上也可以看到这种神情。孩子们感受到所有人都非常陶醉地望着他们，这个时候，他们心里想的是：他们来到教室，坐在座位上，这就已经是天大的功劳了。

孩子使我们的生活有了乐趣，我们为了孩子的幸福而谋生和劳动，所有的这些都是无可争议的事实。但是，给孩子讲这些，甚至是编成戏剧来大肆宣扬这是在教坏孩子，是在一个人培养公民的核心品质过程中制造了很危险的缺陷。这么一来，我们做父亲的在生活中的每一个行为都在向我们的孩子灌输一种思想——"你就是我们的快乐"，于是孩子们愈加相信，他们从我们这里获取物质和精神的好处，本身就是他们对我们的莫大的恩赐。既然如此，那么我做什么事情都应当被允许，我的所有愿望都应该得到满足。为所欲为的种子就此成熟，孩子的独断专横达到那样的程度，日后家长只能抓着头发干着急了。

非理性的、本能的父母之爱还有另一个变种，那就是独断专行的爱。1967年1月22日，《工人报》刊登了一位九年级学生克利沃夫·罗加·托利·H.写的一封信，这封信是在绝望的心情下写下的。这位十六岁的少年的学习成绩经常得"四分"和"五分"。在家里，他经常帮父母干活，比如擦地板、洗碗、为全家人洗衣服和擦鞋，他都尽自己的努力去做。"父母让我吃饱穿暖。"托利在信中写道，"但是，无论给我买什么新东西，他们总是唠叨个没完……"数不清的责备让整个家庭气氛变得十分紧张，好似在地狱，但是父母却说他们之所以这样做，完全是因为爱儿子，希望他能够幸福，他们是在教育孩子如何生活，想让他更加聪明，更加尊重父母。

我知道一些像托利这样的家庭，这些家庭的孩子活得很痛苦。我们这里似乎早就不存在这种恣意妄为的土壤，无论是社会上，还是道德上。但是，这种恣意妄为还存在着，这意味着某种土壤或是某种腐朽的小草丘还存在着。在那样的家庭里，愚昧无知和利己主义的混合物是家长恣意妄为的土壤，这些家长不把孩子当作一个人来看待，而是当作自己手中的一个物品来看待：我的桌子，我想摆在哪里就摆在哪里；同理，我的女儿，我想说什么就说什么，想要求什么就要求什么。我认识的一个父亲，他甚至独断专横到了这样的地步：他给十五岁的女儿——八年级的学生在店里购买了一双符合潮流的鞋子和一条美丽的连衣裙。他命令女儿把鞋子放在做功课的书桌旁，裙子也挂在附近。他警告女儿说：只有学季末所有的科目成绩不低于四分，才能够穿上新鞋子、新裙子；只要有一门功课得了三分，那就别想碰这些新买的衣物。

很难想象，还有什么比利用人统治人来达到专横霸道的满足更恶劣的了。

家长的蒙昧无知、专横暴虐是致使性本善这个概念被儿童曲解的一个原因，也是造成他不再相信人、不再相信人性的一个原因。在独断专行、任性妄为、吹毛求疵、无穷无尽地责难的环境中，孩子会变得残酷无情、暴躁、执拗、凶狠。在我看来，这是儿童和少年精神世界中最可怕的东西。恣意妄为驱逐了一种最重要的心灵活动，这种心灵活动在正常的家庭里是使孩子善良、理智、谦让、沉稳的源泉。这种心灵活动就是关爱，在童年没有享受过关爱的人，在少年期和青年早期会成为粗野和冷酷的人。

我常常听到一些家长们的困惑：儿子小时候是个善良、听话的孩子，为什么长大了却变得粗野、古怪、固执了呢？为什么会发生这样的转变呢？我绝对相信，这种现象的原因在于家长不善于使用或滥用父母的权威，使孩子感受到强迫是一种凌驾在他的意志之上的恶势力。家长应当利用自己的权威去鼓励孩子拥有活力的内在精神，并使其变得崇高——做一个好孩子的愿望，这种内在的愿望在每个孩子那里都有。而父母在使用家长权威时应当谨慎，接近孩子，必须小心，不要挫败孩子这种娇嫩柔弱的精神冲动。如果您将聪慧明智的权威转变为独断专行的压制，孩子做好人的愿望就会破灭，孩子的心灵就可能发生最令人担忧的情况。

请尊重儿童想做个好人的愿望！珍惜这种愿望，将其看作是人最细腻、最微妙的精神活动。不要滥用自己的权威，不要让父母明智的权威变成独断专行和任性妄为。不要打破您孩子充满人性的愿望。请记住，您的孩子和您一样，同样是一个人，当有人试图把他当成自己可以恣意妄为的玩物时，他的心灵会明显地抗拒。

不知道有些家长为什么会认为，如果"适当地施加一点压力"，孩子上学就会获得"五分"或"四分"。按照许多家长的想法，学业的分数也表现出道德的分数。这种极度错误的认识常给孩子造成严重的伤害，有时候是在直接摧残他们的心灵。把各门科目学习成绩的评分和道德面貌的评价混淆在一起，这是单方面地追求教育成功的唯一指标——成绩单上的分数。这是学校教育的一大不幸。许多教师和家长谈论学生的教育问题，自始至终都离不开分数。所有的这些都直接导致了这样的结论：好的分数就是好孩子；分数"没有达到应该有的水平"，意味着学生"没有达到水平"。

在这种缺乏教育学知识的观点中，作为具有多方面特征——品德、才能、志向、爱好的和谐统一体的人消失了。令人遗憾的是，这种荒谬的观点现在影响甚广，已经渗透到家庭和社会生活当中。我不可能毫不愤懑在听到或读到这样的文章——宣传这种观点：三分意味着薄弱的、毫无用处的知识，也代表着它的主人是个无用的人。

"'三分'，这是对学生的知识完全满意的评价。"——亲爱的教师同志们，该是我们坚定地对自己说这句话的时候了。顺便说一下，如果所有的教师都有这种正确的观点,教育中的弄虚作假就会消失,教师再也不会给不满意的学生也打"三分";父母也不会再要求自己的孩子做他们做不到的事情。要知道,每个孩子的能力是不一样的,一个孩子可以轻而易举地得到"四分""五分",另一个孩子用尽全力也只能得"三分"——我们马上要普及中等义务教育,记住这一点显得尤为重要。

不理智的父母之爱的第三个变种,是包办的爱,也可称为赎买式的爱。有些父亲坚信,只要满足孩子所有的物质需要,他们就是履行了作为家长的全部责任。孩子吃得好、穿得好、身体健康、拥有全部的课本和学习用具——他还有什么可说的呢?这些父亲以为,物质上的花费可以衡量父母的爱,也可以避免不好的结局……

在这种情况下,我想谈及一些为数不多的父亲——他们存在,所以应当讲一讲,他们患了精神——道德情感冷漠症,他们没有同情心,不懂得什么是父母之爱,对自己的孩子抱着冷漠的态度。为什么首先谈到的是父亲呢?因为母亲和孩子在日常的生活中在精神交往上保持着很密切的联系,在母亲中几乎没有对自己孩子冷漠这样的人。这种现象和父亲的教育水平低没有关系。这是一种错误的观点引发的效应,这种观点把孩子们的教育看作是一种完全孤立的、与社会义务分开的工作,他们认为教育孩子不是国家公民应尽的社会义务。

在这样的家庭当中,如果母亲也不能给孩子足够的关心,如果她不能成为孩子精神生活的中心,那么,围绕孩子的便只是精神空虚和情感贫乏。他们生活在人群之中,但是不认识人、不理解人。在那样的家庭里,这样的情况是最危险的:他们完全不了解也不能产生人的最细腻的情感,首先是温柔、同情、怜悯、仁慈等。他们可能会成为一个完全不懂感情的、冷漠的人。学校对这些孩子负有很重大的教育责任,他们应该在学校接受专门的情感教育,这是教育学理论和实践的一个重大课题。但是令人遗憾的是,教育学没有研究这个课题。谁也没有专门研究学校应该怎样教育那些由于家庭原因而情感冷漠、精

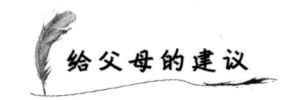

神空虚、失去个性的孩子。学校做的,最多不过是帮助这些"谁也不需要"的孩子取得一个好的学习成绩。

那么,真正的父母之爱究竟是怎样的呢?

4. 手捧鲜花的人

真正的父母之爱应当是什么样的?在子女的心中要留下些什么,才能使他们成长为真正的人?如何才能让父母的爱在孩子心中激起永不熄灭的感激之情?如何才能使父母给予孩子的一粒粒细小的金沙,变成造福他人和民族的黄金矿藏?

教会孩子认识人、理解人,这是教育事业中一项非常复杂、困难的工作。父母的爱应该是这个样子的:为了提高孩子同情心的敏感性,使他对周围的世界、对人创造的一切、对为人服务的一切都非常敏感、关心,首先是要引导孩子学会关心自己。我坚信,要在儿童心灵中培养人的高尚品质,第一步就是要使孩子与他人的关系富有人性,培养他尊重他人,首先是尊重父母这种纯洁高尚的情感,唯有运用这种情感,才能使他和他人的关系变得崇高而纯净。

孩子们一进入学校,就成了学生。在学校生活的最初几年,学校和父母保持联系具有格外重大的意义。在这里我要强调,是和两位家长,既和母亲联系,也和父亲联系。学校教师、校长与父母每周进行一次个别谈话,谈谈我们的各种深思、各种建议——这是人的教育的实验室。我们和家长合力思考:我们应当使孩子成为什么样的人,为了让儿童切身体会到自己生活在人群之中,他的积极性活动应该表现在什么方面。

我们和家长一起努力,使学校生活,尤其是小学阶段的生活成为培养孩子真挚和善良品性的学校。关心他人的幸福,为别人创造美好生活,是这所学校最重要的课程。所有能给孩子美的享受,能够让他们感到快乐和满足的事物,都具有神奇的教育力量。我们教育孩子为家庭,为父母,为身边其他人创造幸福美好的生活。

每年秋天，每个家庭都要欢度玫瑰节——在这里我也强调一点，玫瑰节首先是家庭的节日，然后才是学校的节日。在这一天孩子们并不集会，也没有那种违背儿童天性、缺少孩子真情、刻意造作出来的庄严气氛（遗憾的是，有少数例外）。在我们这里，孩子们主要在家里度过这个节日，但是学校会帮助他们做好充足的准备。

秋天的玫瑰节是一个好日子，每个孩子在这一天都要在自家的宅院旁边的一块地里种上几株玫瑰。我们给孩子发放玫瑰花秧苗，对他们说：拿去栽上，孩子们，要好好照顾它们！给你们的家庭增添美丽吧！给你们的母亲、父亲、奶奶、爷爷带来欢乐吧！

孩子种下了玫瑰，会时常记起：该浇水了；天气冷了，该防冻了；土壤应该松一松了。他们还不习惯为这事操心和持久付出。老师描绘的画面——一朵芬芳馥郁的花，在他的概念中太遥远了。孩子不善于耐心地等待，不会持续朝向一个目标努力，所以需要教育他，在劳动中教导他。

终于，第一个花蕾出现了，紧接着是第二个、第三个……一个个花蕾相继开放，在灿烂的阳光下展开血红的、粉红的、深蓝的、浅蓝的花瓣。在这个美丽的时刻，孩子们的双眼闪烁着欢乐的光芒。这不是收到父母礼物时的欢乐，不是娱乐休闲时的欢乐，也不是外出旅游即将出发时的欢乐。

这是为最亲爱的人——母亲、父亲、奶奶、爷爷做了好事后感受到的快乐。这件好事使孩子的心灵颤动、兴奋和欢乐，恰恰是因为做好事本身就是一件十分美好的事情。孩子总迫不及待想看到花蕾的开放，在这等待的无意中他就培养了耐心。如果有谁摘下了他原本准备送给母亲的花朵，孩子的内心将产生很大的伤痛。如果一个人从来都没有受到过这种伤痛，那么他还算不上一个真正的人。

对我来说，没有比在孩子摘下花朵献给母亲的一刹那看到孩子炯炯发光的眼睛更让我感到幸福的了。这一刹那间，他的一双眼睛充满纯真的、人性的光芒。来自内心深处的欢乐使眼睛熠熠生辉——这是

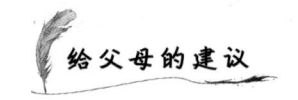

为别人创造幸福而获得的快乐。

孩子有了为他人创造美和善的情感体验,对美也就有了全新的认识。在开满花的苹果树枝条上,在慢慢成熟的一串串葡萄上,在仿佛正在沉思的朵朵菊花上,他看到了人们辛勤的劳动成果。他不会随便折断树枝,攀折花朵,他的良心让他做不出这样的事情。

"手捧鲜花的人做不出坏事。"在弗·索洛乌欣⑭的美丽的诗句中给父母应该如何爱孩子,应该在自己孩子的心灵中留下些什么提供了富有诗意的答案。亲爱的父亲、母亲们,你们的爱如阵阵清风,在孩子的心田播下了爱父母和所有的人的火种,孩子们有了成为善良、高尚的人的愿望,让孩子们充满人性。

学校生活的第一年过去了,孩子们升到了二年级。这时我和孩子们一起动手修建"知恩果园"。这个果园是为了那些在这片土地上辛勤劳作了四五十年,甚至七八十年的老人们修建的。我们选择了一块荒废的、土壤贫瘠的地段,我们将它改造成一片沃土,然后栽上葡萄、苹果、梨子和李子。这项工作可不轻松——常常需要运来几十吨的淤泥,来让土壤中的生命苏醒。但是这项劳动因为其高尚的目的而变得无比崇高——我们将会给人们带来快乐。所以这种劳动的欢乐是无与伦比的,什么都不能跟它相提并论。

"知恩果园"里的第一批果实成熟了,孩子们把村里受人尊敬的亲人——祖父、曾祖父们请到了果园。亲爱的家长们,让你的孩子也走上这条道德发展之路吧!让他的劳动也充满崇高的精神!你会看到,当他摘下"知恩果园"的果实献给在土地上劳动了半个多世纪的老人们时,他会觉得自己正在攀登道德发展的第一个高峰。这个瞬间会在他的心灵中留下不可磨灭的痕迹。

孩子体会到做好事的快乐,他也就拥有了一笔珍贵的精神财富:他可以用心灵感受到应该在什么时候、什么地方帮助一起生活的同伴、朋友和亲人。孩子体验到做好事的需要和对人的需要(马克思谈到这种需要时,把它看作一个自由人的最伟大的精神财富),他就会成为一个机警的、有领受力的、敏感的和富有同情心的对周围世界、对人们以及对人们的行为、事件和相互关系等保持关心的人。体验到做好事的快乐的孩子们，对母亲和父亲的悲伤和痛苦也能同样感知和同情。他们知道工作劳累的父母需要休息；他们会尽量让家里保持整洁美观、安静温馨，他们知道这是让母亲和父亲精神充实、心情愉快的最重要的条件。体验到为他人创造幸福有多么快乐的孩子们打心底知道，他们的不良行为或者糟糕的学习成绩，会让母亲、父亲感到伤心；而给最亲近的、最宝贵的人带来悲伤，对一个真挚而富有同情心的孩子来说，等同于不道德的、恶劣的行为。

真挚而富有同情心的孩子在那些看起来似乎没有什么不好的行为中看到了恶迹。"我要好好学习，我的妈妈有心脏病。"有一次，四年级的科利亚对我说。孩子清楚地知道，如果他的记分册上有不好的分数，母亲是会难过的。他希望母亲平和、愉快；他觉得可以用自己的劳动成果抚慰母亲；他不能让母亲感到任何的不安。

每个父亲和每个母亲都有一个心愿，就是孩子能主动想要好好学习。究竟要用什么激起孩子的这种主动性和学习愿望呢？这种学习主动性的来源——希望带给母亲和父亲快乐。而只有孩子已经体验到为别人做好事的快乐之后，孩子心中才会激发出这种让父母快乐的愿望。我深信，只要我们激发起孩子为别人的幸福而努力行善的愿望，养成他对周围世界的敏感性，培养他用心灵体察他人内心世界的能力，那么，孩子愿意好好学习是可能的。

我想起了一位名叫卓娅的小姑娘。母亲把她当成掌上明珠，她所有的任性要求，母亲都迁就应允。母亲生病了，得的是一种长期的消耗性疾病，会暂时的好转但又会有意想不到的恶化，她的身体变得非常虚弱。我们认为，学校的一个非常重要的教育任务，就是让孩子的心灵变得敏感，学会换位思考，可以从他人的眼神、说话语气和一些特别的动作中，敏锐地察觉到痛苦、悲伤、忧郁和不安，让她学会体

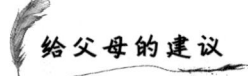

谅母亲忧伤和愁苦的心情。但是，要在从未体验过感动的孩子心灵那里唤起这种敏感是很困难的。

卓娅所在的三年级准备沿着第聂伯河进行一次有趣的旅行，为期五天。卓娅的妈妈来到学校，询问应该为女儿的旅行做哪些准备。她的身体很虚弱，看起来很难受，但是她尽力装作没事的样子。我好不容易说服了她母亲：卓娅不能够去旅行，以她母亲现在这样的身体状况，难道能够抛弃病重的母亲不管不顾吗？我把这个小姑娘从教室叫过来告诉了她这件事，说她不能够去参加旅行了。卓娅一听就马上大哭起来。

"难道你没有看到你妈妈的身体状况吗？"我问她，"她患有重病。她是用了多大的力气才装作没病的样子，难道你没有察觉到吗？"

小姑娘用莫名其妙的眼光瞅了我一眼。

"我怎么会知道这个事情啊？"卓娅冷漠地说，"妈妈并没有说她有没有生病。"

不能和同学一起去旅行，卓娅感到非常不高兴。她的理智和心灵两方在剧烈拉扯，理智告诉她：母亲身体不好，不能丢下母亲不管。可是心灵却无动于衷。真正的不幸正在于此。我花费了不止一年的时间，努力唤醒小姑娘这颗心，但这颗心已变得像石头一样坚硬……我告诉她：你要注视他人的眼睛，因为它是心灵的镜子；你要善于感知他人是如何生活的，他人为什么事情高兴，为什么事情悲伤。

有一次，我和卓娅朝集体农庄的大片甜菜地里干活的集体农庄女庄员走去，这个劳动小队有八个人。我告诉卓娅，其中有一位母亲，她的三个儿子都在战争前线英勇牺牲了。时光流逝，但母亲心中的伤痛仍无法被抚平。每个有同情心的人都能从这位母亲的眼神中感受到她的悲伤、她的痛苦。卓娅结识了这位英雄的母亲……这一天在她心里留下了一生都不会被磨灭的印记。在生活实例的教育下，如今她已不再是一个冷漠无情的小姑娘，她变成了一个温柔、体贴、细心的女儿，每天晚上都在家里陪伴妈妈，尽可能地让妈妈感到快乐。

如今卓娅已经长大成人,她结婚了,有了一个儿子。去年秋季的一天,卓娅激动地赶到学校。

"走,快走,那儿有人急需帮助。"她说道,由于急速奔走,她气喘吁吁,"如果他得不到帮助,将会出事的!"接着她用平稳的语气告诉我,在茂密的森林深处的老树墩上坐着一位老人,他因无穷无尽的悲伤而十分痛苦,对外界没有任何反应,不听也不看。"他的眼中充满了痛苦和绝望,我们必须赶紧去他那里!"卓娅最后说道。

我们赶到了森林。老人原来是我们镇上的居民,他遭遇了人生莫大的不幸:三天前他埋葬了自己的妻子。现在他孤零零地活在世上,既没有亲人,也没有朋友;他的兄弟和儿子都在战争前线牺牲了……我们把老人送回家,但老人害怕走进农舍,他怕孤独。于是少先队员们每天都来老人家里,像亲人一样陪伴他。卓娅和老人成了朋友,和孩子们也成了朋友。对安德烈爷爷来说,孩子们成了他宝贵的亲人,他们在老人房屋旁边的一大块空地上开辟了一个很大的玫瑰花花圃。"如果没有卓娅和孩子们,我很可能已经不在人世了。"安德烈爷爷有一次这样对我说。

我们到底应该在孩子心中留下什么?作为父亲,请您经常向自己提出这个问题。我们在孩子们心中留下的精神财富,是劳动人民在几千年的历史中,在他们确立人的伟大尊严的数百年的斗争中取得的。让我们永远牢记,在一个正在建设共产主义的社会里,最伟大、最光荣的创造,就是对人的创造!

寄语父亲们

冬天的夜晚,经常会有一些学生的父亲来学校和老师交流。于是我们就围坐在一起谈论一个特别的话题——男人在家庭中的崇高使命。这样的谈话非常有意义,因为在家庭教育中,父亲起着很重要的

给父母的建议

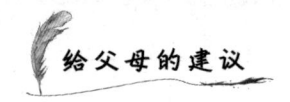

作用。

现实生活中，孩子对父亲是有很大的期望的，他们多么希望自己的父亲是个坚强刚毅、有责任担当的人哪！但愿每个父亲都能知道并且能够理解孩子是有多么需要他，多么希望他是一个聪明且勇敢的男人！

五十年代初，我们学校有两个二年级的女学生是好朋友。叫娜达莎的那个小姑娘从小就没有了父亲。在她很小的时候，她总是问母亲："父亲呢？我的父亲在哪里？"每次她妈妈总是难过地不作声，有一次甚至放声痛哭起来……自从上学之后，懂事的娜达莎就再也不对妈妈提起父亲了。

娜达莎的朋友娜斯嘉是个令人羡慕的孩子，她父母双全。有一次，娜斯嘉到娜达莎家里做客，她问娜达莎："你的爸爸呢？"小姑娘不好意思说自己没有父亲了，就撒谎说："我的父亲是个飞行员，他总是在外飞行，很少在家里……"娜达莎每天都会从母亲给的午饭钱中拿出几个戈比放在一边。有一天，她坐上进城的公共汽车，买了一顶飞行员的帽子……如果她的考试成绩不是很理想，记分册上有了不太好的分数，她就会对朋友们说："哎呀，爸爸又该骂我了……"从这些话语中，流露出来的不是害怕，而是自豪。

娜达莎长大了，现在她有了自己的家庭：丈夫和两个女儿。我记得，这位年轻的母亲在送自己的大女儿上学的那天，曾对我说：

"您很难想象，我小的时候，是多么渴望有个父亲哪！我给自己想象了一个父亲，好让自己活得轻松一点。我想象中的父亲是个严厉善良的人，对我要求严格。那个时候，我多么希望我想象的一切是真的呀，父亲会从幻想世界走出来，拿起我的日记本，对我说：'喏，我的女儿，你写的都是什么呀……'每次生病的时候我都会特别难受。我多么希望有个高大强壮的爸爸走到我的床前，用手抚摸我的头，对我说：'不要怕，女儿，你的病很快就会好的……'"

我认识很多孩子,他们的父亲都在伟大的保卫国家战争中光荣牺牲了。现在他们已经长大成人,但是仍然珍藏着父亲留下来的东西:星形勋章、皮带、手帕、钢笔、烟荷包、书包……在他们眼里,父亲的遗物是最神圣、最珍贵的宝物。

我永远也不会忘记小谢廖沙。他的父亲是在喀尔巴阡山战役中牺牲的。谢廖沙的母亲收到装在蓝色信封里的阵亡通知书后,痛哭了很久。战争结束了,士兵们从前线回来了。在一个炎热的夏日,一个长着白胡子的士兵走进谢廖沙家的院子,对母亲讲述了她丈夫牺牲时的情景。"你的父亲是个机枪手,是法西斯的炮弹杀死了他。"士兵对谢廖沙说,"在我忠实的朋友牺牲的地方,我只找到了一个勺子。"说着,他把勺子递给了小男孩。

时光飞逝,谢廖沙长大了,他也成了一名战士。年轻人带着父亲的遗物去了部队。服役三年期间,谢廖沙一直带着父亲的勺子。现在,谢廖沙也有了三个儿子。孩子祖父用过的勺子被放在家中最显眼的地方。我相信,这把小勺子会永远放在那个地方。

如果我们谈论一个父亲的公民面貌,他能否作为自己孩子学习的榜样,那么首先要看他是否为自己的孩子担负起责任。

家庭中的关系历来是这样的:父亲为了养家而辛勤劳动,他的劳动是以孩子们的健康、平安和幸福为目的的,因此,父亲的劳动成为他的道德面貌的集中表现。对一个男子汉来说,这种劳动越是出于自愿,越感到快乐,他的道德面貌就越高尚,他也就越是可供自己的子女模仿的优秀榜样。

父亲是孩子最亲、最爱的男人。父亲需要对孩子的出世、孩子在生活中走出的每一小步、孩子的每一个行为负责。在父亲的天职中,包含着使父母共同创造的新人道德日臻完善的伟大使命。

希望所有的父亲都能明白:孩子服从、听话、遵守纪律的程度是

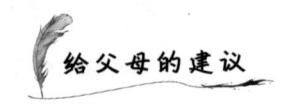

由父亲对他们负责任的程度来决定的。父亲为人民服务,对祖国忠贞不贰,孩子们就会因此感到骄傲。他们珍惜父亲为祖国做过和正在做的一切,珍惜父亲用心血和智慧为祖国创造的物质财富和精神财富。

俗话说:"儿子要有自己的根。"父母的根,父母的功绩和荣誉不应该成为儿子赖以生活、赖以向人民索取财富和特权的资本。如果只有父母的根而没有儿子自己的根,儿子就会成为寄生在父母身上的野草。父亲对社会的贡献越光彩夺目,儿子就越是需要有自己的光彩。父亲要用自己对伟大社会理想的忠诚,用自己为这些理想付出的劳动来使儿子放出自己的光彩,让儿子以自己为榜样。

我们教师在自己的教育工作中要努力做到的是:让每个学生都在自己父亲身上发现一些特征,这些特征具有永恒的、人性的价值,代表家庭的骄傲和尊严。认识自己父亲的道德财富,是培养学生公民荣誉感不可或缺的重要一课。

我们来看看两堂这样的课。

放暑假了,父亲对别佳说:"跟我走,儿子,我们一起到我的那块土地去看看。"

"什么,您有自己的土地吗?"儿子问。

"是的。"父亲回答。

他们先是乘坐火车,后来换乘汽车,又在路上走了很长一段时间,最后到了森林旁边。沿着林子的边缘行走,他们看到了一片宽阔平坦的土地,上面生长的麦子已经抽穗。

"这就是我的土地。"父亲说,"我在这里和法西斯匪徒作过战,从这里把敌人击退。我曾经在这里流血……你看,受伤之后我就躺在那个地方。"

儿子感到震撼,陷入了沉思,用全新的眼光,严肃地注视着这片原本在他看来再平常不过的土地。可能正是在那一刹那,他明白了为自己的民族服务意味着什么。就是在这片土地上,他发现自己的父亲原来是祖国忠实的保卫者，是一个勇敢坚强的人。我相信，如果每个儿子都能像别佳一样，在拜访了这样的土地以后总是用充满敬意和爱意的目光注视自己的父亲，那么就不会有那么多不尊敬父亲、不听从父亲教导的儿子了。

我们再来一起看看另外一个例子。

二年级小学生皮利普卡的父亲也和法西斯匪徒作过战，获得过"战斗功勋"的奖章。冬天的夜晚，父亲常常会给他讲述战争时代度过的艰难岁月，讲大雪和沼泽地里的战壕，讲我们的战士们如何勇敢地和敌人拼杀。

有一次，皮利普卡睡在床上，感叹地说："您得到这枚奖章是多么不容易⋯⋯"一个学年很快结束了，小男孩带着一本带有漂亮画页的书回到了家里——这一学年他表现不错，这是老师给他的奖品。妈妈微笑着翻看这本书，而一旁的皮利普卡却不说话。

"怎么了？学校发给你奖品还不高兴？"妈妈惊奇地问他。

"可是您要知道，获得这个奖品并不难⋯⋯"小儿子回答道。

不仅是父亲们，我们当老师的也应该对这样的事情进行思考。有时候我们不太关心如何让"困难""很好""必须"这三个概念在儿童的意识中融为一体。在培养孩子热爱、尊敬长辈（包括父亲）的感情时，我们教师应该非常敏感并把握分寸。

一年级教室正在上课。女教师按照顺序一个个地询问学生他们父亲的情况。女教师一边听着孩子们的回答，一边在一个小本子上记录着什么。当老师问及旁边课桌的同学的父亲时，佩佳的脸色变得苍白。

原来，就在前一天，小男孩放学回家的时候，在酒馆附近看到了自己烂醉的父亲，他正趴在栅栏上，醉醺醺地呆望着地面。"爸爸，

我们回家吧！"佩佳哀求着父亲，身边的路人看着他们，佩佳感到非常难堪……

　　阳光灿烂，拖拉机在田野上轰鸣，这个世界看上去宁静而幸福。可是，看着小佩佳不光要为酗酒的父亲哭泣，还要胆战心惊地等着老师的盘问，这个时候，你还能感觉到幸福吗？我们是否时时都能想到，在这样的时刻，小男孩会对所有光明、正确、使人快乐的事情都失去信心呢？对"正确的"（这个词我是从一个少年那里借来的，他在讲述自己家庭的不幸时用了这个词）东西失去信心，就不可能有真正的教育。孩子只有在对正确的东西充满信心的时候才会感到幸福。不听教诲、不讲礼貌、举止粗鲁、儿童行为的所有这些表现都发生在孩子信心毁灭的时候。

　　如果有人向我提问，在我们的教学工作中什么是最困难的，我会告诉他：和孩子谈论他的父亲和母亲是最困难的。在这种情况下，最细小的过错、失误和疏忽都可能会导致极其有害的后果。

　　教室里面很安静，孩子们都在画画，在描绘秋天的景致。突然一个孩子大声地说："米佳的爸爸进监狱了！"帕夫利克和米佳是邻居，他从妈妈那里得知米佳的父亲被法庭判了刑，孩子的心里藏不住这个惊人的消息。

　　这件事情太突然了，我来不及细想。米佳的脸庞已经涨得通红，用来描绘雨天的铅笔在他手中颤抖。

　　"这有什么可奇怪的？"我对孩子们说，"你们知道米佳的爸爸是玻璃工，对吧？你们记不记得，他曾经来我们学校安装过窗户的玻璃？监狱里也有很多窗户需要安装玻璃，米佳的爸爸坐车到那儿安装玻璃去了，这个工作可不是一天两天就能做完的。"

　　米佳的眼里流露出了感激的神情。

　　我们教师的天职就是保护儿童的心灵。常常有这样的情况，在孩子面前仿佛有一把锋利的刀刃，他被吓呆了。在那些不好公开的家庭隐秘被揭露出来的时刻，孩子会体验到这种心情，孩子本来是想把这些家庭隐秘掩盖和隐瞒起来的。

正因为这个,我要告诉父亲们:你们要知道孩子会感受到你们的堕落,把你的堕落当作自己个人的不幸,把你们的快乐也当作自己的快乐。要珍惜孩子对人的爱,要巩固孩子对人的信任。

我们在孩子身上延续自己

许多世纪前,我们民众的道德观念中就认定了这样的箴言:好的孩子是父亲和母亲的荣誉与尊严;不好的孩子给父母带来悲伤、不幸和痛苦。在这自古相传的对父亲和母亲身份的追求中,显现出人精神和道德上的热情和渴望,把为人父母看作是一种最大的幸福。这种热情趋向下列目的:为了在孩子身上延续自己,希望孩子能延续自己的生命,继承祖宗世代确立的道德财富,也继承由自己的经验、成果和创造的点滴而积聚的精神财富。

这不是传说,而是以前发生过的事,一个发生在第聂伯河边一个古老村庄的真实事件。

这个村子里住着一个老妇人,她有五个儿子和七个女儿。每个儿子、女儿都有好几个孙子,每个孙子又有两三个孩子,只有一个叫维拉的孙女,出嫁好几年了,还没有孩子。

在一个温暖的夏日,老祖宗——整个家族都这么称呼她——满了一百零七岁。儿子、孙子、重孙子都来祝贺她的生日。在苹果园里,大家都围着她鞠躬致敬,祝愿她身体健康、精神旺盛,称赞老人思维清晰、目光敏锐、说话公道。老祖宗环顾自己的亲人,发现所有人都来了,只有维拉不在。老人很担心,她刚想问"维拉怎么没来",一个女邻居就跑了过来,问候了老人,然后报喜说:"维拉生了一个儿子!"

老祖宗长舒一口气,脸上露出满意的笑容,她对视完每个亲人的

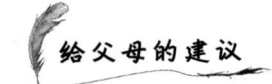

眼睛，然后轻轻地说："现在我要走了。"于是，这个世上最幸福的人去世了。

已经很多年了，每天我都要和一些父亲和母亲谈话，既会接待那些怀着惊讶和欣喜的心情前来告诉孩子出生的消息的人，也会见那些前来告知自己的孩子也快要做父亲、母亲的人。我十分珍惜家长们对我的信任，他们遇到什么高兴或者烦恼的事情，都会来找我倾诉，他们和盘托出自己的秘密。年复一年，我越来越相信，做父亲和母亲是人的第二次生命的开始。我这么说没有夸张，要做父亲或母亲的人，在道德上将投入人生这项最伟大的活动，事实上就是在重新出生。

什么时候我都不会忘记一个激动人心的事件，对我来说，这个事件是很有教益的。我们学校曾经有个叫斯切潘的男孩。他在教师的印象中是个令人难以忍受的淘气包和顽皮好动的人，但同时他又是个善良、有同情心的人。斯切潘成年了，结婚了，他的形象在我们的记忆中也逐渐淡漠了。但是，有一天，我们正在办公室——里面一共有五名老师。突然，门被打开，激动、兴奋的斯切潘闯了进来，他没戴帽子，手里拿着一瓶香槟酒。他请求大家原谅他的唐突，前言不搭后语地解释他来这里的原因。

"今天是我大喜的日子，我刚从医院接回了妻子和女儿。今天，亲爱的老师们，太阳仿佛照亮了我，我恍然大悟。我突然懂得了，真正的人是对别人负责的人。由此学生时代的回忆涌上我的心头。我刚刚看到女儿稚嫩的脸庞，眼前马上出现了我自己。我曾经让老师们那样为我操心……请原谅我的淘气顽皮，现在我明白了你们的教学工作是何等地辛苦。请教教我应该怎么教育孩子……你们熟悉这个……"

他还说，他已经和妻子商量好了，就用他的启蒙老师奥丽佳·彼得罗夫娜的名字为女儿命名。于是，我们高兴地去了他家，祝贺这位幸福的母亲。

几天过去了，几个星期又过去了。斯切潘常常来我这里提出自己的疑问：他们对奥利娅的教育正确吗？眼看着孩子已经半岁了，你看，她已经开始学走路了，已经咿咿呀呀学说话了……他的问题和他激动的样子让我很高兴，其中最让我高兴的，还是他的责任感。"无论我在何方，无论我在做什么事情，我都牵挂着家，牵挂着摇篮里的奥利娅，"斯切潘和我们分享他的感情，"好像有人扣着我的心扉：如果你长时间不在家，家里会出事的……"

年轻的父亲带着自己和孩子母亲的快乐、担忧、疑虑来找我，并且每次一见面，他就问："怎么办？"最让孩子父母高兴的事情，是奥利娅喜欢上了老奶奶玛利娅。奥利娅喜欢帮助老奶奶做家务，老奶奶也把曾孙女的帮助，看作一件十分严肃的事情。"我们在工作""我们正忙着做一件事""我们感到很吃力""我们累了""我们该休息了"——这些思想深刻而且细腻、富有激情的话语，是奥利娅在和祖母交往中学会的，这些话语本身就带着热爱、信任以及欢乐。我仔细观察这个家庭在如何教育孩子。我很高兴地看到，他们的孩子是在劳动活动中认识世界的；我也看到，依靠这种认识现实的方式，孩子在了解事物和现象的同时，心里也形成了道德评价标准。孩子对待自己周围的事物都有一定的方式，从很小年纪开始，这种态度就爱憎分明。她不喜欢游手好闲和做事马马虎虎。

老奶奶生了很严重的病，卧床不起，奥利娅偷偷地哭泣，第一次体会到了人的痛苦和无奈。有一天清晨，年轻的父亲十分激动地跑过来问我："奶奶快要去世了，怎么办？不让五岁的奥利娅看看临终的亲爱的人，这样不太好吧？"我劝导他说："不能拉着孩子远离人的世界，不能让他对真实的生活视而不见，认识生活就要从认识人开始。孩子最先看到的是母亲的眼睛、微笑、欢乐、阳光。重视生命——这意味着要珍惜它，懂得它的价值是什么也不能相比的。但生命总有结束的一天。生命火花的熄灭——爷爷、奶奶的衰老和死亡对孩子也具有教育意义。"

如果你们做父母的，正在竭尽全力让自己的孩子有做好人的愿

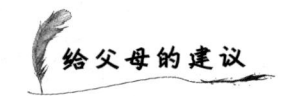

望,让他懂得珍惜自己的尊严,如果你们希望自己的孩子把父母的话语和意志当作不可违反的法律,那就让他从小就看到一棵完整的生命之树——从最细小的根须,到正在干枯、死亡的枝叶。

认识生活,尊重生活,重视生活,珍惜生活,让它远离卑鄙龌龊的事,避免人的尊严受到侮辱的状况,蔑视和憎恨一切卑鄙龌龊的东西,这就是我尽我所能转达给母亲、父亲们的教育智慧的精髓。我在家长学校给未来的母亲、父亲上第一课的时候,总是要把下面这个故事讲给他们听。

这是很久很久之前的事情了。在乌克兰的一个村子里,姑娘和年轻的媳妇们打算向乡亲们展示自己的手艺。她们约定好,星期天大家都到农村的集市里,每个人都带来自己亲手制作的最好的物品:绣花手帕、花边、亚麻布、桌布等。星期天到了,村里所有的姑娘和媳妇们果然来到集市并带来了很多令人惊奇的物品。村社委托几个老头和老妇人评选可以被称为技艺最高明的手工匠。见到这些十分精美的工艺品,他们也眼花缭乱,难以分出高下,感叹说:有才的姑娘和媳妇真多呀!有钱人家的妻子、女儿带来的是用金线、银线绣出的绸缎罩单和镶着精致花边、织有令人惊艳的鲜花和小鸟的窗帘。她们似乎可以取得头筹。

但是,让人没想到的是,铁匠的妻子玛丽娜成为最后的胜出者。她没有带来任何手工艺品,尽管她的针线活儿非常出色。她带来了七岁的儿子彼特鲁斯,而彼特鲁斯带来了自己用木头雕制的百灵鸟。只见小男孩把这只百灵鸟放到嘴巴前,它就像马上活了起来,唱起动听的歌。集市上所有的人都驻足静静地倾听;正在蓝天上飞翔的百灵鸟被地面悠扬的歌声吸引,也跟着一起唱了起来。

"谁创造了聪明、善良、勇敢的人,谁就是技艺最高明的手工匠。"老人们这样说道。

在家庭当中，父母小心翼翼地触碰孩子的心灵、头脑，一本最智慧、最复杂、也最简明（因为每个父母都能理解）的书的一页就写好了，我们将这本书称之为《社会教育》。如果说社会是一座高楼大厦，那么家庭就是建造这座高楼大厦的小小砖块。砖块结实，大厦就坚固，松软易碎的砖块，对于社会则是危险的，因此它必须自我修缮。家庭不稳固最常见的原因是父母缺乏责任感。如果您没有孩子，您只是一个普通的人，只为自己负责就可以，但是如果您有了孩子，您的责任就增加了三倍、四倍甚至一千倍。我们竭力将这个思想作为一根红线贯穿在对家长的教育工作中。在赋予一个人生命的同时，您也对人民承担了一份责任。

父母不负责任、思想轻浮，这种恶劣习性的首要根源是对人生幸福和各种欢乐的错误理解。一个不善于在自己孩子身上延续自己的人，忘记了年老时等待他的将是孤单。

老年时的孤独是人最可怕的悲哀，要懂得这种悲哀，就要用自己的心灵渗入到他们的内心世界去细细感受这种孤独的痛苦，有些人年轻时像花蝴蝶一样飞来飞去，从一朵甜蜜温柔的花朵飞到另外一朵更美丽鲜艳的花朵上，到老年时却发现一无所有。无忧无虑的年轻人，请感受一下这些人的内心世界吧。这些父亲们突然不再爱曾经爱过的妻子，因为在他们的生活道路上出现了一朵新的更鲜艳的花，于是移情别恋，到老时却不能在孩子的翅膀庇护下养老……请体会一下这些人的内心世界吧。这是个真实的事件，我不得不花时间去琢磨它。我原原本本地讲述出来，只是把名字隐去了。

曾经有一个三口之家，母亲、父亲和儿子三人生活在一起。有一天，父亲突然抛弃了自己的妻子和孩子，没有说去了哪里，也没有说原因，就这么走了。那个时候孩子还不满一岁。

母亲带着儿子独自生活。母亲很不容易。每天清早，她先用童车把孩子推到托儿所，然后自己匆匆忙忙赶去上班。

给父母的建议

儿子长大了一些。母亲不再用车推他,而是带着他一起去幼儿园。儿子看到别的孩子不仅有母亲,还有父亲。这个发现使孩子的心灵十分震惊,于是他和母亲的对话就发生了:

"为什么别的孩子都有父亲,我没有呢?孩子们说,没有父亲,孩子就不会来到这世界上,是这样吗?"

"是这样的,没有父亲,孩子就不会出生。"

"这就意味着,我也有父亲,对吗?"

"是的,你曾经也有父亲,但是后来他离开了。"

"他为什么要离开?"

"他不再爱我们了,所以走了。"

"不再爱了,这是什么意思?"儿子继续追问。

母亲尽可能地解释这个,一个三岁的孩子无法完全理解,母亲只好说:

"等你长大了就会明白。"

一年过去了,两年过去了。五岁的孩子又问母亲:

"妈妈,我的父亲爱他自己吗?"

"他对自己的爱甚至比对我们的还要少。他不仅不爱自己,而且也不尊重自己。"

"尊重自己,这是什么意思?"

母亲试图给孩子讲清楚,但是五岁的孩子理解不了那么复杂的内容。

又过了两年,孩子已经七岁了,他问母亲:

"妈妈,尊重自己,这是什么意思?"

"尊重自己的意思,就是把自己留在故土,留在自己的孩子身边。谁如果不想把自己留在孩子那里,他就是不想做人。"

"但是,他,父亲,难道不知道这个道理吗?"

"等到他老的时候,他就会明白了。"

儿子年满七岁的时候,母亲结婚了。有一次,儿子和母亲单独在

一起的时候,母亲对他说:

"这个男人爱我,我也爱他。如果将来他喜欢你,而你也喜欢他,你或许会成为他的孩子,他就是你的父亲。但是你现在先不要叫他父亲,也不要叫他叔叔——这样不太好。你称呼他为'您'就行了。"

母亲的第二个丈夫是个善良、热情、真诚的人,但是孩子在他面前无法敞开心扉,因为不信任他。"一个没有他我就无法出生的人都没有成为我的父亲,其他人难道就能够做我的父亲吗?"儿子心里是这么想的。这样的念头使他心情沉重。

有一次,儿子生病了,昏睡了几天几夜,期间只是偶尔清醒一下。一天晚上,他感觉自己变好了一些。他睁开眼睛,看见坐在自己面前的是继父,这个男人正握着他无力的小手在哭泣……孩子立刻把眼睛闭上了,他希望这个瞬间能够永恒。一分钟过去了,两分钟过去了……孩子感到十分幸福,心里暖洋洋的。男人抚摸着他的手,孩子能够感觉到,这个男人希望他尽快恢复健康。孩子装睡再也装不下去了,他笑着睁开眼睛,轻声说:

"我想叫您父亲,可以吗?"

几年之后,这个幸福的家庭遭受到了巨大的不幸:母亲患了不治之症,在床上整整躺了十年时间,全靠丈夫和儿子的精心照顾。儿子二十三岁的时候,母亲去世了。儿子结婚了,也生了一个男孩。继父慢慢地变老,身体开始衰弱,但是孩子仍然热烈、忠诚地爱着他。家里的人一定要等到父亲回家之后才会吃饭,儿子决定做某件事情的时候,总是会听取父亲的意见。

有一天,全家人正在吃晚餐,听到有人敲农舍的门。打开门,一个老人走了进来。

"你还认识我吗?"

"不认识,您是谁呀?"

"我是你的父亲哪。"

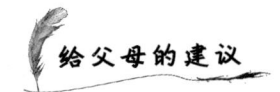

一下子，往事在儿子脑海里一一浮现。他回答说：

"我的父亲就坐在这里……至于您，对我来说，只是一个老人。"

"但是，你是我的亲儿子呀！"老头哀求，"请收留收留我吧！"

"好吧，您就住在我们这里，"儿子说，"但是，我不会爱您，也不会尊敬您，更不会称呼您为'父亲'。"

就这样，他们生活在一个大屋子里。房屋四周，种满了苹果树和樱桃树。

温暖的夏日，全家人围坐在果园里的桌子旁，有说有笑，而那位老人却独自待在自己的房间。他坐在窗前，低垂着满是白发的头，哭泣着。

父亲们，请思考一下这个真实的故事吧！而你们，准备步入婚姻殿堂的年轻人们，也不妨思考一下。建立一个家庭并维持稳定，依靠的是爱情的力量——父亲、母亲、孩子之间忠实的、真诚的、永恒的爱情。但是，爱情不是外来的灵感或者顿悟，爱情是一项巨大的劳动。伟大的思想家和艺术家费·米·陀思妥耶夫斯基说过："用充满爱情的无休无止的劳动才能建造起一个家庭。"充满爱情的劳动——这是一种自觉的渴望，是为了在孩子那里树立自己的形象，延续自己内在的精神美。如果您真的爱自己的孩子，如果您忠诚于他们，您对妻子的爱情不会随着岁月的流逝而减弱，相反，它只会变得更加深沉和专一。爱情，它是勇敢精神创造出来的娇嫩、柔弱、任性的孩子。在自己孩子身上延续自己，意味着必须做一个在爱情方面英勇献身的人。

使自己长大成人

1. 你七岁了，是一个刚刚上学的孩子。

在母亲和父亲看来，你还太小，没办法保护自己。你也的确需要成年人经常的监督、关心和保护，没有成年人你不可能应付这个复杂的世界。你年纪还小，但是你一定要记住的是，十年之后，也就是在你中学毕业的时候，你就已经是一个大人了。你看看葡萄藤上的这根枝条，记住，当上面的叶子第十次枯萎掉落的时候，你就不再是一个七岁的不谙世事的小不点，而是一个独立的劳动者、战士，一个未来的父亲；而你，小姑娘，到了那个时候，你要为自己亲生的宝贝——儿子或者女儿费心思了。对于你这个还是七岁的孩子来说，十年的岁月好像是一个不可思议的漫长过程，反映在儿童意识中世界应该就是这样的……不过，对于你们的老师来说，十年的时间不是那么漫长……他们知道，那棵和学校同龄的老椴树，就算是再过十年，也一点都不会苍老；校园里葡萄藤蔓的细枝，就是到了你们的青年时代，也会和今天一样葱茏茂盛。

要善于憧憬自己成年之后的生活，这可以帮助你成长为一个真正的人。成年人（母亲、父亲和老师）培养和教育你成人，但是，你也应该明白，随着年岁的增长，你将成为一个什么样的人，越来越多地取决于你自己的奋斗和努力，依靠你的独立生存能力。我，你的老师，毫不夸张地对你说，正是你还不太懂事的这段时间将影响你的一生：你会成为一个怎样的人，你将如何发展你的才能，在你身上将展现什么才能，都取决于你这段时间的活动。要珍惜来自成年人的照顾和关心，要对他们怀有感激之情；同时，也要尽快摆脱对成年人的依赖。对成年后的艰苦劳动不要感到害怕，对成为大人后将要遇到的艰难险阻不要胆怯逃避。总之，不要被任何困难吓倒。你要学会成为一个坚强、刚毅、吃苦耐劳的人；在热爱劳动、坚定独立、自律自觉等方面，你会渐渐地接近一个成年人，应该为此感到自豪。

应不应该对小孩子讲讲上文所述的这些道理呢？多年的经验让人深信，学校教育，尤其是家庭教育的不幸之一，就是把孩子永远当作一个儿童。正是因为忽视了今天的儿童是明天的成人，才常常带来令人不愉快的、意想不到的麻烦。成年人气质的培养，这是一个完整的

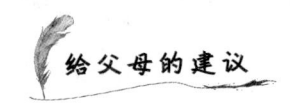

道德教育问题，它好像是把一个人的智慧、道德、创造性的培养汇合在一起。不是只在孩子七岁的时候要考虑对其进行这种教育，而是应该年复一年地进行，但是我们首先要谈到的是童年时代对于培养创造能力的特殊重要性。

不要认为培养孩子的创造力只是一个狭窄的心理学问题。一个人的个人幸福，归根结底取决于他的哪些能力能被开发，他的才华显露的界限在哪里，他的整个人生将在哪些方面大放异彩，而且这其实也是社会的幸福；因为，如果社会成员从童年到少年、青年和成年，都没有学好知识，没有任何本领，凡事皆失败，那么，建成一个和谐幸福稳定的社会是不可能的。而这些消极的社会成员的不幸恰恰是从他们的童年、刚刚入学的时候就开始了。孩子能力的形成和发展问题，这是一个广泛的、有关道德伦理的社会问题。教育幼小的孩子憧憬自己的成年生活，这对于在孩子的意识中确立成人化的思想和促进他的精神逐渐成熟尤为重要。

在每一个心理健康的儿童的大脑里都存在着发展创造才能的广泛领域，自然为每一个人都提供了成长为创造者的条件。这个领域如何扩展变大，哪些才能将被开发，这取决于他在儿童期（具体而言，是入学前的两三年到入学后的两三年）的活动；同时，儿童自己对待这种活动的态度，以及我们成年人是否善于对儿童进行成人意识教育和引导儿童的心灵和思想逐渐成熟起来，也有很重要的意义。

这就是为什么必须开展唤起儿童对于成年生活的憧憬的教育，认为它是道德教育的重要内容的原因。

人不同于其他所有高级动物的地方是：人的大脑的成熟期有一个很长的持续时间。儿童大脑的成熟期是在儿童紧张的、显著的、充实的精神生活中度过的，是无与伦比的奇迹，但它已经不属于自然的奇迹，而是真正的人的奇迹。儿童生活着，成长着，他快乐，他忧愁，他哭泣，他欢笑，他喜欢，他仇恨，但是他似乎还没有真正长大成人——也就是说，大脑的成熟期，正是大脑具有最强的可塑性和最高的敏感性的时期。在这个时期，这种极强的可塑性和敏感性不仅是儿童对外部的生长环境而言，而且对自己"没有最终长成"的机体发生的变化、对于外在环境的反应和对周围世界的认识中，这种可塑性和敏感性都存在着。因此，在这个时期，我们不但要跟孩子打交道，而且要和他的大脑打交道，未来的人的能力正是在这个大脑中形成的。那种我们称之为"自然赋予"的东西，是一种在娘胎里形成的有生命的物质，真正生机勃勃的人的生命，只是在大脑最富有可塑性的成熟期才开始。

母亲和父亲教育的明智性（教师是这种明智活动的中介人）在于在孩子大脑最有可塑性的关键时期唤起和引导孩子进行大脑中最紧张的脑力活动。

在某种意义上，儿童确实是弱小无能的，没有我们的关怀和照顾，是难以顺利生存下去的。但是不能让他总是觉得自己无能，相反，要让他用种种行动增强他的信心，使他相信自己是强大的，相信他周围的世界里栖息着不计其数、比他要弱小得多的生物，它们需要他的保护和照料。对他而言，这样的教育必不可少：你眼下是个孩子，但是不要忘了你将成为一个成年人。想一想，你不会永远是个孩子吧。只有人才会有这样的思想，因为求知向上是人的心灵的本质。我认为还有一点特别重要，那就是很小的孩子刚刚进入学校，他的活动不应变得单调、被动。这对智力发育是有危害的。学习刚开始时，单调的、被动的记忆活动特别多（这是必要的、不可避免的），这时通过开展专门活动激发求知欲就变得特别重要。在这种情况下，开展有意义的活动（各种思维课）已经成为一个教学方法。

还应当谈起在作业间、学校试验田、果园、学校畜牧场里儿童劳动的成人性质。真实感应当时刻伴随着孩子。我们学校备有小型的、专供儿童使用的机械——拖拉机、汽车、摩托车、脱粒机、割草机、簸谷机等。我们的儿童电站装备有防止事故的一整套设备。这样做有深刻的教育意义。让这种观念"你是一个孩子，但不要忘记你将成为一个成年人"深入到孩子的思想意识中。正是因为孩子们在使用真正的机器收割庄稼,用真正的脱粒机给小麦脱粒,驾驶真正的拖拉机。在这几个小时里,这样的劳动有助于培养孩子逐渐接受成人的思维方式和逐渐理解成人对世界的看法。按我们成年人的观点,许多这样的活动似乎是游戏,对儿童而言,这完全不是游戏(甚至对他来说真正的游戏也不是游戏)。

在低年级工作的全体教师要努力做到的是:在儿童的劳动中,也渗入成年人具有的责任感。一个人在少年时代应当看到自己童年的劳动成果:由他从小开始培育的树苗快结果实了;单独的一粒种子,孩子在童年时代爱护照料它,正在变成一大堆的小麦。

儿童时代富有创造性的、充满希望的、令人快乐的劳动,是具有思想性的、有助于智力发展的、无可取代的活力源泉。形象点说,它既是燃料,又是使燃料充分燃烧的新鲜空气,没有它,求知的火花就会慢慢熄灭。

2. 人的出生是一件喜事。

你要知道,你的降临对父母来说是一件大喜事。每一年,当你的生日来临的时候,他们会激动地回忆你出生的场景,回忆起你的第一声啼哭是怎样的,你说出的第一个词语是什么。每一个来到世上的人不仅继承了人类的家族血统,还为祖国的光荣、伟大、富强带来了一笔宝贵的财富。一个人的出生——这是民族的未来,是父亲和母亲的喜事,也是整个民族的欢乐。

儿童心灵的纯洁程度、道德的端正程度、德行的完善程度取决于他们怎样对待新生命的诞生,怎样对待怀孕的妇女,怎样对待自己即将再次做母亲的妈妈。我们教育孩子以高尚的态度对待人的出生,就是在培育未来的父亲和母亲。

在乌克兰的一些村庄,一个新人的出生被当作共同的节日,在这件事上,学校起了积极的作用。

在一个美好的家庭中,一个孩子和兄弟姐妹交往方面的需求是不断发展着的。在只有一个孩子的家庭中,培养孩子感情和谐的教育条件是相当缺乏的。关心他人首先是从关心自己的兄弟姐妹开始的。血缘亲情是培养和发展同情、体贴、亲切等情感的沃土,对于姐姐来说,血缘亲情是培养母性的第一所学校。家庭中一个新生儿的出现,甚至只是对一个新人降临的期待,都意味着儿童的道德发展上了一级独特的台阶。从等待一个新人的出生开始,是小男孩、小女孩特别积极地表现自己做人的本质的时期。在和一些家长单独交流或在咨询会议上,我们给家长提了一些建议:如果您想在家庭中形成相互关爱、尊重的氛围,想培养孩子的责任感和义务感,那就请您成为几个孩子而不只是一个孩子的父母,让您的每个孩子至少有一个兄弟或者一个姐妹。当大孩子出生和幼儿出生的间断时间为三四年到五六年时是最幸福的。在那样的条件下,新生命的诞生会在孩子心中留下强烈的、甚至不可磨灭的印象。因为当时孩子还不是成年人,也不是少年,但在智力和情感上已经有足够的发展,使他能理解和感觉到他和一个血亲从此有了联系,即使这只是对人的关系的意义的一般性理解和感觉,但这样就足够了。幼儿(小弟弟或者小妹妹)的降生为家庭中孩子关系的和谐发展创造了最佳的条件。

无论是在和孩子们的谈话中,或是就这些细致的问题向母亲们或父亲们提出的建议中(这些建议只有在互相完全信任并且为这些家庭进行了多年工作的条件下才可能提出),都涉及这个话题:对待一个新人出现,兄弟们或姐妹们,都曾经像对待生活中一件伟大的、隆重的事件一般,这件事会给他们带来道德的提升。在这层意义上,这件事让他们感到:在我面前将有一些新的道德要求,我现在已经不仅仅是个儿子,而且是个哥哥了。如果学校能向家长们提示,怎样回答孩子的问题,什么可以讲,什么不应当对他讲——就好像一幕伟大的、道德纯净的戏剧进入他的精神生活;他将不轻易触碰那些不可侵犯的、有关生育的秘密。父母们和教师们常常因为一个问题而困扰不

给父母的建议

已：怎样向孩子们解释他们出生的秘密？一些人认为应当讲述鹳鸟的故事，另一些人满怀信心地说，对孩子直接讲述所有的或几乎全部的真相，这样做会更好些。还有人认为这样才是最合适的回答：你现在还小，等你长大了就知道了。讲述鹳鸟的解决方案在道德方面是最合适的，因为这是一个艺术的形象，这个形象表现了人民的智慧，反映了对我们日常生活中的隐秘事情的关注，也显示出对孩子的敏感心灵的关心。对孩子们讲述一只美丽善良的鹳鸟的故事吧，它对孩子没有任何坏处，只会让他们的心灵更加地纯洁。涉及隐秘的事情应该含糊其词，应当用诗一般美好的语言、用优美生动的神话故事做解释，否则我们会变得粗俗。随着家里新人的出现，孩子就获得了兄弟情谊，让孩子在这个纯净的、浪漫主义的故事中满足自己的求知欲吧。

我特地为学前孩子和低年级学生讲述了一个关于人的生育的故事。下面就是这个故事：

奥莲卡，你不是问，你的弟弟是大人从什么地方带来你身边的，为什么你的妈妈变成了他的妈妈，你成了他的姐姐，而他成了你的弟弟吗？孩子们，认真听，我现在给你们讲一个世界上最真实的故事。你们看，东边那片红色的天空，太阳马上就要从那里升起来了。那个地方距离我们这里非常遥远，每天晚上疲惫的太阳都会在那里休息。那里有一块非常美丽的罂粟田。你看，太阳正趋近自己的罂粟田，在那里鲜红美丽的罂粟花将永远盛开。山中一条清澈的小溪流欢快地流淌，发出叮叮咚咚欢快的声音。太阳把自己地里的罂粟花送给每一位妈妈，也送给你——奥莲卡的妈妈。当妈妈想要有个儿子或女儿的时候，她就满怀希冀：我将有一个怎样的孩子？于是，遵照她的愿望，在一株罂粟花的下面就会长出一个小男孩或者小女孩。新人是从妈妈的想象中、从太阳的金色阳光中诞生的。小婴儿躺在鲜红的罂粟花瓣上，微笑着，伸出两只小手，想要尽快投入妈妈的怀抱。就在这个时候，一只长着银色的翅膀和碧绿色的眼睛的鹳鸟飞进了罂粟田，叼走了小孩，将其带给妈妈。这是她的亲儿子，血肉至亲。她在幻想中将他抚育成人。奥莲卡，是太阳创造了你，按照妈妈的愿望把你创造出来，然后妈妈把你培养成人。太阳也创造了你的弟弟。而那只神鸟——长着银色翅膀的鹳鸟，又重新飞回了罂粟田，因为世界上还有很多母亲像你妈妈一样，希望有一个自己的孩子……

要让孩子在新生命到来时怀着一种珍惜的、关切的、喜悦的心情去欢迎他，这取决于母亲和父亲的智慧，甚至在新生命出生之前也应该这样。

3. 人生在世，不能像无人知晓的尘屑一样毫无声息地消逝。

人要在自己的身后留下永远的痕迹。

人首先要把自己留在别人的心里，我们的永生就在其中，生命的最高幸福和意义也在于此。如果您希望永远留在人们的心里，那就请教育好自己的孩子。培养好人，这是人最重要的社会责任。

一个人的精神面貌与他多大程度意识到，自己作为父亲或母亲而存在的高尚意义有直接关系。我们重要的教育使命在于要让我们创造出来的人，不仅要对自己今天的每一个行为负责，还要对未来负责；而未来代表他的子女，一个活生生的人的智慧、感情和信念，现在我们正在为这个人打造根基。

当姑娘们长到十六岁，成年了，她们中的每一个人都有可能成为母亲的时候，我就会告诉她们一个乌克兰的传说——"谁是地球上技艺最高明的大师"。

小伙子、姑娘们，你们刚刚踏入人生的道路。在你们面前，生活是迷人的太阳，它刚刚从地平线上升起，它照耀的道路还远着呢，充满了希望。你们要耕耘土地，建造楼房，铺设铁路，放牧牛羊；你们会为从温暖的南方飞来的鸟儿感到高兴，也会为碧绿娇嫩的麦苗遭旱担忧；你们还要远征，去打击敌人（如果他敢于侵犯我们神圣的祖国边疆)。在做所有的这些事情上,你们会留下自己的心血、智力和才干,但是,只有在人的身上,你们才会留下自己整个的心灵。千万要记得,你们是一个父亲或者母亲。在父亲和母亲的身份中,包含着最需要智慧的复杂劳动,不是享福,而是千百次的劳动。父亲——我现在就好像面对未来的父亲一样和您说话,您将不得不屏住呼吸,倾听着新生儿的啼哭。而未来的母亲,您将不得不经受疼痛和苦难,生下自己的儿子或者女儿。在准备踏上遥远的生活征程的时候,要记住尽可能多地带上少年和青年时代积累的财富,这些财富是你们创造新人时必须具备的。

有一个故事,讲的是一个一事无成的人。这个人很喜欢唱歌,每天都过得很快活。他不能长久地待在一个地方,总是转来转去,先是从绿色的庄稼地搬到长着鲜花的牧场,然后又搬到茂密的小树林。在那儿他有了一个儿子。这个无所事事的人把婴儿摇篮挂在柞树枝上,自己在一旁坐着,唱着。而儿子,不是一天天,而是一小时一小时地长大了。有一天,他从摇篮里跳了出来,来到父亲面前,问:

"父亲,请您指给我看看,您用自己的双手做了什么?"

父亲因儿子如此聪明的话感到惊奇,他笑了。接着他思考着,有什么东西可以指给儿子看呢?儿子等待着,父亲却陷入了沉默,再也没有了唱歌的兴致。儿子看着高高的柞树,问道:

"或许,这棵柞树是您栽的?"

父亲低垂着头,依旧沉默着。

儿子把父亲带到田野间,望着沉甸甸的麦穗,接着问:

"或许,您培育了这些麦穗?"

父亲还是低着头不说话。

儿子又和父亲一起来到深深的池塘旁边,看着倒映在水中的蓝色天空,儿子说:

"父亲,您说一句有智慧的话吧……"

这个一事无成的人不仅没有亲手做成一件事情，而且一句有智慧的话也说不出来。他依旧沉默着，头垂得更低了……他就这样变成了一棵杂草，从春天到秋天只会开花而不会结果，也没有留下种子。

这是多么巨大的不幸！警惕吧，防备起来吧。小伙子和姑娘们，千万别像是一朵不结果的花，成为一个无益于社会的人就此虚度一生。不留痕迹、毫无作为地度过一辈子，你们将在儿子面前，在女儿面前，在所有人面前羞愧难当。

4. 在后人那里延续自己——这不仅仅是原始意义上的生儿育女。

人区别于动物的是，人在延续种族的同时，还把自己的美德和理想，把自己对伟大、崇高事业的忠诚也留给了后人。小伙子和姑娘们，你们对一个人的影响越深远，在一个人那里留下的痕迹越深刻，你们作为一个公民就越富有，你们自己的人生就越幸福。作为公民的贡献和对家庭的奉献融合在一起，会在你们的孩子那里留下深刻的印迹，因为孩子既是你的个人的幸福，也是民族的希望。"祖国"这个词语在我们的语言中是最美丽的。这个词之所以意义重大，不仅仅是因为它反映了公民与全民族的本质，而且还因为它将自己的根须深深植入在个人的生活当中。

我要把这段曾经深深打动过我——一个教育工作者的往事，讲述给每一代的姑娘和小伙子们听。

在一个大城市城郊的一所小医院里，躺着两个母亲——切尔诺科萨娅和别罗科萨娅。她俩都在这里生下了男孩。两个男孩是同一天出生的。切尔诺科萨娅的孩子出生在早上，而别罗科萨娅的儿子是在晚上出生的。两个母亲都感到很幸福。她们都在幻想着自己儿子的未来。

"我希望我的儿子将来能够成为一个有名望的人，"别罗科萨娅

给父母的建议

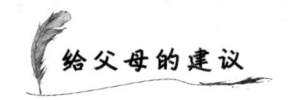

妈妈说,"一个世界闻名的音乐家或者作家,或者做一个雕塑家,他创造的艺术作品将流传整个世纪,要不然就成为一个工程师,去建造宇宙飞船,让它飞往遥远的太空……生活嘛,正是为了这个……"

"我希望我的儿子成为一个正直善良的人,"切尔诺科萨娅妈妈这样说,"让他任何时候都不会忘记母亲和家乡,让他热爱祖国和仇恨敌人。"

两位父亲每天都会来看望年轻的母亲。他们久久地注视着自己儿子的小脸蛋,他们的眼神中流露出幸福、惊讶和感动的神情。然后他们坐到自己妻子的床前,不停地和她们窃窃私语,吐露心声。他们在新生儿的摇篮旁畅想着未来——当然,想到的只有幸福的生活。一个星期之后,两个幸福的男人——现在的父亲把妻子和儿子都接回家了。

三十年过去了,切尔诺科萨娅和别罗科萨娅十分凑巧地又住进了大城市近郊的这所小医院。两位母亲都已经两鬓斑白,脸上布满了皱纹,但是她们还是和三十年前一样美丽端庄。她们同时认出了对方,恰巧又住在三十年前生儿子时一起住过的那间病房。她们聊起了这些年的生活,两个妇人都经历了很多欢乐的日子,也遭受了许多悲伤的打击。她们的丈夫都在前线不幸牺牲了,但是不知道什么原因,她们在陈述往事时,都对自己的儿子避而不谈。终于,切尔诺科萨娅妈妈开口问道:

"你的儿子现在在做什么工作?"

"他是一个著名的音乐家,"别罗科萨娅妈妈十分自豪地回答,"他现在正在指挥一个乐队,这乐队常常在我们城里最大的那座剧院里演出,他现在享有巨大的成就,难道你不知道我的儿子吗?"接着别罗科萨娅妈妈说出了这位音乐家的名字。切尔诺科萨娅妈妈当然也对这个名字感到熟悉,这几乎是个家喻户晓的名字,不久前她还在报纸上读到关于这位音乐家在国外演出获得了巨大成功的消息。

"那么,你的儿子现在在做什么呢?"别罗科萨娅问。

"一个生产粮食的人。好吧,为了使你了解得更明白些——我的儿子是集体农庄的农机手,也就是说,既开拖拉机,也开康拜因[15],有的时候也去畜牧场工作。从早春到晚秋,当雪还覆盖着大地时,我的儿子就要去耕耘土地、播种谷物、收割庄稼,然后周而复始,继续耕地、播种、收割……我们住在距离这里一百多公里的一个村子里。儿子现在有两个孩子,儿子三岁,女儿刚出世不久。"

"你终归是不能享福的,"别罗科萨娅说,"你的儿子是一个普通人,谁也不知道他。"

听了这话,切尔诺科萨娅什么也没有说。

可不到一天,切尔诺科萨娅的儿子就从村里赶过来看望妈妈了。他穿着白色的探视服,坐在白色的长凳上,不停地和母亲小声交谈着,无微不至地慰问病情。切尔诺科萨娅妈妈的眼睛里闪烁着快乐的光芒。这一刹那间,她似乎忘记了世界上所有其他的事情,她用一双手把儿子被阳光晒得黝黑的一只手握紧,微笑着。儿子在和母亲告别的时候,仿佛是为自己的离开而请求原谅,从包里拿出了葡萄、蜂蜜和黄油,把它们放在床头的小桌子上。"养好身体,妈妈。"在和妈妈吻别的时候,儿子叮嘱道。

但是,没有人来看望别罗科萨娅妈妈。晚上,病房里面很安静,切尔诺科萨娅妈妈躺在床上,因自己的思绪而会心地笑了起来。这个时候,只听到别罗科萨娅说:

"我的儿子正在举办音乐会……要不是音乐会耽误了,他肯定会来看我的。"

第二天,天黑之前,生产粮食的儿子又从很远的村庄乘车赶来看望切尔诺科萨娅妈妈了。他又在医院白色的长凳上坐了很久,别罗科萨娅妈妈听到他正在给他的母亲讲,现在田里十分忙碌,他们日夜都在工作……在和母亲告别的时候,儿子又拿出蜂房里的蜜、白色的奇珍异果和苹果等各种好吃的东西放在小桌子上,切尔诺科萨娅妈妈的脸庞好像因为幸福而散发着光芒,就连皱纹都舒展了。

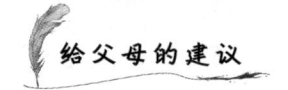

而别罗科萨娅妈妈还是没有人来看望。

晚上,两位妈妈都静静地躺着。切尔诺科萨娅还是在微笑着想着什么,而别罗科萨娅却只能轻声地叹气,她甚至害怕身边的病友听到自己的叹息声。

第三天,生产粮食的儿子又在黄昏以前从老远的村子乘车赶来看望切尔诺科萨娅妈妈了。这次他带来了两个大西瓜、葡萄和苹果,还将长着一对黑眼睛的三岁小孙子也带了过来。儿子和孙子在切尔诺科萨娅妈妈的病榻前坐了很久,她的一双眼睛闪烁着幸福的光芒,人也好像变得年轻了。别罗科萨娅妈妈心里又羡慕又痛苦,她听到那小孙子告诉奶奶,昨天他是怎样和爸爸一起登上了"船长号"康拜因的。孩子对奶奶说:"等我长大了,我也要开康拜因。"奶奶高兴地亲吻他。别罗科萨娅妈妈这个时候想起来了,她那著名的音乐家儿子要出门长途旅行,好像在家里交谈时,音乐家说过,他的小儿子要被送到一所寄宿学校里……

两位母亲在医院住了一个月。每天,生产粮食的儿子都会从很远的村庄赶过来看望切尔诺科萨娅妈妈,每次到来都面带微笑,似乎,母亲只要看见这样的微笑,她的身体就能尽快康复。别罗科萨娅妈妈觉得,每当这个儿子乘车来到她的病友的病床旁边,甚至连医院的墙壁都在祝愿他的母亲尽快地好起来。

而别罗科萨娅妈妈呢,还是没有人来看望她。一个月的时间过去了,医生对切尔诺科萨娅妈妈说:"现在您完全康复了,心脏没有任何杂音,也没有任何异常的停顿。"而对别罗科萨娅妈妈说:"您应当在医院里再住一段时间。当然,您也会完全康复。"医生说这话的时候,眼睛看着墙壁,不知在看什么。

儿子来接切尔诺科萨娅妈妈出院了。他带来了很多的玫瑰花送给医生和护士们。医院里的每一个人都在微笑。

在和切尔诺科萨娅告别的时候,别罗科萨娅请她再和自己单独待一会儿。等大家都离开病房之后,别罗科萨娅含着眼泪问道:

"请告诉我,亲爱的,你是如何培养出这么优秀儿子的?要知道,我们是在同一天生下他们的呀!你是这么幸福,而我……"话没说完,别罗科萨娅大哭起来。

"我们就要分别了,再也不会见面了,"切尔诺科萨娅说,"因为人生很难再有第三次奇迹般的相遇,所以我不能瞒你,要向你说出全部事实。我在那个幸福的日子生下的孩子,早已不幸夭折了,那个时候他还不满周岁。而这个……不是我有血缘的儿子,但是他是我的亲儿子,这怎么说好呢……在他三岁的时候我收养了他。他,不用说,也模模糊糊记得这件事情……但是对他来说,我就是他的亲生母亲。你也亲眼看见了这一点。我是幸福的,而你是一个不幸的人。我深深地同情你,你知道吗?这些天以来,我是多么为你感到难过。我甚至都想提早出院,因为我的儿子的每一次看望都会使你心情沉重。你出院以后去找你的儿子,对他说,他将会得到报应的。现在他是如何对你的,将来他的儿子也就会如何对他。老天不会宽恕对待父母冷漠无情的人。"

爱国主义教育是从孩子还躺在摇篮里时就开始的。自古以来,不能成为父母的孝子的人,是绝对不可能成为祖国的忠臣的。

应该让少年和青年集体的精神生活贯穿这样的思想:我们每一个人都会有自己的孩子,爱他们,安抚他们,在他们心中唤起一种思想:他是我的儿子,他对我来说是多么珍贵,要做到这一点其实并不困难……但是要在他的心灵中树立起每走一步都对父母负责的责任感,唤起忠于我、献身于我的感情,并把我看作具有丰富生活阅历的人来尊重、信赖,其困难程度是难以计量的。我要提醒每一代即将独立生活的年轻人,他们要为自己培养出怎样的孩子而向社会和人民负责。

为祖国培养忠臣是父母在为自己建造活的、永不褪色的纪念碑。如果你们的儿子成了祖国和人民的叛徒(这样的事情是常有的,这些话尽管听起来很残酷,但也是必须对未来的母亲和父亲们说清楚的)，你们也会受到蔑视和唾弃。背叛、投敌，是最可怕、最卑劣的罪行。请你们牢记，未来的母亲和父亲们，利己主义、自私自利，或者按陀思妥耶夫斯基的说法"只为自己的肚子活着"，这些都会成为背叛和投敌的可鄙的根源。对伟大事业和神圣信念的忠诚起源于下列情形：你们的孩子拿到父亲给的面包时的感激，当他看到下工归来满脸劳累、疲惫的母亲、父亲，他是多么心疼、怜惜，当你们的儿子明白因为他的玩忽职守使父母悲痛的时候，在那一刹那，他是多么后悔。

在举办毕业晚会之前，我都会和即将获得毕业证书的男女青年们一起坐车到森林里去。在那里，在鲜花遍地的大自然中，我们要进行一次交心的谈话。我私下把这次谈话称作是对未来母亲、父亲的最后一次教育。我会十分认真地斟酌这次谈话的用词，希望这些词汇能够触动一个公民良心的隐秘角落。

我对这些小伙子和姑娘们说：记住，人最高的荣誉，就是给社会送去一个真正的公民。你们如果做到了这一点，就会感受到为人父母最大的幸福。

每个人都肩负着责任，每个人都承担着义务。人要对自己的劳动、行为、爱憎、言论负责。但是，最伟大、最高尚、最困难、最不可推卸的责任，是父母对子女的责任。在这种责任和义务上，人民、祖国、还有我们自己的良心就是最高的法官。小伙子和姑娘们，你们每一个人将来要从事的职业可能不同：农民、医生、钳工、工程师、砌砖工或教师，但是你们每个人都会成为父亲或者母亲。

小伙子在和姑娘目光对视的那一刹那，他的心跳会加快，情不自禁地屏住呼吸。每一次互相接触，你们都会产生难以言喻的情感波涛、希望和幻想。你们生活在对幸福生活的向往之中，老一辈把无价的财富——祖国、社会主义制度、自由劳动——转交到你们手上。但是，只有这些无价的财富使人的心脏为之激烈跳动的时候，它才能够成为幸福。很多东西老一辈都可以转交给你们，但是谁也不能代替你们去创造新一代的人，这是一件只能够由你们自己去做的事情。随着每一个人的降生,世界仿佛也获得了新生。新人、新世界将会成为什么样子呢?这个应该由你们来负责。

5. 你的同学有了一个刚刚出生的弟弟或者妹妹,你应该向他表示祝贺。

祝贺新生命的诞生也是一个人有教养的标志。

对每个人来说,生日都是他生命中最幸福的一天。如果在这个重要的日子,没有人来祝贺,甚至没有人记得这个日子,那么这个人就太孤独、太不幸了。应该知道并且永远记住父母、爷爷、奶奶和兄弟姐妹的生日。一个幸福的家庭,在于我们都用心互相温暖。有多少个家庭成员,就会庆祝多少个生日。

在对你来说最宝贵的人的生日那天,你应该要比平常起得早一点。你应该来到过生日的人的身边,对他说:"祝您生日快乐!我全心全意祝您身体健康,幸福美满,拥有坚强的精神和清晰的思想!"如果你是向弟弟妹妹表示祝贺,你要先提醒他今天是他几岁的生日,然后再祝贺他,让他这一天都过得快乐。在不同的人生阶段,人对生日的感受是不一样的:童年的时候因增长了一岁而雀跃;少年的时候因长大了一岁而快乐;青年的时候因年龄增长而既有踌躇满志,又有迷茫彷徨;成年之后,生日给人马齿徒增之感,让人平添忧愁;而到了老年,生日那天感受到的,更多的是伤感。不要去算爸爸妈妈或者爷爷奶奶的年龄,要让他们忘记老之将至,也不要在姐姐生日那天提醒她今天是她几岁的生日,特别是在她二十岁之后不要这么做。姑娘们和妇人们都希望自己永远年轻——这是人类另一半(女性)的权利,我们在这另一半人身上看到自己本身的美。美应当是永不凋谢的,年月在创造美,但年月也在毁损美。时间是不能返回的,正如过去的日子和经历过的感受不能重现一样,一个人的幸福不在于已经度过的岁月,而在于它带给我们什么。祝贺生日要求会灵活机智地把握分寸和用心细致,祝贺生日前你要斟酌一下,哪些话应该说,哪些话不应该

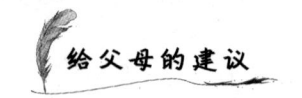

说,这些也能够表现你的个人修养。向孩子和少年祝贺的时候,不应当说"愿你长寿",这类话无论什么情况还是少说为佳,因为理解这句话需要丰富的生活阅历和深沉的智慧;对父亲和母亲说这类话次数过多会提醒他们前往人生的终点的时间正在到来,对爷爷奶奶说这种话无异于是讽刺,因为他们的生命已快走到尽头⋯⋯

生日这一天,你要给对你来说最宝贵的人送礼物。生日礼物——是你的文化、象征和记忆的高度表达。你要善于自己亲手做或购买生日礼物。对于你深爱的人来说,你亲手制作的生日礼物是最为珍贵的,比如你亲手栽培的鲜花。好的礼物——一幅画、一首诗、一本小的纪念册,甚至普通的练习本,只要上面有你画的一幅画或写的一首诗就行。如果你不会画画、写诗,那就在本子上写上一件你印象中最深刻的事情。比如你妈妈过生日,你就写上自己的回忆:在你最初的记忆中,妈妈是什么样子的。如果为了给爸爸妈妈购买生日礼物而伸手找他们要钱,这是一件很不妥当的事情。如果自己不会制作礼物,或者懒得去做,也没有关系,为了在良心上过得去,你得迫使自己拒绝不必要的消费,省下钱来买礼物。不要花脑筋去考虑送多么贵重或者太大的东西。"礼轻情意重",小礼物也是很好的。生日礼物的价值在于道德的价值。它不是用物品的市场价格来衡量的,而是用你在为亲人带来欢乐时投入多大的心意来衡量的。

给爷爷奶奶祝贺生日的时候要特别郑重,忘记他们的生日意味着道德上的无知。

不要忘记给自己年老的教师祝贺生日,尤其是当他们孤单一人的时候。

生日是家庭的喜庆日子,是亲人和朋友们的节日,而不是某个集体的节日(只有那些对社会做出了巨大的贡献而获得这份荣誉的人,公众才会为他庆祝生日,而且还需要他年满五十岁)。某人还没活到这个年龄,或者他从没有获得过集体的表彰,集体为他隆重庆祝生日就是不谦虚、不体面的行为。按照惯例,只有家庭才会为成年的人隆重庆祝生日。

　　一些寄宿学校不应当在集体中为每个学生声势浩大地庆祝生日，但令人遗憾的是，这种行为在生活中并不少见：把全部学生召集在大厅，把上一个月过生日的所有学生都安排在荣誉席上接受大家的祝贺。从教育学出发，这样庆祝生日往往会摧残幼小的心灵，让很小的孩子从童年起就习惯于做有意义的事情也装模作样，只图表面功夫。生日——这是有血缘关系的心灵的节日。不要忘记这一点。为一个受社会敬重的人举办生日庆祝会可以在俱乐部里举行，来宾会发表一些隆重的讲话。即便如此，之后他们还会和血亲或挚友聚集在一起庆祝，否则，生日就过得没有意义。有血缘关系的心灵的节日只有在某种情况下才具有它应有的样子，即参加庆祝的人中没有异己，都是知心人，都是拥有接触你内心的隐秘角落的道德权利的人。

　　应当教育孩子们如何祝贺别人，如何赠送礼品，但是只有孩子学会感受，教师的话语才能到达儿童的心田。在生活中常常有这样的一些情况，在孩子们面前突然展现出人和人之间一种全新的关系，这种关系使教师、父亲、母亲的每句话中都饱含一种深刻的意义。此时，孩子会在一个普通的词汇里突然感受出一种陌生的、奇特的、他以前不知道的含义，这种含义触动了隐秘的个人世界。

　　二年级的学生正在上课，女教师看见加利娅——一个生性乐观、为人慷慨大方、有同情心的小女孩，突然举起了手。

　　"你想说什么，加利娅？"女教师问。

　　"玛丽卡的妈妈生了一个小弟弟。"加利娅高兴地说，那种喜悦之情就好像是她自己有了一个小弟弟。玛丽卡是她的同桌和好朋友，她们坐在窗户旁边的位置上。三十双好奇的眼睛望着玛丽卡，小姑娘害羞得脸红了。有些感觉，人生只能体会一次。我们成年人对一个七岁孩子的感情是难以理解明白的：这个孩子因为突然有了一个兄弟或姐妹，而万分惊讶，还没有彻底理解这个事情，但是因为自身的处境发生改变以及一些新的人际关系出现，她和别人有了一种全新的、使她变得崇高的关系,她的灵魂被净化了,她的这种地位正是确立在这些新的人际关系中的。但愿我们能够洞悉这个孩子的种种思想和情感,在那有血缘的、无限宝贵的生命出现在世界上的这一天,正是这些思想和情感使这个孩子的心灵激动不已,这个新生命之所以无限宝贵,是因为这世界上独一无二的母亲生下了他(孩子相信罂粟田的故事见本章第二节),认为这个故事是人类母亲的生育秘密。如果我们能够在这个时候深入到孩子的思想和情感世界中去,我们就会加倍尊敬在这一天成为哥哥姐姐的人。我们教育工作的伟大使命在于,要使成为哥哥、姐姐的孩子由于自己新的地位,比起昨天,比起他既没有弟弟,也没有妹妹的时候,更加自尊自爱。

"玛丽卡有了一个弟弟……玛丽卡有了一个弟弟……"教室里的窃窃私语声此起彼伏,老师微笑了一下,学生们也都笑了起来。

"这是多么好的一件事呀!"老师一边说着,一边走到玛丽卡面前亲吻她,"我们祝贺玛丽卡的爸爸、妈妈生了个儿子,同时也祝贺你,玛丽卡,你有了一个弟弟。"

加利娅也拥抱和亲吻了玛丽卡……

"可祝贺这个词到底意味着什么?"米科拉问道,说完还叹了一口气。从他的话里听得出他思考了很多。孩子们还不会精确地用语言清楚地表达直接的感受……假如他们善于用词汇表达自己的感受,他们就会说:米科拉实际上知道祝贺这个词是什么意思,他提问是为了消除自己的疑惑,他只是不明白为什么要祝贺有了弟弟。

教室里顿时安静了下来,大家都在等待老师的回答。

"这个词汇意味着,玛丽卡的爸爸和妈妈有一件大喜事。一个人出生了,他会带给许多人幸福:

"玛丽卡的妈妈添了个儿子;

"玛丽卡的爸爸添了个儿子;

"玛丽卡的爷爷(祖父)添了个孙子;

"玛丽卡的另一个爷爷(外祖父)添了个外孙;

"玛丽卡的奶奶（祖母）添了个孙子；

"玛丽卡的另一个奶奶（外祖母）添了个外孙；

"玛丽卡的姑妈添了个侄儿；

"玛丽卡的伯父和叔父添了个侄儿；

"玛丽卡的舅舅添了个外甥；

"玛丽卡本人和她的亲兄弟姐妹（假如她有亲兄弟姐妹的话）添了个弟弟；

"玛丽卡的堂兄弟姐妹添了个堂弟；

"玛丽卡的表兄弟姐妹添了个表弟；

"我们大家添了个新朋友；

"你看有多少人成了幸福的人。

"这就是为什么我们要祝贺的原因。

"随着一个人的诞生，他的未来也诞生了。他，玛丽卡的弟弟，是我们中间年龄最小的人。当你们男孩子成为保家卫国的战士时，他才刚进学校学着写'妈妈'这个单词。他会在睡梦中幸福地微笑，因为有你们警惕地守卫着边疆和我们强大的、不可战胜的祖国。她，我们伟大的祖国，向每个生下新生儿的母亲高兴地表示祝贺，希望这将是一个真正的人来到这世界。我们还不知道玛丽卡的弟弟将成为什么样的人，他还没有名字。几天之后，玛丽卡的妈妈和爸爸将来到学校，他们将从珍藏着我们民族的姓名的锦匣里为自己的儿子选择一个名字……无论他成为什么人——在自己祖祖辈辈的土地上耕种的庄稼人、宇航员、泥瓦匠、牧人、园丁或是车工，妈妈都会在他身上倾注自己的灵魂和全部的心血，让他成为祖国的忠实的儿子。这就是为什么我们要祝贺的原因。"

应该这样教育孩子们去感受。像这位教师一样，真诚地对待孩子的智慧和情感，这样，你说的每一个词汇都展示了自己最精确的一面，都能被孩子们理解，因为教师和孩子们都在用同一个角度看待世界，以同样的惊讶和赞叹体验了这伟大、不可重复的瞬间。

给父母的建议

劳动和义务

培养义务感

在第聂伯河边一个古老的村庄里生活着两个漂亮的姑娘,一个叫塔季扬娜,另一个叫纳塔利娅。她们俩在同一天嫁人,又在同一个星期生了儿子。塔季扬娜生的儿子叫尤里,纳塔利娅生的儿子叫维克托。在一九四一年那个残酷的六月,两位妇女同时把丈夫送上战争前线,自己作为士兵的妻子在家守着未成年的儿子,他们才十四岁。但两个儿子长得非常高大,很有力气,看上去不止十四岁,而像是十六岁的人。

德国军队来到了第聂伯河两岸,各个村庄都过上了被法西斯占领的黑暗日子。一年后,占领者开始派遣年轻人去德国做苦役。尤里和维克托在过去的一年里又长高了很多,成了身材魁梧、肩膀宽大的小伙子。好心肠的乡亲们向两位母亲提议,把他们藏到很远的地方去,要不然警察和宪兵来了,就会把他们遣送到可怕的德国苦役营。尤里和维克托知道在一片第聂伯河滩那里有一个被人们遗忘很久的绿色小岛,小岛上生长着浓密的灌木丛。岛上是干燥多石地,还有一些古老的洞穴,好像是十五至十七世纪扎波罗热时代由哥萨克人挖掘的。于是尤里和维克托立即逃到那里躲了起来。

在岛上的洞穴里,两个少年藏了一年多,直到苏联红军解放了他们的家乡,他们才回到家中的母亲身边。在同一个星期里,噩耗来到了塔季扬娜和纳塔利娅那里——她们的丈夫都在斯大林格勒附近战死了。

在十一月一个阴雨的夜晚，尤里悄悄离开了家，他给母亲留下了字条："亲爱的妈妈，请原谅我……我不能待在家里，我要去参加红军，我要给父亲报仇。"塔季扬娜伤心地哭了，从此以后她每天都在盼望儿子的来信。

而维克托，他还未到被召去服兵役的年龄，所以在妈妈的农舍里又住了一年。终于，应征入伍的日子到了，小伙子却突然消失得无影无踪。纳塔利娅向邻居和地区征兵委员会的工作人员解释说，儿子也许是跟着某一支路过的部队先走了。几乎就在维克托失踪的同时，尤里的噩耗传到了塔季扬娜那里：尤里在喀尔巴阡山英勇牺牲。部队将尤里的功勋章——四枚奖章和一枚红星勋章送来了。母亲的内心充斥着巨大的悲痛，不到一个星期，塔季扬娜就白了头，她生病了，病了很久。

一九四五年的五月，这个欢庆胜利的日子终于到来了。在四月里温暖的一天，纳塔利娅来到村苏维埃委员会，宣称她的儿子为了逃避参军，一直躲藏在那个荒野小岛的洞穴里。纳塔利娅说："我规劝他，恳求他，但是没有一点用，我的命太苦了。"人们找到了维克托，对他进行审讯，做出了让他自杀的判决，但是母亲不知道这个判决。在欢庆胜利的日子里，我们的人民会很宽容，根据大赦令，维克托解除了监禁，只需在建设营劳动三年，他就可以回到家乡。

每个家庭都有自己的不幸。年深月久，记得维克托的罪行的人已不多了。这个年轻人结婚了，并在机务人员的训练营中毕业，成为一名拖拉机手。现在他在第聂伯河边那个古老的村庄里工作。他的两个女儿出嫁了，儿子也在不久前参加了工作，最小的两个孩子还在上学。但是人们还流传着他不好的议论：他是毫无同情心、铁石心肠的人。自从他女儿出嫁后，他没有去过女儿家，也不邀请女儿们回娘家。在乡亲们眼里，这种行为被看成是道德缺失。和他一起工作的机务队长是这样评价他的：定额分派的工作他都能按时完成，但是如果

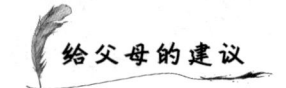

需要（这是常有的情况）偶尔帮助一下同志，或是为大家的事情多干一会儿——他就像一堵石墙，没有一点人的感情。

　　这就是尤里和维克托两个人的命运。他们在同一所学校学习，在同一天加入少先队，上课还坐在同一张课桌前，但他们的命运为何有如此大的差异，是什么原因导致的呢？一个活得光明磊落，过着明亮无私的生活；另一个却像狼一样，过着阴暗的、见不得人的生活。村子里有一位八十岁的守林人米科拉爷爷，他是一位乡村哲学家，他把维克托这样灰溜溜、没有任何意义的生活称作狼一样的生活。

　　我为什么要向你们说起这件往事呢？时间飞逝，弹指一挥间，一年复一年，十年复十年。走入我的生活中的有成百上千人的命运——鲜明的、独具一格的、互不相同的。在我的眼皮底下，这些孩子们学习的第一个词汇是"妈妈"的发音，然后在练习本上写好这个词汇，接着带着惊讶的心情，仿佛是在对自己说：难道这些都是我做出来的吗？转眼间，曾经在我面前学说话、学写字的孩子，现在也长出了胡子，成为一名父亲，他们牵着自己的孩子又来到学校，如此循环，一切又从头开始。

　　在生活的这种循环中，诞生了种种不可重复的世界，社会随着每一代人的出现向我们教育工作者提出各种新的要求，同时也产生很多新的难解之谜。每一年我都注视着小伙子和姑娘们的眼睛，我和家长一起引领他们走向独立劳动的艰难的人生之旅，每一次我都思考着同一个问题：在我们创造的这些人身上，什么才是最主要的？在那个短暂的六月之夜，当小伙子和姑娘们从日落到日出，一整夜都欢快着、愉悦着的时候，当我和他们一起走进田野，共同迎接他们新生活中第一轮太阳的时候，一些烦恼的问题敲击着我的内心，使我无法平静：人的个性的核心是什么？这个核心要如何塑造？怎样在生活的土壤中树立人的个性中最重要的主根？那颗能够萌发、生长出人的美德的种子在哪里？

在这个短暂的六月之夜,许多人的命运在我眼前浮现。我认真思考尤里和维克托的生活,将他俩的童年一页一页地翻开,拿三四十年前的往事和他们今天的生活进行比较。那些活生生的人们,连同他们身上发生过的事情,以及他们与其他人的极细微的关系在我的面前呈现得越是清晰,那些敲击我心灵的问题就越明确。我们亲爱的同学们,你们将来会成为什么样的公民?在你们看来,生活中哪些东西是神圣不可侵犯的?你们将把哪些做人的精神和品德留给儿女和孙辈?作为人民的一分子,你们自己的道德发展将达到什么样的高度?

形形色色的人的命运进入我的生活越多,我对这些人对神圣的祖国的态度、对他人的态度的细致思考就越深刻,我就越深刻地相信:人的核心、他最重要的根(一切都依附于这核心和主根,一切都是从这核心和主根开始起步的)就是义务感,就是在社会主义祖国面前、在民族精神和道德珍品面前、在身边的人面前,人对自己的责任的认识和体验,他对身边的人的命运、欢乐、幸福、生存甚至死亡都承担有责任。义务感集中反映了人的精神面貌,是道德的核心,我们期望学生们具备的那些方面的品质,诸如忠诚于共产主义理想,个人意愿服从社会意愿,在为社会的服务中为自己的生活增光添彩,对敌人毫不退让,为了祖国的荣誉、伟大和光荣奉献毕生精力,为别人做好事,等等,都取决于这个核心和主根,也就是取决于义务感。

义务感教育是共产主义教育的核心。我们的目的是培养有高度义务感的人。只有具备高度义务感的人才能理解人类真正的幸福是什么;只有对崇高的理想忠诚,人才能变得高尚,才能获得幸福,才能使精神世界变得丰富多彩。

我根据细微的事情,根据人与人关系的细微之处,绞尽脑汁寻求一个问题的答案:尤里和维克托几乎在完全相同的环境里长大,为什么会成为截然不同的两类人?一个成了英雄,另一个却成了儒夫和变节者?在复杂的人与人的关系中,呈现出我们的生活、我们社会道德的进步,以及有崇高精神境界的人和像维克托这样卑鄙的小人之间的冲突的实质，是尖锐的思想意识的斗争，是新世界与旧世界力量在最复杂的领域——人们精神领域里的斗争，是捍卫新一代人心灵纯洁的斗争。

乍一看，似乎两人的生活环境和受到的教育是完全一样的。但是大事是从小事开始的，粗长的主根最初也只不过是细如发丝的根须。在一次倾心交谈中，那位深明哲理的米科拉爷爷帮我找到了这细如发丝的根须。维克托内心冷漠、黑暗，他眼睛能看到东西，但内心却什么都看不见……他只为自己活着。尤里却恰恰相反，他从小就心胸宽广，经常为别人的事着急，人的美就体现在这里……这种思想对我来说闪烁着人民教育学的光辉，它解答了我们心中的许多疑惑，使得被遗忘的真理在脑海里又重新回到应有的位置。

我记起一件事情，它解答了我心中的疑问。有一次，维克托的母亲生病了，这时儿子正准备去少先队夏令营，于是大家都没把母亲生病的事告知孩子，纳塔利娅自己也说："为什么要让孩子担心呢？孩子不应该受到任何的惊扰。"维克托家旁边住着两个无儿无女的老人，维克托经常去老人家玩耍，每次老爷爷、老奶奶都会拿出孩子喜欢吃的甜胡桃和其他食品给他吃。但是，当老爷爷生病的时候，母亲却不让儿子前去探望，说的还是那句话："要让孩子的心里永远没有痛苦和忧伤……"

这种情况意味着——他只为了自己而活着……大人在童年就隔绝了他的内心体验，避免他有强烈的感情，没有人进入过他的心里——别人的欢乐、悲伤、忧郁和痛苦，他一点都不知情。

尤里的童年是完全不同的，他的心总是向外敞开着，接纳人的各种感受和体验。他的外公外婆住在十公里外的邻村，小男孩经常把春天里的第一批蜂蜜和自家果园里最先熟的苹果、胡桃给他们送去。

尤里的童年生活非常开心、欢乐，也满含担忧、激动和牵挂。塔季扬娜毫无保留地用自己的心去温暖儿子，同时，母亲的智慧又让他清楚地认识到，一个人，只有把自己的精神力量贡献给别人，自己才能获得最大的快乐和幸福。孩子因为关怀母亲、外祖父、外祖母而快乐，这让他懂得了应该同情和体贴更多的人。有一次，尤里听父亲读报纸，听到法西斯在西班牙土地上的残忍暴行时，他哭了，整夜未眠，直到清晨他才平静下来。这让我更加清楚地明白敏感、容易接受教育的心灵是怎么样的，也更加清晰地知道心灵的冷漠会带来怎样可怕的后果。

人们一个接一个出生，说出第一个词汇，初次用双脚站起来走路，带着惊讶和好奇认识世界，这些都一一进入我的眼帘；我时而倾听无忧无虑的孩子们含糊不清的话语，时而倾听他们对人间善恶、荣辱、曲直、美丑的忧虑与深思，我更加坚信：人只要意识到了自己的存在，就会把自己和周围的世界区分开来；人的形成，他会成为什么样的人，祖国会有什么样的公民，妻子会拥有一个什么样的丈夫，孩子命中注定会有一个什么样的父亲……在所有的这一切中，一方面是欲望，另一方面是义务，二者的相互协调具有决定性的意义。

我观察儿童和集体的生活，思考年轻人的每一句话和每一个心理活动，经过一番努力发现，决定着人与集体、人与他人关系的关键——是义务感，是意识到应当做和一定要为公众利益做些事情的责任感。我研究了一部分人个性的形成以及个性在家庭和集体中的发展和完善——从他们学习说第一个词到获得公民证和中学毕业文凭为止。我深入到人与人的关系中最细微、有时是最隐秘的部位，就是为了搞清楚欲望和义务是怎样协调的。

我观察和研究的对象来自最不相同家庭的孩子：在一些家庭中生活是静悄悄、心平气和、平安无事的，在另一些家庭中，孩子从小就感受到强烈的心灵体验和震荡。一些家庭笼罩着和平与安宁的气氛，

给父母的建议

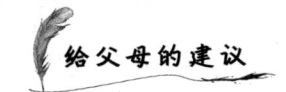

另一些家庭则冲突不断，孩子心灵从小就不断受到惊吓。一些家庭毫无原则地满足孩子的各种欲望，还有些家庭，父母对孩子的愿望过分限制或者干涉。

我坚信：义务感是人的个性的核心，是公民自我牺牲精神和对民族理想保持忠诚的核心。我作为一个教师，力图探索这笔精神财富的规律性。让我非常高兴的是，每年都会有一批优秀青年人走向社会，他们是新社会的积极创造者，懂得为人们创造幸福和欢乐，并且在这种创造中感受到巨大的个人幸福。

眼下在我面前，有一个黑眼睛里充满了智慧和激动的十七岁少年，他叫阿廖沙。人生的不少考验落到他头上。他十岁失去母亲，十四岁又失去父亲，成了孤儿。面对如此坎坷的命运，阿廖沙没有惊慌失措，也没有陷入绝望的境地，他成了全家的顶梁柱；年迈的老奶奶的生活，她的平安和幸福，现在全部都靠他。在毕业典礼前夕的那个六月之夜，阿廖沙这样说："我既要上大学，也要照顾好奶奶。"这真是一个勇敢的决定，但是年轻人并不觉得自己的行为有任何特别之处。他顺利上了专科学院，靠助学金学习。每天晚上他都会出去工作，用这微薄的工资养活自己和供养奶奶。他在专科学院毕业后，成为一名工程师，奶奶还是和他生活在一起。有一次我去他家做客，奶奶对我说："如果没有孙子的爱心和自我牺牲精神，我早就离开人世了。"

生活越来越让人相信：一个人在童年和少年时代对于生养他、使他站起来走路的人不曾怀有感恩之情，他没有采取任何行为方式来确认自己对此人的感恩之情，那么，这个人就会变成一个冷漠、没有同情心的生物。

我终于明白，义务感是人心中的法官，是人具有良心的最重要的促进因素。义务感对良心的作用，与舵和桨对独木舟的作用是一样的。没有义务感，就没有良心，也不会有做人的高尚原则。为人高尚，对于没有体验过这种高尚的感情、没有表现过高尚的行为的人来说，不可能成为个人的信念。

当我触及孩子们敞开的心灵时，当我观察孩子们的眼神时，我说出了自己的教学训导语言，为的是唤起他们表露自己义务感的意愿和渴望。同时我明白，人的义务感和人的理想信念、观点以及个人立场之间有着非常紧密的联系。也许，确立"我要"和"我应该"，这两者之间的协调关系决定着人的整个道德面貌。一个人，如果他没有对高尚的义务有亲身的体验，就不会认识到人生真正的幸福和欢乐，就不会感到自己的幸福依赖于别人的劳动，也没有能力体验感激之情，而感激之情是义务感的源泉。

我坚信，如果一个人在童年和少年时期都没有在履行义务中表现自己，没有通过履行义务证实自己的高尚品格，如果为了达到这样的表现，却缺乏必不可少的人际关系，那么就会发生令人乍看起来奇怪的事情：个人与社会的关系、善良与邪恶的对立、应该如何做人等这些知识和真理，都不会进入这个人的心田，不会使这个人激动。其实，所有的这些知识，都被教师在多种多样的教育形式中无数次地重复，包括说服、鼓励、训诫、申斥、榜样。而全部问题在于：在教育中起着十分重要的作用的真理，若要成为一个人深信不疑的观点和立场，唯有在那时才能成为可能：即他既用头脑理解了事实，又用心灵去体验思想，二者缺一不可。

每一个教育者的理想（不仅是在学校里的教师，而且还包括成人教育工作者）是要达到一刹那间的奇效：当您在自己学生面前树立道德美好、精神高尚的光辉榜样的时候，他的双眼闪烁出欢乐、激动的光芒，他的心跳加快，思想也立即奔向了未来。只有源于那一刻的感受，学生才会开始把老师灌输的道德真理当作个人的财富去珍惜。

我是一名教师，把学生引入这种精神境界是我的理想，也是我对自己工作的要求。但是我坚信，运用教育影响的力量把自己的学生引

给父母的建议

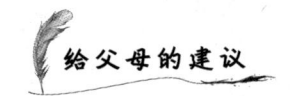

入这种状态是不容易的，唯有那时才可能成功：即人在与他人的多方面关系中履行自己的义务，并且自觉地以此证实自己品德的高尚和精神的富有。

在课堂上会出现这种情况：你正在给五年级的学生讲述一个人为了祖国的自由和独立奉献出自己生命的事迹，所有的学生都屏气凝神地听着，一双双眼睛中都燃烧着灵魂净化的光芒，可突然在一刹那，你看见了一个学生空洞无神、无动于衷的目光。这双冷漠、空洞的眼睛，这个在教师面前封闭的心灵让我无法安宁，给我带来苦苦的沉思，让我夜不能寐。这种可怕的精神冷漠是怎样产生的？为什么这么神圣的事迹都打动不了他的内心？或者，在这个孩子的心灵，还有一些教育影响无法到达的隐秘角落？

我不断观察自己学生的心灵，帮助孩子们在集体中建立相互承担责任和义务的关系，让他们用某种方式表现自己的道德，并且通过这种表现认识自己、教育自己。这么一来，我越来越坚信，真正的教育在于教育和自我教育的统一，而这种统一只有在一种条件下才可能实现，那就是当人珍惜某种东西的时候，首先是珍惜人，珍惜自己与别人的关系，然后珍惜思想和真理。伟大的思想家和诗人歌德[16]曾经说过："真理，只有在它为人所用的时候，才能成为真正的真理。"

是的，人对道德、政治思想和意识形态的原则的理解和深入是从各种人际关系开始的。这些关系存在时，就产生了义务感：我应该成为什么样的人，才能被别人当作是一个有美德的人。一个空洞、冷漠的学生或青年，显而易见，也不懂得珍惜人是怎么一回事，他也不会为自己给人们创造欢乐和幸福而体验到欢乐和幸福。谁不善于珍惜人，谁就连思想和道德、政治的真理也不会珍惜，因为只有在人与人像兄弟般相互给予精神力量、相互帮助的种种人际关系中，才能产生思想。

一些思想就是这样产生的，这些思想可以使年纪很小的人有能力成为一个受教育者，让他们接受长辈首先是教师的教育影响。随着时间的流逝，那个复杂问题的答案越来越明显：为什么瓦洛佳是个难教育、无可救药、不受教师影响的人？为什么在他身上任何方法都没有用？这是因为各种关系在作祟，他处在和身边的人的种种关系当中，但这些关系没有给予他崇高的人性——珍惜人和事物的能力：首先是珍惜人和集体，然后是珍惜各种道德原则。就像沙石地留不住水分，人也无法给它施肥一样，一个人没有凭借个人经验理解什么是珍惜，那么无论规劝、教诲，还是训导，他都不会接受。一个没有尽过义务的人，难以理解"应当"这个概念本身是作为人际关系的规律而存在的，在这些人际关系中，一个人的利益、幸福和快乐总是和其他人的利益、幸福和快乐联系在一起的。

可能有的教师觉得上面的讨论过于抽象、与生活没有联系。然而并不是这样的，这里说到的，都是学校日常工作中最本质的东西，也是有关学生道德教育最基本的知识。

在学校，"应该"这个词我们每天都要用到很多次。首先是教师对学生提出要求时会用到。我们在用无数个"应该"的砖块建造起一座叫"义务"的大厦。要想把大厦建造得坚固，就一定要有非常坚实的地基。这地基就是人在履行义务的过程中表露自己，就是通过在和他人、和集体的关系中履行义务来自我肯定，就是将"应该"这种态度当作对自己的道德要求，当作良心的要求。

思考一下我们教育中某种不协调的现象不是没有益处的，这种不均衡对教学实际而言还是有代表性的——教师经常对学生说"你应该……"，但学生却很少对自己说"我应该……"，有的时候甚至不说。如果一个人对自己什么要求都没有，让他成长为有义务感的人是不可能的。

我终于明白：对一个教师而言，应当使学生的心灵在自己的话语和要求面前敞开，无所隐瞒，应把他培养成对话语、教诲、启示和示

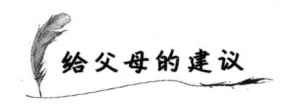

范等都具有感受力的人。

为了做到这一点，在实际操作中什么是必不可少的？如何奠定坚实的地基，从而使人心甘情愿履行义务的大厦能够坚固屹立、永不动摇？

对于我们国家的每一个公民，义务感是必不可少的，这是一种将他人、集体、社会、祖国的利益和个人利益联系起来的意识和体验。义务感产生于人与人的各种关系中，但是人履行义务要从个人最细小的生活行为开始。在履行义务的过程中，社会的成分和深入个人内心的成分以奇妙的方式融合在一起。朝向义务的高峰的道路（即对于社会和社会主义祖国利益的认识和体验），是从一个人对待他人的态度开始的。身边的人，他人的生活、快乐、痛苦，这些都是自己最复杂的认识对象，是影响自己心灵隐秘角落，使人产生义务感最强大的力量。朝向义务的高峰的道路，是从儿童有意识地生活开始的，形象点说，从儿童开始懂事起，就要引导他用心灵去感触周围人的各种命运。要使孩子把别人的命运当作和他自己息息相关的事情；要使他从关心一个一个具体的人的命运到关心国家和社会的利益；要使他在趋近理想的同时，看到自己的未来，好好对待自己。多年的教育经验让我相信，对待自己的能力、对自己提出要求的能力、控制自己良心的能力，所有这些都和人幼年时的快乐和幸福的源泉有直接关系。

我们在家长学校开展的工作中，经常和家长们一起思考、商议和讨论怎么才能使孩子欢乐和幸福的事情。在这些家长中，有些人的孩子还躺在小床上，有些人的孩子已经对周围的世界睁开惊讶、好奇的眼睛。我坚信，探讨童年的幸福和欢乐应当是教师们和家长们最集中注意的方面，只有双方共同关注才有成效。毫不夸张地说，双亲作为教育者的睿智首先体现在做父母的怎样看待孩子的幸福。我们对幸福的态度，我们对儿童幸福和快乐的理解，是教育者们的智慧的一个最重要的源泉。童年的幸福，这既可以是赋予生机、使人温暖的篝火，也可以是让人毁于一旦的火灾，关键看你怎样去控制火势，将它引向哪里。很显然，召开一次学者、教师、家长共同参与的大型学术会议，在会议上只提出一个问题——童年的幸福，并认真研究讨论，是很有必要的。如果这个问题在理论规划和实践安排方面都能够得到解决，那么一大半的教育难题都会迎刃而解。

实质上，人的成长，以及他与他人的关系的形成，都取决于幸福是怎样在人的面前展开的，此时这个人正在用智慧和心灵认识世界，准确点说，取决于我们教育工作者是否善于在孩子们面前展现幸福。关于幸福的观念，对幸福的理解和感受，决定着我们幼小的教育对象能否具有采用前辈们历经艰辛创造和获得的道德珍宝的能力，决定着他们能否珍惜这些珍宝，最重要的是，决定着他们道德发展能否到达一定高度的能力。一旦到达这种高度，一个人就会把为人民、为共产主义理想服务当作自己生活的最高意义。唯有认识到人生幸福的真正意义和真正价值的人，才能真正认识自己，才能把握自己的思想、情感和精神冲动，才能最终成为自己良心的主宰者。

我们全体参与儿童和青年教育并且为他们的命运负责的人，也要为民族的未来负责，因而不能不为一种情形感到忧虑：在我们的社会中，许多家庭的孩子不知道什么是幸福。那些孩子的生活令人惋惜，他们所有的愿望都被殷勤的父母一一满足，这些孩子的日子过得毫无波折、十分舒适安逸。这种消耗性的、随心所欲的消费欲望，被无止境地、无节制地满足，使孩子在童年就变成个人主义者，愿望和要求变得畸形，他内心对别人的愿望和需求毫无觉察。在这种"幸福"中被抚养大的孩子，是不幸福的人，他们无法获得我们社会的道德财富，而对于一个学校而言，如果它了解这种只会享受的幸福对孩子具有毁灭性意义，它就不得不投入许多力量帮助孩子认识和体验真正的幸福。

在我看来，促使人的幸福受到家庭和社会的关心，都为年轻一代的成长忧虑甚至不安，这才是教育的理想状态。我深信，教育最明显的一个方面是让孩子拥有强烈的感情和心灵的体验，使他们同样拥有

给父母的建议

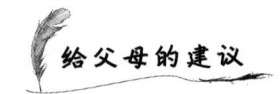

成年人的忧虑。不经历困难,不感受紧张,儿童就不能理解幸福。在这里我们接近了一个概念,高尔基①称之为行为——创造性的劳动和创作。劳动在这里起着重要的作用,劳动是良心和义务感最主要和最忠诚的维护者。在广泛意义上,劳动是精神振奋和双手技巧相结合的活动,是人对他人、集体和祖国的态度的反映,是在公民服务于民族的事业中以高尚的动机表现自己、大显身手的崇高行为。

儿童、少年和早期青年最重要的幸福源泉,就是对劳动永远充满崇敬。对劳动的崇敬感,对人们和社会的义务感,用一根根心灵的线,将孩子和其他人连接了起来,首先是和身边的人,然后将他和所有诚实、真挚的同胞联络成一个共同体。出于崇敬劳动的感情,出于坚信劳动是幸福的创造者的思想,使人产生了一种自己应当做什么的愿望,没有这种愿望,高谈一个人的基本道德情操和对自己未来的责任感,是不可思议的。在孩子那里,关于"我应该"的思想,只有在那时才产生——当他对父母的劳动和社会的劳动有了惊奇、崇敬的感情之后。

我永远致力于让孩子们了解父亲和母亲的劳动,引起他们惊奇、崇敬的感情,引导他们带着目的劳动——也就是为了体验一种无与伦比的欢乐感和骄傲感而劳动。我坚信,儿童认识世界首先应当从认识劳动开始,而孩子加入和人的多方面的社会关系,也应当从他通过劳动表现自己和他人的关系开始。如果孩子最开始感到的关心、惊慌、不安、激动是很真实的,如果这些感觉是与这种劳动中的表现联系在一起,那么就恰好使得儿童的愿望和义务变得和谐起来,没有这种和谐,高尚的品德、自我的牺牲精神、忠于自己的理想和事业等都是不可思议的,他作为公民的核心也是不可思议的。

我告诉一年级的学生们:萨沙的妈妈是乳品场的女工,她的劳动让约五百个人对乳制品的需求得到了满足;萨沙的父亲在绵羊饲养场工作了二十年,让几千名工人和集体农庄的庄员有衣服穿。孩子们听了,眼睛里流露出钦佩和自豪的神情。孩子们发现了他们自己发现不了的东西,极其平凡的、丝毫不引人注意的日常现象在孩子们面前展现了它不平凡的一面。老师告诉孩子们这样一个真理:父母平日从事的劳动,是他们对很多人应尽的义务;因为他们履行了自己的义务,所以他们受到大家的尊重,有了自己的荣誉和社会地位。

当孩子发现母亲和父亲从事的普通工作具有伟大性质时,会产生惊讶和钦佩的感情,这种感情越深刻,他要为双亲做些什么事的愿望就越真诚。父亲和母亲们,请将孩子的这种愿望当作儿童心灵的巨大道德财富来珍惜。孩子关爱父母、为父母的平安和健康幸福操心,流淌着细腻情感的小溪正存在于这种愿望中——这是父母真正的幸福。如果你们的孩子打算做点什么,来表达对母亲和父亲的爱,请记住,这说明孩子走上了正路,而且,这是一个伟大的社会进程的起步,孩子开始通向义务的高峰——对社会和社会主义祖国的义务。请同样记住,我们作为成年人,似乎觉得孩子的劳动非常细小,甚至微不足道,但这种劳动表现了他对待别人和对待义务的态度——这是儿童精神力量的体现。这种劳动仿佛是在翻耕一块农田,我们(家长、教师、社会)将在那块田地上播撒公民意识、爱国主义、忠诚于伟大理想的种子。"现在我做的还不到应做的十分之一,但是将来我会做很多的事情报答父母。"表达自己对别人的态度所做的劳动(况且这是年幼的人对待成年人),是小孩最初产生社会道德信念的唯一的、不可取代的源泉。这种信念是孩子成为一个富有同情心、敏感、有良心的人的基础。受过良心谴责的孩子,会继续发展这种要报答父母的信念,无论何时都不会向父母提出无理的要求,不仅把母亲和父亲看作是生养自己的人,而且把他们当作为社会、祖国尽义务的活生生的对象。

要使孩子找到一种能够表现自己复杂精神冲动和向往的劳动,需要很高的教育技巧。即使这种劳动是最细小的,但是孩子生命中一个

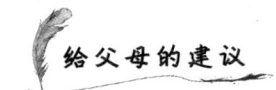

崭新的、精神饱满的、充满热情的时期就从这里开始。在这件事中格外重要的是，这种劳动不是享乐，不是做游戏，而是真正需要高度紧张（适合孩子的体力和能力）的投入——劳动。但是请不要担心这种紧张的性质，不要担心你们的孩子汗流浃背，手上长茧。唯有通过使人疲劳、流汗、长茧的劳动，细腻、敏感、温柔的心灵（这种心灵是人性的基础）才会被培养出来。在体力的紧张发挥中，心灵的荣誉感和尊严感（人性基础）也在被不断培养出来，因为由高尚的动机推动的紧张劳动在不断净化灵魂。

我深信，引导孩子做这种似乎不引人注目的劳动，是在学校、家庭教育中和我们的社会生活中最细致、最必要的事业。家庭是源头，爱国主义情感和信念的伟大长河就从家庭开始。我们的教育制度如此不重视孩子们的这种劳动，简直令人无法理解。

我们现在因一个问题而深思不断，这并非偶然，这个问题是：祖国以什么为开端？人对祖国的伟大的义务感，源头在哪里？这不仅使我们感兴趣，也使我们感到不安和激动。

不久之前，我和我过去的一个学生交谈，现在他三十岁了，是集体农庄的庄员，还是在我们学校就读的两名学生的父亲。他指着自家农舍门槛旁边的一棵杨树给我看，带着激动的心情对我说："您还记得吗？您曾建议我给妈妈种一棵杨树。我遵照您的嘱托种下了这棵树，并精心培育它。我的母亲当了二十五年的农庄甜菜种植分队队长，每年给人们提供几千普特的甜菜。我为母亲感到自豪，她在我心里永远是真正的英雄。我带着对母亲的爱种下这棵杨树，希望它能像母亲一样美丽、令我自豪。在照料这棵树的时候，我感受到自己正在接近某种珍贵、神圣的东西——我要成为更好的人。儿时的这种劳动使我的思想逐渐成熟起来。"

对我来说，教育是一种困难但能获得幸福感的事业。在这种困难而复杂的工作中，十分重要的，是要做到使人在童年和少年时代就明白一个真理：在我们的时代，有一项特殊的、无与伦比的、不轻松的、细致的劳动，这就是行动起来，走到某人或某些人面前，将自己的精神力量带给他们。不用说，在我们社会中有一些人需要我们挑水、劈柴和供给面包，但是对多得难以计数的人来说，需要的是给他心灵的慰藉、温暖、同情、无微不至的关怀和善言善语。善于发现在精神上需要别人关怀的人，这是一笔很大的心灵财富。在这种心灵财富的创造中，我发现，培养孩子的义务感是很有必要的一课。孩子心灵感应的世界是从这种功课开始的，在心灵感应的世界中，孩子的幸福是忧虑不安的，可后来会变得无比珍贵。

我发现一项重要的教育任务，这就是随着孩子刚刚懂事开始有意识地生活，就要带领他了解社会生活，了解祖国，为祖国的独立、荣誉和强大而斗争。但是，自身缺乏热情的鉴赏家和旁观者不可能把人引入这样的世界；只有那些有明确的立场和观点、对世界上发生的事有浓厚的兴趣并积极行动的人，才可能把人引入这样的世界。事实上，这又是一个有关于正在成长的一代道德教育能否奏效的核心问题。

我坚信，童年和少年时期应当是一个人精神生活的关键时期。这时候，他带着特殊的警觉有了做个公民最初的愿望，开始渴望在庞大的社会生活中显示自己的个人力量，表露自己，特别希望体验和感受到自己加入伟大、高尚的事业中。这意味着各种重要的政治、道德思想——祖国的命运、强盛和荣誉以及为共产主义事业的胜利而奋斗，所有的这些都应该成为对我们的学生有深刻个人意义的事情。

教育者的语言是影响年轻人心灵的无可取代的强大手段，但是要具备一个重要的条件——教育者要以身作则，引导他们履行对他人的义务，在为他人创造幸福快乐中收获幸福感。青少年只有具备了这些，才能成为可以接受教育，首先是接受说服教育的人。一个人，如果在童年和少年时期没有体验过真正的人的幸福，在一直享受和不断

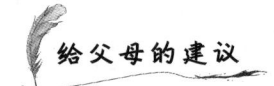

满足中被抚养大,那么他对教导、劝诫、暗示、呼唤、斥责等都会无动于衷。

作为一个教师,我该如何把我的学生引入社会生活的大千世界中,使他成长为公民呢?我耕耘孩子们的心田,以便播撒能够触动孩子心灵的有成效的话语,只有这样,我才能进入他们已经敞开的心扉。老师的话语好像一盏明灯,帮助孩子发现无比崇高的、比个人日常生活更有意义的东西,那就是祖国和人民,它的历史命运,它的悲伤和希望。教师的话语不只是为了通报什么消息,它主要的作用,是让年轻公民的心因自己伟大祖国的骄傲感而战栗,因崇敬为了民族自由和独立英勇斗争的战士而战栗,因仇恨敌人而战栗。这个时候,投身伟大、崇高事业的强烈愿望就会自然产生。

无论我有意对自己的学生讲述什么——关于在战斗中牺牲的英雄的功绩,关于将自己最珍贵的儿女献给祖国的母亲的悲伤和骄傲,关于二十世纪野蛮的文明人——杀害越南儿童的美国凶手的暴行,关于现今资本主义世界束缚年轻人的可怕的绳结,我一刻也不忘记使我的话成为对社会主义祖国的尊严和荣誉的呼吁。责任感只有在那时候才存活在年轻人的心中——当教师的话语在其心中迸发精神能量的时候,这种精神能量对于净化灵魂的劳动是必不可少的,对于公民服务社会也是必不可少的。不要忘记,如果老师的话语是缺乏热情的,心灵是静止的,如果他的话语的目的仅仅是传递信息,为了履行崇高责任所必需的精神能量就不会存在于年轻人的心中,也不会吸引住年轻人。教育者自身的立场、观点和对世界的态度,决定了教育者的话语有没有教育力量。

在当今世界,没有对资本主义世界的仇恨,就不可能有对社会主义祖国的热爱;没有年轻人沸腾的心灵,没有准备好为了崇高的共产主义理想而贡献力量,就谈不上对社会主义祖国的热爱。仇恨帝国主义和仇恨反共产主义势力，仇恨敌人（这些敌人要把未来的世界变成战场，把年轻人变成炮灰），这是我们教育工作者和我们学校实践的最高尚、最人道的目的。对敌人的仇恨是爱国主义热情的守护者。仇恨敌人，对意识形态的对立者不妥协，这些精神能把年轻人的心打造成一颗细腻、温柔、敏感、生机勃勃、有很强义务感的心。当仇恨敌人、对意识形态的对立者不妥协成为一个人的精神财富时，这个人就有了自我牺牲的精神，就具备了吃苦耐劳、艰苦奋斗的能力（这里主要是指为了思想、信仰和理想）。仇恨可以变成力量。只有有了仇恨的人，才有自己的立场和世界观。

在我们学校的孩子们戴上红领巾的那天，我给他们讲了一件发生在卫国战争时期的往事。我们的部队强渡第聂伯河后，进行了为解放河边一座不大的城市而顽强的战斗。我们的战士们占领了一所房屋的地下室。地下室里藏着躲避炮火的妇女和儿童。一个小女孩在伤心地哭泣，因为一名法西斯匪徒夺走了她漂亮的布娃娃，从我军占领的地段逃跑，又把娃娃丢在了街中心。听了孩子的哭诉，一个年轻的战士立即冒着法西斯分子的炮火，冲向街中心，捡起娃娃，回到地下室，把它放回了女孩的手里。就在这一天，我军向敌人发起进攻，战士们端起刺刀，勇敢地冲向敌人。在刺刀击杀的肉搏战中，那个温暖、有高尚心灵的战士刺死了一名法西斯军官。我讲述这段往事，是想让年轻的公民明白，对待人民，要温柔、细腻、体贴入微，但对待万恶的敌人，要毫不留情。

年轻的公民对似乎与他无关的事情越关心，他的精神生活就越充实，他要做点什么来证明自己是个合格公民的愿望也就越强烈。

十分重要的是，要使年轻的公民为投身崇高的劳动做好精神准备，要让他们自觉地按照公民标准要求自己。我深信，如果在童年和少年时代，通过对敌人的不妥协和仇恨而产生的政治思想，其驱动

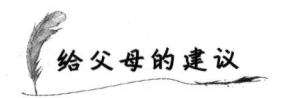

的劳动会使灵魂得以净化，那么在青年时代，公民的成熟性就会确立——一种为了民众、社会和祖国的任何有益的社会性劳动保有自我奉献的态度。

培养义务感，这不仅仅是教育学理论和学校生活的中心问题，也是一个最重要的社会政治问题。

劳动和义务

我收到一位受到所有乡亲尊敬的集体农庄女庄员写来的一封信。

"我感到很惭愧，要向您述说自己的悲伤。"她写道，"我有个儿子，已经是个十六岁的小伙子了，我非常疼爱他。但是，现在我不知道该拿阿纳托利（她儿子的名字）怎么办了，他不想学习，也不想工作。不久前他甩给我这样一句话：'如果过节以前你不给我买套新衣服，我就不去上学了。'我告诉他：'现在还不行，你看，一直在给你买衣服，我也要给自己买点必需的东西。''那不行，谁叫你是母亲，活该受苦。'说完，他用力关上门就走了。"

读完这封信我感到非常不安。这对母子住得不远，乘坐公共汽车几小时即可到达。于是我去了，和阿纳托利本人、他的母亲和教师都进行了交谈。教师痛心地和我说："母亲是个获得过勋章的出色劳动者，儿子却游手好闲，无所作为……"

到底在什么地方出了差错？为什么一个热爱劳动、把一生都贡献给民众的好母亲，却养大了这么一个懒儿子？为什么在一个朴实、善良、热忱、体贴人的妇女那里，有一个如此冷酷无情、心如木石的儿子？我努力细细探查这个十六岁少年的童年和少年生活。想再一次证实，这三十年来一直让我无法平静的思想是正确无误的。

一个孩子，刚刚用哭声向世人宣告自己降临时，他就有了自己的行为和举动。他逐渐发现世界，用心灵和智慧去探索世界。他看见了母亲，向她微笑，他的第一个模糊的想法（如果能称之为想法的话）就是认为母亲然后是父亲，是为了让他快乐、让他幸福而存在的。孩子学会了站立，看见了朵朵鲜花和在鲜花中飞舞的蝴蝶，看见了各种各样的玩具，不管爸爸还是妈妈，只要他们的儿子开心，他们也就开心……越这样下去，这个规律就越起作用：如果孩子的行为、举动、兴趣仅仅是不断向他人提出要求，这个人就会畸形发展。他对生活的要求是不合理的、过高的，而对自己的要求呢？几乎没有任何要求。

下面这些情况就是从这样的状态开始的，细致、温柔的家庭，是支撑懒惰、无所作为、残暴、冷漠、漠不关心的补给液。孩子的精神世界变得越来越空虚，然后他们对生活产生了失望。青年人刚开始独立劳动生活就对前途失去信心，因为这些人在童年、少年时期的各种需求都会被父母轻易地满足。

正常、协调地培育人性只有在一个条件下才能成为可能，就是把人的行为的最初的、基本的，甚至在一定程度上是极简单的动机，与一种更强烈、更细腻、更明智的动机——义务联系起来。说实在的，人的生活就是从做那些不合心意、但是为了公共利益必须去做的事情开始的。

义务的观念越早进入人的生活，在义务感的基础上将形成其他的更高级的需要，将使您的孩子成长得更高尚、精神更丰富，道德更加纯洁、真诚。我认为，最圣洁的共产主义教育就在于此。

究竟该如何在孩子那里培养这种义务感呢？

我花费了数十年的时间编了一本文选——《关于义务美的书》。这是一些优秀人物的故事，这些人在履行自己对国家、社会、身边的人和亲人的义务时显得极伟大和高尚。孩子们运用这些关于义务美的故事，似乎准备好投入到生活中履行义务，投入到自觉的崇高的劳动中。

孩子们修建了一个花园，我们形象地把它称作母亲的花园和葡

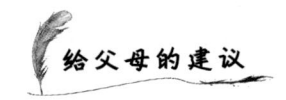

萄园。每个孩子都有自己的树和灌木丛,他们负责照料它们,每天为之操心、出力和担忧。这时候孩子首先是一位劳动者,不再是需要爸爸、妈妈照顾的对象。他们将在每天的工作中,充分地了解劳动,享受童年的乐趣。

为了让孩子们的思想更加成熟,更加了解成人的劳动,为了使义务感成为集体生活的精神基础,我们费尽心机在孩子那里发展对物质财富的责任感。我们学校有少先队的小型机械化工作组,共青团员也有自己的青年机械手工工作组,他们支配着更多的物质财富。

一个十五岁的少年走在田野上,他看到一片小麦地,这是他亲手栽种、培育出来的,他曾耕耘、施肥、精心呵护这片土地,在他的保护下土地不受盐碱的侵蚀。这使他感到无比自豪,因为这都是他自己的劳动成果。人在劳动成果中看到的自身形象越是鲜明,义务感在他心灵和意识中就会越深入,他就越强烈地想要做一个品德高尚、有崇高理想的人,他就越严格地要求自己,他的良心的声音就越迫切地要求他:我应该……

人在用劳动创造物质财富和精神财富的同时也在创造自己。如果想要我们的孩子成为真正的人,我们就不要再为他们精心创造轻松安逸、无忧无虑的童年。如果少年时代和青年早期的生活缺少了劳动,缺少了体力上和精神上的紧张感,难以想象日后会发生什么事情。

要想培养出热爱自由劳动的共产主义新人,就一定要求在劳动中有体力和精神力量的紧张。认为共产主义就是轻轻松松过日子的想法是非常错误和幼稚的,对教育而言这种想法是非常有害的。要清楚,人摆脱掉强制劳动的奴隶枷锁,不是为了再沦为懒惰生活的奴隶。

我们国家正在实施一项历史上空前的人道主义事业——普及中等义务教育:几乎所有十七岁以前的年轻人都要坐在课堂里学习。这就要求教育者不能放松对学生的思想教育和劳动教育,由于这种教育具有复杂性和多面性,丝毫的放松警惕就会有让学生转变为物质追求者的危险。一个在激动中系上红领巾的九岁男孩就是明天的公民,认识到这一点需要很大的教育智慧，而贯穿这种教育智慧的红线就是劳动教育和培养义务感的结合。

写给一位年轻父亲的信

在我需要回复的邮件里，有一封年轻父亲的来信。

"有个问题一直让我不安，想请您解答。"一个名叫安德烈·亚历山大德罗维奇的国营农场工人写道，"我有两个儿子，一个六岁，一个五岁。我和妻子在畜牧农场工作，我们吃苦耐劳，就是为了让孩子们幸福，但是他们真的幸福吗？这就是让我头疼、希望您解答的问题。每天早上我都要送两个孩子去上幼儿园……其实他们完全可以自己去，我也不知道为什么要这样做。有一天早晨，大儿子奥列克突然使起性子来。他因为不喜欢母亲给他缝制的上衣，在去幼儿园的路上，他悄悄脱了上衣，把它扔进路旁的树丛里。衣服后来被人捡到，晚上给送了回来。另一次是小儿子费拉基米尔，不知道什么原因他不愿意在走廊里脱掉套鞋，穿着脏鞋就跑进了房间。维拉阿姨提醒他，他却这样回答：'你来收拾这些脏东西吧，你能为此拿到钱的……'"两个孩子如此冷漠无情，他们对待别人的劳动成果如此不珍惜、残忍、漠不关心，让我非常吃惊。

是的，尊敬的父亲，你的问题迫使我对我们生活中最复杂、最困难、最刻不容缓又最不可挽回的现象进行了深思，对我们的未来——正在成长的一代的教育进行了深思。

在帕甫雷什中学有一所家长学校。教师们组织活动，父母们前来听课。我们所做的事，不妨称之为童年的深入研究。是的，如果把我们的生活比作一棵花满枝头的大树，那么，父亲们和母亲们，我们就在一起研究枝头的花朵：满树的鲜花代表着什么？它们会结出什么样

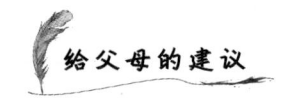

的果实？在家长学校的二十次研讨活动中，关于孩子幸福的问题总是放在最重要的位置。

我们观察到，在很多家庭中，孩子的愿望成为家庭生活的推动力。家长们费尽各种心思保护孩子，使他们避免经历激动不安、痛苦、强烈的情感和体验，而在这其中潜藏着很大的不幸。让我吃惊的是，很多已经七岁的孩子，居然不知道人在生活中经常会遇到不幸。

一个六岁的小女孩和我的一个女邻居、集体农庄庄员的母亲很亲近，她经常拿着苹果和核桃去她家，这时老奶奶就会坐下给她讲故事（遗憾的是，在很多家庭中，这种在童年迷恋、向往的事情——听奶奶讲故事，已经消失了）。但是奶奶突然感觉到自己大限将至，活不了几天了，妈妈让小女孩到邻村的亲戚家住了一个月。为什么要这样做？为的是保护孩子的心灵，使它不会因为亲人的死亡而惊慌不安。小女孩回来后，立刻跑到邻居家问："奶奶呢，奶奶在哪里？妈妈，你一定要告诉我，达里娅奶奶去哪里了？""奶奶不见了，等你长大后就知道了……"你看，有些家长竭力让孩子避免遭受强烈的情感刺激，已经做到这样的地步。

结合这些现象，我说句实话，在那些家庭里总是对孩子的欲望全部给予满足，使他们变得越来越任性，孩子的愿望是他认识和理解世界的唯一推动力，这样将最终导致孩子失去真正的幸福。这些孩子之所以不幸，是因为过分、无条件的满足把他们撑坏了，饭来张口，衣来伸手，用幸福和现成东西喂养大的孩子丧失了正确认识世界的能力，这就意味着失去了真正的人的幸福。人的幸福不可能转为遗产，不可能像财产那样继承。试图像传递姓氏一样把幸福传递给孩子，只会培养出恶棍和懒汉，他们会像血吸虫一样吸食父母的血汗。

教育者（父亲、母亲、教师）的真正的智慧，在于有本事将真正的幸福给予孩子。孩子的幸福——就是炉灶中一团安静的火，或给人温暖，或让人利用它煮食物，但是炉火也有可能毁灭一切，酿成灾难。这完全取决于你们如何去控制炉灶的火焰。亲爱的家长们，教育者的全部智慧就如这炉灶旁的司炉工的智慧。我可以负责任地证实，酗酒、暴力、犯罪等社会祸害，就是从一些细小的、看似毫无过错的小事——闲散、懒惰开始的。

儿童从睁开眼睛认识世界、认识自己的那一刻起，就有了自己的需要。需要是人生活的原动力，需要引起欲望。而教育的全部实质就是使个人的意愿与集体、社会、人民、祖国的利益协调起来。我们应当从孩子懂事的第一天起，就让他明白这个道理，让欲望文明化。提高孩子欲望的文明程度，这是家庭和学校教育的重要任务。在家长学校里，我们努力说服学生家长，让他们相信，给孩子幸福，首先要让孩子的欲望在道德上是无罪的，符合道德规范的，对公众无害的；而又是在生活中可以实现的。而能够把欲望变得文明的力量在哪儿？如何才能让后代不再奉行想做什么就做什么的生活原则？

只有劳动，劳动能让人的欲望变得文明，是使我们的孩子不再为所欲为的强大的教育力量。遗憾的是，几乎不可能造就懒汉的农村生活也被怕苦怕累、好吃懒做的作风渗透了。在那儿，艰辛的环境似乎不可能产生游手好闲之风。母亲和父亲都是国营农场的优秀劳动者，他们有两个孩子，小男孩上五年级，小女孩上六年级。老师问小女孩："你和弟弟什么时候擦洗房屋的地板？""不擦……要知道我家的地板是不擦洗的，我家的地板铺了地毯……"小男孩和小女孩不知道，当他们俩睡熟或上学的时候，母亲总是取下地毯，抖落上面的灰尘，并擦洗地板。

尊敬的安德烈·亚历山大德罗维奇，请您想一想，在我们这个高举"不劳动者不得食"旗帜的社会，这种现象怎么可能会被允许存在呢？我们的社会对每个公民都提出涉及劳动、纪律、义务、行为的严格的要求。履行这些要求，是个性自由和个性发展的保证。形象点说，谁的童年，上好这一课，欲望文明的教育就会影响他的一生，园丁们没有用劳动这把智慧的剪刀在他欲望的丛林上进行修剪，那么，他要在成年时代重新上好这一课就真的太难了。一个在童年时期没有学会控制自己的欲望，没有体验到自己的欲望是在道德上无罪的，符合道德规范的人，就会成为社会上不可靠的、没有希望的人。他会和社会的需要相冲突。一个在童年被家长一味地满足要求的人，不想学习的愿望会油然而生。再往后，还会产生更加可怕的后果——不想从事生产劳动。这两个环节在一根链条上，本就连接在一起。

幸福不是从热带飞来的神奇小鸟，可以被当场捕获。这是一座现实的建筑物，需要一砖一瓦地建造。我把儿童的劳动想象成一个广泛、多面的概念，这是体力、精神、意志、道德、力量的紧张发挥，是集中全力的紧张活动，人在紧张的劳动中表现自己，塑造自己，确定了自己在善恶斗争中的立场。

小小年纪就开始劳动，特别重要的是：第一，最大限度地使劳动具有人道精神，也就是通过努力为他人、社会和祖国做好事而使自己变得崇高；第二，要让劳动成为人的自然状态，成为习惯。

生活中的千百次经验让我相信，那些开始上学就有了自己的劳动生活的人，才是真正能够享受幸福的人。不是在劳动中做游戏，而是真正的劳动——有浑身的汗水和劳累，也有休息和达到目的时的快乐。真正的劳动恰恰是人的良心的捍卫者，假如缺乏这种捍卫，温柔的幸福之火就会失控，成为吞噬一切的猛烈的火。

这就是为什么许多年来劳动和认知的协调一直是我们教师集体所关注的话题。我见过成千上万人命运的形成过程，其中最幸福的是（不仅是在社会层面，而且是在个人的精神世界中）那些在童年就开始劳动生活的人。

我们村里有一个优秀、幸福的家庭：父亲彼得·格里戈里耶维奇

是个牧羊人,母亲安娜·彼得罗夫娜是个农艺师,他们的三个孩子都在上学,十四岁的安娜读完了七年级,十二岁的帕夫洛上五年级,而九岁的奥莉加上二年级。孩子们的学习和劳动都很出色。曾经发生过这样一件事情:女教师在安娜的记分簿上记了一个四分。课间休息时小姑娘就找到老师,对老师说:"请求您,不要在我的分数册上记四分。我会学得更好,会得五分的。我们家遇到了大麻烦:淤泥将集体农庄的甜菜埋住了。现在妈妈该怎么办?我怎么可以在这个时候带给她一个四分?"

有一次在家长学校的课堂里,家长们请求说:"讲一讲吧,彼得·格里戈里耶维奇,讲讲你们是如何教育孩子的。您是怎么办到,让孩子都害怕给父母脸上抹黑?"彼得·格里戈里耶维奇不好意思地回答道:"我们经常和孩子们一起劳动,这大概就是我们全部的教育了。因为他们在劳动,所以他们自己可以教育自己。我和妻子是这样想的:劳动,这是孩子们最尽心、最忠实的保姆,她也是最谨慎、最严格的保姆。"

这番话表达了劳动人民充满智慧的教育观点。亲爱的家长们,不要害怕儿童劳动吃苦,不要害怕自己的孩子参加劳动。但愿这样的事不会令您担忧:孩子提着一只小桶给花草和葡萄浇水,一桶、两桶、三桶……他汗流浃背、疲惫不堪,这样的劳动对他来说是真正的快乐,世界上任何其他的快乐都不能和它相比。在劳动中,他不仅了解了世界,也了解了自己。孩子的自我教育就是从认识自己开始的,而认识自我也是一件让人非常高兴的事情。试想,一个培育出一丛玫瑰花的五岁的孩子,他带着惊讶的心情看见的不仅是他的双手的创造物——妙不可言的花朵,还看到他自己:"这么美丽的花朵,真的是我种出来的吗?"他在获得一种无与伦比的劳动幸福的同时,也认识到自己已经成了父母在教育中的朋友、同盟者和助手。应该这样理解彼得·格里戈里耶维奇的话:孩子们在劳动中"自己教育自己"。在劳

173

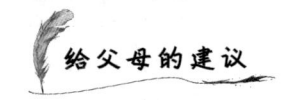

动中进行教育的真正意义就可归结于此。

当儿童长到六岁至八岁时,夏天母亲就带着他们一块下田。孩子产生了试着做母亲所做的事情的意愿。而在这些日子里,孩子认识了多少新鲜事物哇!朝霞和浓雾遮蔽的牧场,森林中传来早早醒来的小鸟的鸣叫,田野里机灵的灰兔和狡猾的狐狸,蓝天里飞翔着歌唱的云雀,夏日阳光下远处的田野,清凉泉水在沟壑里汩汩流淌。所有的这些都给孩子留下了永不忘却的珍贵回忆。傍晚,晒黑了也累了的孩子带着满脑子的新鲜印象坐板车回到家里。他小心翼翼地把书包和纸夹从板车上搬进农舍里,这里面是他今天收集到的各种宝贝:植物的穗和茎、土壤和肥料的样本、夹在树叶里的花朵……所有这些不是做游戏,而是真正的劳动。这才是童年的欢乐。

等孩子长到八岁至十岁、十一岁,暑假里他就可以整天跟着父亲干活了。

彼得·格里戈里耶维奇和安娜·彼得罗夫娜的孩子们是花园和葡萄园的主人,父母只有在他们对有些地方不明白时,才会来帮助他们。花园里有一块地,孩子们专门用来培育葡萄苗送给同学们。这个花园叫作"大家的果园",园子里收获的所有苹果、梨和葡萄,都属于二十多个孩子——他们的朋友和同班同学。到了晚上和节日,孩子们在这里读书,把故事改编成剧本并且表演,不用说,还会品尝到许多水果。

到了暑假,彼得·格里戈里耶维奇和安娜·彼得罗夫娜的孩子们还会花几个星期来养蚕,他们可以用这笔挣来的钱买衣服鞋袜,剩下的钱还可买课本和教材辅助资料。现在他们长大了一些,挣来的钱足够坐车去大城市旅游了。

无论是莫斯科、列宁格勒,还是基辅,彼得·格里戈里耶维奇的孩子们都旅游过了。但是这些富有吸引力的远途旅行并没有减少和降低孩子们每逢节假日在田野里干活时表现出的欢乐和积极性。亲爱的家长和老师,请你们在孩子的幸福的岁月中、在劳动中启发他们的精神生活吧!当我们的孩子在劳动中第一次看到田野、第一次迎接朝阳、第一次倾听云雀悦耳的歌唱时,他们是多么幸福哇!

在我收到的许多来信中,双亲都表达一种担忧:为什么孩子不尊重我这个做父亲、母亲的呢?

孩子对父母的尊重,来源于孩子和父母一致的精神生活,这不是简单地明白父母工作的艰难辛苦。这样的情况屡见不鲜:儿子非常清楚母亲在他身上投入了多少心血,但是依然无怜悯心地、冷漠无情地对待母亲。尊重父母意味着希望自己为了他们亲手做些什么,是为了他们的幸福而创造的一种愿望。儿童对母亲和父亲的爱,是为了给心爱的人幸福时而付出自己精神力量,内心深处体验到的一种欢乐。

我知道,我将会收到不止一封这样的来信,大概内容是说:我住在大城市,在实验室(或者设计院)上班。为了给孩子真正的教育,我是不是必须把孩子带到身边,让他和我一起劳动?大可不必,这不是当务之急,但是,让您的孩子感知身边的人的内心世界,让他为了别人生活得更好而尽自己的一份绵薄之力,却是一定要去做的。

为了让孩子参加劳动,不一定非去农田或者牧场不可。不久前,我在省城遇到了这样一件事情:六年级学生阿廖沙的母亲挖空心思也想不出,能在哪里给孩子找点事做,不让他闲着。还有几个孩子和阿廖沙一样,也是闲得发慌。但是,就在同一栋楼房里就住着一个半盲的残疾人,没有人为他念书读报。如果孩子都感觉不到自己身边有人急需帮助,还怎么谈得上尊重父母呢?

劳动成为幸福的警觉的维护者和取之不尽的源泉,只有在劳动成为表达自己对他人、社会、公民、祖国的爱的手段时,才能实现。在童年时代就通过劳动培养起这种对别人的态度,到了成年时代,这种态度就成为公民责任感的基石。

唯有依靠童年时代的劳动才能认识到一个十分重要的真理:劳

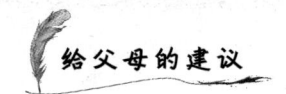

动是件苦事，在任何条件下它都不会成为轻轻松松的游戏。学校、家庭、社会的一项极为重要的任务是：让我们的孩子在走进生活时，成为一个具有坚定的共产主义信念和崇高的理想，有着清醒的头脑和热情的心肠的好公民，让他们在广阔的社会生活中如鱼得水。

　　眼下我就要结束我们的谈话。问题本是关于怎样让孩子幸福的，而我们将谈话引申到了怎么看待孩子的劳动，并就其实质进行讨论，因为只有这样才能引入教育的逻辑，以及世代继承性的逻辑。因为没有劳动就无幸福可言，如果您能给自己孩子这样的幸福，他们就会成长为真正的人。

给儿子的信

　　一定要记住,从孩子有了自我意识开始就要教他为人亲切、热忱、恳切、诚恳。为人们做善事是从孩子关切美好的东西开始的。一切使人得到美的享受和快乐的东西都有神奇的教育力量。

给父母的建议

第一封信

亲爱的儿子，你好！

眼下你终于从父母的身边离开，去到大城市过日子，在大学里读书，你期望自己成为一个独立的人。根据我的经验可以想象，此时此刻的你，已经完全被新生活的猛烈旋风吸引，你很少想家，也难得记起我和你的母亲，而且不会因想起我们而感到苦闷。当你对生活有了一些认知时，或者再稍晚一些，才能明白思念亲人的感受。

这是从父母的老屋里飞出的第一封家信，愿你能把它保存下来，终生留在身边，反复地阅读，认真地加以思考。我和你的妈妈都知道，每一代的年轻人对父母的教导很少会抱有理解的态度。他们常说，老年人既看不见，也理解不了年轻人所看见和理解的东西，或许，事情真是这样的……也许你读了这封信后，随手就将它扔到什么地方，不看见它你就能少想起父母喋喋不休的说教。我们也没有其他办法，你尽管扔好了，但是希望你要记住信扔到什么地方去了，夹在哪一本书里面。因为总有一天，你会想起这封信，想起信里面的教诲。那时候你应该会说：还是父亲的话有道理……于是你将重读这封几乎被你忘记的旧信。我劝你将这封信好好地保存一生吧。

父亲给我的第一封信，我也一直保存着。那年我只有十五岁，当时我离开父母进入一所师范学院学习。那是艰难、饥饿的 1933 年。到现在我还记得母亲送我去参加入学考试的情景。她拿出被包在一块干净的旧手帕里的供应食品，裹上从箱底拿出来的一层新麻布，还小心翼翼地打了个结，这些供应食品是几块用土豆皮和土豆切片制成的完全烤熟的饼和两瓶干炒黄豆——这就是当天她能够给我的一切。

我的学业开始了。当肚子都填不饱时，要掌握知识更是难上加难。但是不久我拿到了新收获的粮食。我永远都不会忘记那一天，妈妈请人捎给我用新收获的黑麦面烤的第一个面包。面包是马特维老爷爷转交给我的，他是农村供销社的马车夫，每个星期都要进城去拉一次货。面包放在一个干净的麻布袋子里，软绵绵，香喷喷，面上还有一层酥脆的面包皮。和面包放在一起的还有一封父亲写的信，这就是我向你提及的父亲写给我的第一封信。我把它当作第一次训诫，一直保存在我身边。父亲在信中写道："你不要忘记，儿子，你要知道这让人果腹的面包的宝贵。我不相信上帝，但我称面包为圣物。但愿它对你来说，一生一世被视作圣物吧。要记住你是谁，你从哪里来。要记住，这面包来得多么不容易。你还要记住，你的爷爷——我的父亲奥梅里柯·苏霍姆林是一个农奴，他是手扶着犁把死在栽种谷物的庄稼地里的。任何时候都不要忘记人民的根本，不要忘记，当你在学习的时候，还有人正在辛苦地劳动，为你提供填饱肚子的面包。即使你毕业了，当上了老师，也不能忘记这块面包。面包是人类的劳动成果，是未来的希望，它永远是衡量你和你的子女们良心的一把尺子。"

我为什么要在书信中写这些话呢，儿子？在以往繁忙的日常劳动中，我没有详细地讲述这些，这是不好的。应当向你提醒这一切。我要对你一再重复我的父亲训诫我的箴言：要记住你是谁，你是从哪儿来的；永远不要忘了，我们的根就是劳动人民，是土地，是神圣的粮食。

在我们的语言中有成千上万个词汇，但是我认为最重要的只有三个，这就是粮食、劳动和人民。这是支撑我们国家的三根支柱，是我们制度的本质。这三根支柱紧紧地交织在一起，既不能将它们割断，也不能把它们分开。如果还有人不懂得珍惜粮食和土地，那么他就不再是人民的儿子。如果谁丧失了劳动人民的优秀精神品质，谁就会成为背弃者，成为不值得尊重的、没有个性的生物。谁忘记了劳动、汗水和劳累的滋味，谁就不会懂得爱惜粮食。

我为此感到自豪。因为你知道生产粮食、农田劳作的辛苦，了解粮食来之不易。你是否还记得,有一年的五一节前夕,我到你们班(当时好像你正在念九年级)转达集体农庄农机手们的一个请求:请同学们在节日期间到大田里给我们替一下班,我们想休息一下。还记得吧,当时你们都不想去,你们不愿意脱下节日盛装,换上连衫裤工作服,坐到拖拉机的方向盘旁边,当一名看管农机的工作人员。但是,两天的劳动结束后,当你们感到自己成为一名劳动者的时候,你们又是多么地自豪哇!

我好像曾对你说过,我不相信关于共产主义的巧克力式的观念:一切物质福利都被预先准备好了,一个人所需的一切都能得到充分的供应,仿佛只要他一挥手,他就应有尽有,任何东西都可以轻易获得。假如一切真是这样,那么人,无疑会变成吃得太多、快要撑死的动物。幸好这种情况不会发生。人不紧张,不努力,不流汗,不想付出,不经受焦急与不安,是什么也得不到的。即使到了共产主义,人也会把手磨出茧子,也会有许许多多因操心而不眠的夜晚。而最重要的是,人的智慧、良心和尊严将永远保持着这样的行为——人将永远依靠自己的辛勤劳动(在满头大汗的状态下)取得面包。人将有一个永无止境的追求,让土地生产出更多的粮食——人的粮食的根基将永远靠这个支撑。

粮食颗粒如珠。对待粮食这个根本,每个人都应该加以珍惜。你来信说,不久你们将要到农庄去参加劳动。这是非常好的,我为此感到高兴。你要好好干,不要使自己陷入窘境,不要让父亲失掉颜面,不要让同志们难堪。不要挑选干净、轻松的事干,直接到大田和土地里去干活吧。铁锨也是一种工具,用它也可以让你显示出自己的技能。

暑假的时候,等你回来,到我们自己农庄的拖拉机队去劳动吧!

"看见麦穗,就等于看见了那个种麦子的人。"毫无疑问,你十分熟悉我们乌克兰的这句谚语。每个人都为自己能给别人奉献些什么而感到自豪。每个诚实的人都想要在自己培育的麦穗上留下自己的痕迹。我在这个世界上活了差不多五十年，我坚信，人在田地里干活时，会非常强烈地表现出这种愿望。我们都在期盼着你大学的第一个暑假的到来，我将带你去见一位附近农庄的老人，他培养苹果树苗已经有三十多年历史了，在这行算得上是真正的行家。在他培育的苹果树苗上，每一根树枝上，每一片树叶上，都能看到老人的心血。如果今天所有的人都能像这位老人这样对待劳动，那么才可以说，我们达到了共产主义的精神境界！

祝你健康、美好、幸福。吻你。

你的父亲

给父母的建议

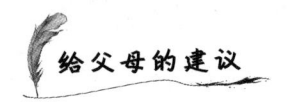

第二封信

亲爱的儿子，你好！

你从集体农庄寄来的信，我已经收到了。看过信后我激动不已，以至于彻夜未眠。一直在想你信里提到的问题，同时也在思念你。

一方面，你对农庄存在的浪费现象感到忧虑，这是好的。你在信中说，农庄里有一个很好的果园，但是辛苦生产出来的十多吨的苹果却拿去喂了猪；还有三公顷的西红柿还没来得及收摘，农庄主席就下令，让拖拉机手翻耕了这片作业区，不让留下一点痕迹。

但是，另一方面，我感到很吃惊的是面对这些令人愤慨的事实你仅仅是表示困惑，感到张皇失措。

这是发生了什么事？你在信中写道："早晨，当我看到这块地被翻过，我的心差一点儿从胸中蹦出来……"那么后来怎么样呢？你的心到底怎么了？看来，它并没有蹦出来，而是逐渐平静下来，并且像往常一样平静地跳动了吧？你的那些同学的心应该也没有从胸膛中跳出来吧？这不好，非常不好……你应该还记得，我给你讲过的关于塔列兰[18]的故事吧？他是一个厚颜无耻、极其卑劣的政客。他训诫青年人："我害怕心灵中最初的念头，因为最初的念头往往最高尚……"而我们共产党对青年人的教导却和他是截然相反的：不要轻易放弃自己心灵的最初冲动，因为它们是最高尚、最美好的。你就按照自己内心最初提醒你的那样去做吧。压抑自己良心的声音，这是件非常危险的事情。假如你养成了对某件事情漠不关心的习惯，那么很快你就会对所有事情毫不在乎。不要做违背良心的事情，只有这样，才能磨炼你的性格。

你要把摘自《死魂灵》[19]中的一段话抄写到自己的笔记本上："当

你告别温柔、浪漫的青春年华,踏上人生旅途的时候,你要进入严肃、倔强、勇敢的状态。随身携带好人的全部精神和激情,不要把它丢失在路旁,一旦失去它们,就再也拾不起来了!"对于一个人来说最可怕的,就是变成一个睁着眼睛睡觉的人,他眼睛睁着,却什么也看不见;即使看见了,他也不去思考所看见的东西。他无视善与恶,面对邪恶与虚伪都无动于衷。我的儿子,千万要警惕,这是与死亡相比,还要更可怕的危险。

没有信念的人就是一个窝囊废,是毫无价值的。既然你已经确信,在你面前发生的事情是丑恶的,那就让你的心灵为此而呐喊吧。勇敢地站出来,去和邪恶做斗争,让真理获得胜利!还记得我对你讲过的谢尔盖·拉佐[20]吧,他在自己的日记里这样写道:"必须让信念经受磨难,必须检验信念的生命力,必须让它和别样的信念去碰撞……一个人应当走向毁灭,若是他放弃自己的信仰……"一个真正的人就是这样行事的:死亡总比放弃信仰要好。你在信中问我:"为了阻止邪恶,我能具体地做些什么呢?我应该怎样和邪恶做斗争呢?"我不知道,也不想给你开什么药方。但是,如果我处在你现在工作的处境,我也看到了你和你的同学所看到的那一切,我会知道我应当如何做。

你在信里带着惊讶写道,大家对集体农庄所发生的事情,都已经见怪不怪、熟视无睹、漠不关心了。如果你和你的同学也这样的话,情况就更糟糕了。"任何时候都不要害怕表明自己的观点,哪怕你的想法是与公认的观念相矛盾的。"罗丹[21]的这句话你也应该好好记下来。假如我处在你和你同学的位置,我会马上和同学们一起去找农场的党组织反映情况,告诉他们:"怎么能这样做呢?如果缺少人手,我们大学生也可以一起帮忙劳动,不管怎么样都决不能糟蹋人类的劳动成果!"如果找党组织也没有结果,还可以去找区委会,还可以发挥人民群众监督的作用,总之真正行动起来。我不相信所有的人面对邪恶的事都会无动于衷,这是不可能的。

现在,你在精神发展的道路上已经踏上一级新的阶梯,你不应该

给父母的建议

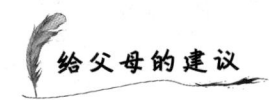

只是看别人如何做,你应当独立思考,独立去做出决定。

吻你。

你的父亲

第三封信

亲爱的儿子，你好！

我非常高兴，因为你能够把一切想法坦诚地写在信纸上，和我分享你的想法、疑虑和不安。另外使我高兴的一点是，在这些紧张的劳作日子里，恰恰是这些想法使你激动不安。你在信中说，如果你站出来反对那些不良现象，维护正确的东西，别人会用惊讶的眼光看你。从你这封信的字里行间，我读到沮丧和无奈。你在信中写道："我感到，在我们这里，坚持正确的思想，会被看作是为自己积累一定的道德资本。我已经不止一次地听到过，人们是怎样用轻蔑的口吻去说'思想性'这个词：'你很有思想性嘛……'我不明白，这究竟是怎么一回事？以往我都是带着崇敬的心情想到它，每当想起它就令我激动不已，难道在今天它已经失去意义了吗？为了理想而活，究竟应该如何理解这句话呢？"

好，我的儿子，这些问题使你激动不安，真是好极了。我为你，也为我自己感到十分高兴。这意味着，你不是漠不关心地谈论你周围的人，你没有把周围人的错误言论看作是与你不相关的事情。

"思想性""理想"，这是伟大、神圣的词。有人自觉或者不自觉地试图将人的思想性的美庸俗化，用小市民阶层的自负和冷漠、市侩哲学去嘲讽、玷污纯洁而庄严的东西，实际上就是在嘲讽和玷污他们自己。思想性，是真正的人性。不知道你还记不记得歌德说过的一句话，"任何人，一旦远离了思想，最终剩下的就只是一堆动物的感觉"。我还记得，少年时的你听到这句话是那样吃惊，当时你还问我："换句话说，这意味着，这个人变成了动物吗？"是的，我的儿子，一个人如果没有了思想，那么他离变成动物已经不远了。

给父母的建议

要记住，我再次告诉你：你要记住，人们为了捍卫自己的思想可以不惜一切。他可以赴汤蹈火，可以上断头台，甘愿在枪林弹雨中冲锋陷阵。布鲁诺[22]只要说出"我放弃自己的观点"，他就可以免于一死。然而，他没有说这几个字，因为崇高的思想使他的灵魂净化了。在成千上万无知庸人的吼叫和嘲笑声中，他戴着丑角的尖顶帽，穿着画有魔鬼头像的长袍，走向中世纪天主教的宗教裁判所点起的篝火。他是骄傲的，他对自己的信念无比坚定，因思想而变得无比崇高。在他的眼前，在世纪迷雾一般的远方，无疑地，无数火箭已经朝星空飞去，飞向遥远的世界。亚历山大·乌里扬诺夫[23]只要给"皇帝陛下"写一封效忠信，沙皇就会宽赦他的死刑，然而他没有这样做，因为他不能这样做。索菲娅·佩罗夫斯卡娅[24]只要否认自己参与了刺杀沙皇的计划，她就会被释放，因为并没有直接的证据证明她是有罪的。但是她没有这样做，因为对她来说，消灭暴君、为人民争取自由的崇高理想比自己的生命更为宝贵。理想能使人变得勇敢且无所畏惧。

如果我们国家的每一个小伙子、姑娘都有着崇高的理想，如果理想在每个人那里都是良心的守护者，那么，我们的社会将会成为拥有思想美、道德美、精神美的世界。到那时候，就会如高尔基所向往的那样，人与人之间都将像星星一样闪耀着光彩，相互照耀。但是，这个时刻不会自己到来，需要人们不停地为之奋斗。我们——我、你，还有你的孩子们——面临的最困难的事情，就是要用崇高的共产主义思想教育和鼓舞每一个人，使每一个人的灵魂得以净化。

这种思想的优越性胜过世界上的一切，我的儿子。我曾读过一本很薄的小册子，书名叫《把心交给暴风雨》，现在我把它寄给你。这是伊朗共产党员、领导人霍斯罗夫·鲁兹贝赫[25]在法庭上的一篇演讲。他的整个人生都是富有教育意义的，而对于力求了解共产主义思想的真正意义和美好的青年人来说，他的一生就是阐释思想性的生动教材。霍斯罗夫·鲁兹贝赫本来是一位天才的学者和数学家，他写过许多科学著作，本该有大好的前程。但是为了将祖国从暴政和高压下解放出来的人民斗争鼓舞了他,他加入了共产党,多年秘密从事地下斗争。由于叛徒的出卖,他被捕并遭到审判,面临着死刑的威胁。如果霍斯罗夫·鲁兹贝赫请求宽恕,法庭是会赦免他的死刑的。但是,这位共产党员很清楚,在全国充满白色恐怖的残酷形势下,如果他恳请宽恕免于一死,他的这种行为会被同志认为是背叛,也会遭受鄙夷。所以他要求法庭判他死刑,下面就是他说的最后几句话:

"死亡在任何情形下都不是好事,谁都不愿意死,特别是内心对光明和美好的未来充满希望的人,更是如此。然而,对于一个真正的人来说,利用真话和谎言来苟且偷生是卑鄙可耻的。人在漫长的生命旅程中,任何时候都不应该失去自己的基本目标。假如活着要通过受羞辱、丧失人格、放弃思想、背叛信仰来为代价,以此证明自己清白无辜,那么死去要比活着更清白和光荣百倍。我既然选择了这条路,就将沿着这条路一直走到底。我不认为自己是个该受惩罚、该被判处死刑的罪犯,但是,我注意到我做人的尊严受到了威胁,所以我要求,尊敬的法官大人给我判处死刑吧。我之所以提出这样的要求,是为了分享我那些已经牺牲的战友们的荣誉,也是为了消除威胁我的名誉的指控。无论是我,还是那些因从事政治活动而受到审判的同志们,都不是罪人,相反,我们都是我们亲爱的祖国的忠实仆人。我相信,公正、诚实的伊朗人民一定会把这样的宣判看作是专横的,他们一定会证明自己具有献身精神的儿子是无辜的。你们可以给霍斯罗夫·鲁兹贝赫定罪,判他死刑。但是,你们却不能审判善良的人性、正直、爱国主义、人道主义和奋不顾身的精神。"

亲爱的儿子,你要记住这些话,它们会成为照耀你生命旅程的火光!

我对某一类人的内心活动了如指掌,这一类人不停地给"思想""思想性"这样的词掺入嘲讽的意味,而把追求理想的勇敢精神贬低成是追求功名利禄的表现。这些人因精神生活极其贫乏空虚而显得卑微渺小,他们不知道拥有高尚思想的人的精神生活是多么丰富多彩，他们根本不了解什么是真正的幸福。他们认为做一个有崇高思想的人，就意味着成为思想的奴隶。按照他们的想法（这种想法不是今天才有的，它长久地从一个历史时期延续到下一个历史时期），人一旦接受了某种思想，和它融成一体，就不再是作为有个性的人而存在，而是变成"会走路的思想"。这是多么可怜又可悲的想法呀！事实恰恰相反，正是因为人具备了思想，才能具有自己的个性，才能富有创造性，才能成为真正的战士。人不会融化在某种思想里，而是高尚的思想使他的灵魂得以净化，使他变得强大、有力量。

我的朋友伊万·古里耶维奇·特卡琴科，他是我们这个州波格丹诺夫斯基中学的校长，也是一位优秀的教师（或许你还记得他，他曾多次来我们家做客）。在伟大的卫国战争期间，他参加了游击队，在离兹纳缅卡市不远的黑森林里和法西斯作战。不久以前，他向我讲述了一个令人深思的故事。因为你正在思考思想和理想的意义，我也想把这个故事说给你听听。

故事发生在最艰难的战争时期。1941年的晚秋，法西斯宣传红军已经崩溃，莫斯科不久将要陷落。实际上，敌人已经被第一批游击队到达的消息吓破了胆。在我们这个州，游击队同样使德国人不得安宁。在离黑森林不远的一个村子里，民众中的复仇者烧毁了德军司令部的汽车和电台，还杀死了十来个希特勒分子。法西斯暂时没有报复村子里的人们，他们决定使用另一种更阴险、更毒辣的手段，正如他们的宣传工作者所说的——采用"心理震慑的手段"。他们在村子的中心地方竖起了一个很大的绞刑架，上面钉着一块用德语和乌克兰语两种文字写的告示牌："如果在村子里出现了游击队员，哪怕只有一个；如果有德国士兵被游击队员刺伤，哪怕只流了一滴血；如果有人胆敢为游击队辩解或支持其行动，哪怕只说了一句话，那么，会将十个最先被抓到的村民吊在这个绞刑架上处死。"全村的人都被赶到这绞架前，德国人向他们宣布了这道命令。然后，一个法西斯少校对农民说："你们的红军不行了，苏联也不存在了，所有的国土都会属于德意志。"村民们听了后非常难受，都低下了头。

突然，人群中冲出一个二十多岁的小伙子，向这个德军少校大声喊道：

"不要相信法西斯说的话，红军还在，苏维埃政权还在，莫斯科现在屹立不倒，并且将永远屹立在那里，我就是游击队的侦察兵。"这位英雄的举动让法西斯惊呆了，一时间竟然不知所措。小伙子愤慨地说完那些话后，马上从袖口里掏出藏着的手枪，对准德军少校开了一枪，少校应声倒在了地上。听到枪声，这帮法西斯匪徒才清醒过来。穿着绒毛衣的小伙子被抓住捆绑了起来。法西斯判处他枪决。临刑前，这个小伙子曾和一个游击队员一起被关在一间牢房里，全靠他的帮助，这个游击队员从监狱逃了出来，人们才知道了有关这位英雄的一些情况。小伙子说："我不是游击队员。我是一个被德国人俘虏的苏军战士，我是因为在战斗中受了伤才被俘的，后来我成功地从德国人手里逃了出来。偶然之中，我跑到了这个村子，看到希特勒分子正驱赶农民去听训。听到那个德军少校说我们的军队被击垮了，说莫斯科即将陷落。看到村民们一张张沮丧的面孔，我再也按捺不住了。我知道，这样做我必死无疑，但是我没有别的选择。我的话能够让人们心中燃起希望之火，相信我们的祖国终将胜利。敌人将会把我吊死在那个村庄的绞刑架上，他们肯定还会把所有的村民召集来。死亡对我来说是最艰巨的考验。人终究是怕死的。想想再过一分钟，你将离开人世，不再存在，确实很可怕。但我希望自己在大家面前能够经受住这个考验。必胜的信念支持着我。这个信念使我永生。"

他英勇地经受住了考验。在刽子手把绞绳套上他的脖子时，他还在大声喊道："同胞们，不要向刽子手低头！绞架是无法吊死自由的。我为了祖国而献身！"

高尔基写道："对于我们爱上的事物，我们临死的时候，也仍然爱它。"谁珍惜理想，谁就珍惜自己的尊严。共产主义思想，用马克思的话来说，就是"一个绳套，不可能从它中间脱出，不能将自己的

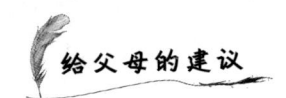

心和它割裂"。我相信,你一定会成长为一个真正的人,我们思想中的伟大真理将和你的心融为一体。你要记住,人的一生不可能都是平坦、顺利和美好的。生活中你会遇到不少反常的、肮脏的事情。你应当善于把这些东西和共产主义的伟大真理加以对照,并使二者对抗。不要让真理成为牺牲者,而是成为胜利者。你一定记得三年前我们一起读过的尤里乌斯·伏契克㉖的一段话:"真理终将胜利,应当坚决地维护它。"在我们的社会中,有很多"真理斗士""真理的探索者",他们不反对去"揭露"邪恶,但是他们认为与邪恶搏斗那是警察的事情。这些蛊惑煽动者、这些光说不做的人带来了许多危害。这项任务不是难在看见了邪恶要大声说出来,让大家都听得见,还要冲上前去制伏它。有时需要的不是发声,而是无言的行动。伊利亚·伊利夫和叶夫根尼·彼得罗夫㉗有一句话说得非常好:"呼吁清洁不是斗争,清扫垃圾才是斗争。"确实,我们身边有许多垃圾需要打扫。我相信,在你的人生道路上,有时会碰到垃圾,这不会使你气馁,也不会使你失望,更不会动摇你对善良的信心。善良必定胜利,但这一胜利的源泉是每一个人,是我们自己。

祝你身体健康,朝气蓬勃,生活愉快。

拥抱你,吻你。

你的父亲

第四封信

我眼下多么高兴，因为这一切都令你激动不已——思想、生活的目的、真理、美。我早就不记得什么时候你对这些问题有如此"勃发"的兴趣了。我倍感欣慰的是，我的信激起了你思想的洪流。思想飞跃如此明显的原因是：现在在你面前的是许多陌生的人，你每天都会感到在这世界上最奇妙、最令人惊讶的是人，你每天都会有新的理解。而对人的认识，也是在重新认识自己。

我记起，在你坐车前去参加考试的前夜，我们有过一场未完的争论。那时我们坐在花园的一棵梨树下面，你记得吗？在我们争论最紧张的关头，你妈妈过来说："该准备出发了，还有不到一个小时，火车就要到站了。"

你骄傲地坚持自己的见解：孕育有思想的人们的土壤只有在那个时候才会出现——即在所有的社会力量分裂为明显对立的两部分善与恶时。善从一部分中出现，而恶从另一部分中滋生。显而易见，在这种情况下，斗争中应该支持什么和反对什么，恶在哪里，善在哪里，一切都泾渭分明。然而，现在的情况并不是这样的，日常劳动和为了理想而斗争混在了一起。

你举了一个例子：一个挤奶女工能够比定额多挤一千升的牛奶，于是，谈起她就好像讲女英雄一样。难道可以如此轻易地达到英雄的标准吗？用伟大的词语"功勋"评价日常劳动（作为职责的劳动和作为生存条件的劳动），不会太过头吗？

你这封信发展了你的这些想法。这是一些非常复杂而又细致的问题。特别是关于高尚理想的这个问题。首先应该明白，高尚理想不意

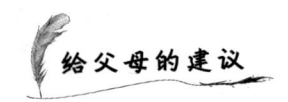

味着没有旁枝末节，毫无缺陷。人是血肉长成的，不是钢筋混凝土制作的。

你应该也不会否认，保尔·柯察金㉘称得上是一位当之无愧的英雄吧。但是，你还记得他在谈论自己时所说的话吗？他说："我也做过不少错误的事情，有的时候是因为糊涂，有的时候是因为年轻幼稚，但更多是因为无知。"英雄本人清晰地认识到自己身上的缺点，但是瑕不掩瑜，这些缺点并不能掩盖这位杰出人物的主要方面——在革命的红旗上，染有他的鲜血。

高尚的理想可以通过人的热情来衡量，通过人在为了真理和革命的胜利斗争中他的激情和紧张程度来衡量。我永远不会忘记欧内斯特·海明威说过的话："人不是为了忍受失败而被创造出来的，人可以被消灭，但是不能被征服。"在海明威说出这些话之前，人们已经从保尔·柯察金的口中听到过这样的豪言壮语了，不仅仅是听过这些话，还目睹了他的壮举，并为之惊叹不已。

设想一下，让那些早已逝去的人，比如亚历山大·乌里扬诺夫、斯杰潘·哈尔图林、索菲娅·佩罗夫斯卡娅，来看看我们今天的生活。我想，对他们来说，这只能是一个遥远的、令人向往的梦想。可以想象一下，他们会如何看待我们的生活，他们内心深处会有何种感觉，会想些什么、说些什么？他们的心会因为所看到、听到的而震惊不已，他们会认为现在的一切才是合乎常理的，我们的全部生活都是他们理想中的样子。他们当中的任何一位英雄都会说："这才是我为之献出生命的生活。"

遗憾的是，我们自己并没有意识到这一点，忘记了我们生活在怎样的时代。英雄的事迹就存在于我们中间，就在千万个"普普通通"的劳动者中间，他们完全没有想过自己要当什么英雄，如果有人对他们说你就是英雄，他会感到非常吃惊。我感到一些概念本身在发生变化，一些词语如"普通人""一般劳动者"开始有对一个人抱有种轻蔑态度的意味。现在没有"普普通通"的人。我们的当代人——在田野、牧场、车床旁从事劳动的劳动者——远远不是平凡的人。

革命血红色的旗帜……我们的人民在全世界面前骄傲地举着它。革命在继续，革命正在迫近改造世界的顶峰——我们时代的意义就在于此，亲爱的儿子，你应该理解和感受到这一点。先辈们所理想的东西，他们为之流血牺牲的东西，现在正在被我们用双手实现。

我们正在建设共产主义，只有那时才能理解和感受这一点——当我们每一个人都用革命先辈的眼光看待我们的日常生活时。对革命先辈来说，共产主义的思想、善与真的思想是幸福的、令人心醉的理想，也是可以实现的理想，但却是遥远的……好吧，就说说你在信中所谈到的那位挤奶女工吧，她是个行动中的、有思想的人，是个英雄。她虽然没有什么丰功伟绩，但她的全部生活就是一份功绩。在血红色的革命旗帜上，有她的鲜血。

为什么说她是一个女英雄，为什么她的人生就是一种功劳？是因为她通过劳动使他人的生活得到了提升。儿子，思考一下建设共产主义的目的吧。我们的劳动、理想和完成计划究竟以什么为名义？是以人的幸福为名义。共产主义不是某种绝妙的、不可理解的、高耸于人民群众之上的东西。共产主义就存在于人的本身，存在于他的幸福之中。建设共产主义，意味着建造每个人、每个家庭的幸福，共产主义社会不是一个没有幸福的社会。缺乏物质和精神的财富，就不可能有幸福。

那个创造物质价值的挤奶女工不仅仅是在物质上富足。凡是物质富足的地方，就有丰富的精神生活——人们写诗、创作音乐、建造世界上最高的电视发射塔和朝向遥远星空的天文望远镜。如果没有像挤奶女工这样普通的、默默无闻的劳动，就不会有帕赫穆托娃的美妙歌曲，不会有肖斯塔科维奇的交响曲，也不会有科学院安巴尔楚米扬关于超级恒星的这一大胆学说，也就不会有你上的那所大学，也不会有成千上万的首都居民在静谧的夜晚阅读有趣的书，或去听音乐会、上剧院。

给父母的建议

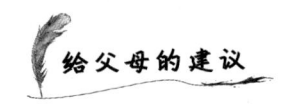

　　这位挤奶女工明白她自己是生活的创造者。一个质朴的普通人身上的崇高品质就在于此。劳动创造世界的根源就在这里。

　　如果没有成千上万的挤奶女工、庄稼汉、牧人、矿工、冶金匠、铁匠，我们血红色的旗帜就不可能飘扬在世界上空。崇高的、有理想的人不是圣人，不是闪耀着光泽的、毫无罪孽的人。

　　崇高的、理想的东西就在我们的生活之中。你朝四周环顾，细细观察一下人们，你要看的不应该是表面现象，而是要深入到内心世界，你就会看到理想的事和理想的人。伊·谢·屠格涅夫笔下没有理想的典型人物是很悲惨的。如果一个人前方没有指路明星——理想，生活就会毫无光彩，他将苟且度日。

　　祝福你，我的儿子，祝你身体健康，心情愉快。热烈地拥抱你。

你的父亲

第五封信

亲爱的儿子,你好!

你的来信已经收到,你们终于开始上课了。你在信中兴奋地介绍了无线电物理学和电子学研究室里充足完善的设备。我为你感到高兴,你现在确定了自己的志向。如果你深信并且以后的生活也能证实无线电物理学是你喜爱的专业,那么你将是一个多么幸运的人。然而,人的志向不是外界强加的。如果你不是大概从中学二年级就开始钻研收音机示意图,如果你没有坚持练习操作,你不一定能拥有这种志向。志向是天赋萌发出的幼苗,只有经过辛勤的劳动、精心的培育,幼苗在肥沃的土地上才能长成粗壮结实的大树。不付出辛勤的劳动,不自我教育和积极进取,这棵幼苗就会连根枯死。

确定志向,是幸福的源头。马克·吐温写过一篇很有趣的短篇小说。小说描写的是关于天国的故事。那里既没有天使,也没有圣徒,更没有终日无所事事的懒人。居住在天堂的人和居住在尘世的人一样,都过着平凡的、需要劳动的生活。天堂和尘世的区别只有一个:天堂的所有人都能按照自己的志向生活和工作。一个在人世间默默无闻的鞋匠,死后成了赫赫有名的统帅;而生前平庸无能但擅长书法的将军,死后却甘愿在将军府里做一名小文书;一个因文章写得平庸冗长被读者厌弃的作家,死后终于找到了适合他的职业,做了金属旋工;还有一个不喜欢教师职业,却干了一辈子的教师,自己痛苦的同时,也让学生受尽折磨,死后找到了自己喜欢的职业,成为一名出色的会计师。

我不止一次地阅读这部优秀的作品。如果在尘世间,每一个人都能各得其所,各尽其才,各得其乐,这该有多好哇!但遗憾的是,往

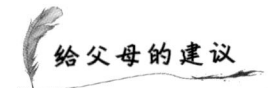

往事与愿违,在日常的生活和工作中存在着完全相反的情况,不喜欢自己当下状态,从而感受不到劳动快乐的人简直数不胜数。

生活中最大的享受是什么?在我看来,是在某种程度上趋近艺术的创造性劳动。这种趋近是指趋近一种高超技艺。如果一个人热爱自己所从事的劳动,那么他就会努力使他的劳动过程和劳动成果都变得尽可能的完美。我以前在信中向你提起过我们的园艺家和林学家叶菲姆·菲利波维奇。像他这样的奇才,我一生见到的还没有超过二十个。他是非常了不起的人。就他的劳动和他的高超技艺而言,我可以毫不夸张地将他和斯坦尼斯拉夫斯基、普拉斯拉夫相比较,他也可以和肖斯塔科维奇、阿列克谢·乌列索夫(我将向你讲述这个人)相提并论。他对每棵树进行雕琢、修整、创造,像斯坦尼斯拉夫斯基在舞台上创造形象、普拉斯托夫在一块油画布上创造生活一样。我看见,他好多次从各个侧面反复观察一株尚未嫁接的、很小的野生树苗,寻找他所说的唯一合适的嫁接点,在那儿进行嫁接。找到这个嫁接点,然后切入接穗,从这时起一门伟大的技艺就开始了,全靠这门技艺的施行,一个普通的人成为他本行业中值得自豪的创造者、艺术家和诗人。叶菲姆·菲利波维奇创造出令人惊异的、美丽的树冠。要想把他的这门手艺学到手,了解这门技艺,必须和他一起工作很多年。和他共事的时光将是发掘一个普通人的不凡之处和理解美和艺术的过程。日常生活的巨大幸福就寓于这种劳动之中。斯坦尼斯拉夫斯基是这样论述这一点的:"尘世的幸福在何处?在认识中,在艺术和工作中,在理解它的过程中。在认识自己内在的艺术的同时,你就懂得了大自然、世界、生活的意义,你就懂得了心灵就是天赋。没有比这更让人幸福的事了。"

记住这一点,儿子,认识自己内在的艺术(美),这才是真正的劳动。在几千棵生长了三年的小树中,我总能很容易就找到叶菲姆·菲利波维奇亲手栽种的树。他栽种的树都朝着阳光,树冠上的枝条都被修整得均匀整齐,阳光能照射在每一片树叶上,树叶互不遮挡。

有一次，我问园艺学家叶菲姆·菲利波维奇："您是怎样练成如此纯熟的功夫的？"

他回答说："人的智慧就在十个手指尖上。我从三岁就开始劳动。我建议您也这样教育学生。每个人都应当成为自己事业的主宰者，这一点不可以忘记。如果我当初学习当工程师、医生，或是教师，我会什么成就都没有，只会成为一个挣钱糊口的人……要使每一个人都燃起他天才的火花，只有这样才能培养出真正的人。"

人的志向是教育者培养的，但是，人也在创造自己的志向。你喜爱巴赫[20]的音乐。你看，在约翰·塞巴斯蒂安·巴赫的家族中有五十八位音乐家……曾祖父是音乐家，祖父是音乐家，父亲也是音乐家……究竟是怎么一回事呢？难道在出生的时候就安排好了，这个人将是作曲家或杰出的演奏者？是的，但是大自然允许成为音乐家的人数大约只占所有出生人数的百分之八，这是一个不大的数目。为什么会这样？为什么在巴赫家族中依然有五十八名音乐家？因为这些人都是自己确立自己的志向的。在这个家族中的孩子平生第一次产生印象是对音乐；在周围世界中感受到的第一种美感就是音乐的旋律；第一次感到惊奇是对音乐的惊奇；第一次感到骄傲就是欣赏音乐的骄傲，创作和编写音乐的骄傲。

人是自己志向的主宰。我冷静地对待你的那些兴奋与喜悦，"啊，做一个无线电物理学家非常幸福；啊，我多么热爱无线电物理学"。一个人热爱的是他为之倾注心血的事业。你对无线电物理学产生了兴趣，这非常好。但是你要记住，只是兴趣，还远远不够。要把兴趣变成志向，必须付出更多的劳动。乘数比被乘数大许多倍，才会得出一个可观的乘积。我想对你提出几点忠告。现在，科学正在飞速发展，日新月异。如果你想成为一名出色的精通本专业的专家，那么你必须密切关注无线电物理学领域的最新成果，掌握更多的知识。而老师在课堂上所讲授的知识，只是其中的极少部分知识。你要为自己制定一

给父母的建议

条规则：不论是假日还是节日，每天都要阅读、钻研至少五页有关无线电物理学和相近专业，如电子学、天体物理学、宇宙生物学等方面的学术期刊。我再重复一遍：一定要坚持每天这样做。

我用"钻研"这个词并不是因为偶然。大学生就应该钻研，这意味着自己将深入理解，关联各种事实和结论。只有经过钻研而深深印入意识中的东西，才能记入笔记本，不要照搬科学论文和教科书中的东西。你对你愿意学的课程理解得越深刻，这门课成为你的志向的可能性就越大。

我还有一个建议。任何一个专业都有理论研究和实践操作两部分。在无线电物理学领域，实践操作部分可能对你有特别的吸引力。我希望你利用各种机会多去实验室和工场劳动，多装配收音机和无线电控制的活动模型。这些你中学就做过的事情，还要继续做，但是应该做得更复杂。任何时候都不要满足于过得去的成绩，而是要更上一层楼，精益求精。这是培养志向的必经之路。失败了并不可怕，可以重新再来。不要厌恶最简单的、最粗笨的辅助性工作。要训练两只手，使你的手成为能胜任各种劳动的最重要的工具和全能的仪器。我这里有一篇关于手和用手劳动的有趣味的文章，现在连同信一起寄给你。希望你能和我一样对这篇文章感兴趣。科学证明，人的手可以做出数亿种和创造性劳动有关的动作，而这些动作都包含着人的思想。劳动、创造和天赋的美的秘密就在于此——在手的技艺中。如果你想要成为一个真正的工程师，就要把手练得像你的心一样灵巧。

请你帮我到书店看看有没有关于劳动心理学和创造心理学的新书。如果有，就买几本寄来。

祝你身体健康，精力充沛。拥抱你，亲吻你。

你的父亲

第六封信

亲爱的儿子，你好！

　　令我倍感欣慰的是，你在最近的一封来信中与我展开了激烈的争论。好，实在是太好了！看来，志向这个问题确实是一个令人激动的问题。你埋怨我过高地估计了教育和自我教育的作用，低估了人的天赋。当然，贝多芬在满五岁后，就写出了属于他自己的音乐作品。然而，这首先应归功于贝多芬童年时代所处的优越环境。尽管贝多芬有很好的天赋，但如果贝多芬生活在一个没有任何乐器、没有人懂得音乐旋律为何物的环境，他也不会成为音乐家。我相信在成千上万人那里，自然天赋暂且还处于沉寂状态；如果他们的童年成长在有利于天赋发展的环境中，那么他们很可能成为卓越的学者、诗人和作曲家。共产主义理想中的人道主义，就在于在共产主义条件下，不会使任何人的天资得不到发展，所有的天赋都将开花结果，发展成天才的才能。正是共产主义运用理想的推动力量，使得每个人都能成为有才能的劳动者、天才的创造者。有才干的钳工、电焊工、农艺师和有才干的畜牧专家——这都是共产主义教育理想实现的表现，我深深相信这种理想。我认识这样一些人，他们能够在自己的岗位上成为出色的劳动者，正是因为共产主义的教育激发了他们由天赋决定的创造性精神。在共产主义条件下，人身上天赋性的东西和社会性的东西完美地融合在一起。教育也只有在那时才是合理的，即当它建立在自然天资的基础上。我热爱自己所从事的教育工作，正是因为它的主要任务是认识人、了解人。我做教育工作，首先从了解学生开始，观察他内心世界的方方面面，发现人隐藏在某处的内在的东西，接触它们、钻研它们。教育的艺术就在于能够看到人类精神世界中那些取之不尽的东

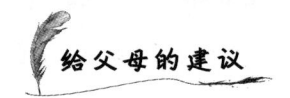

西。眼下我有一个学生,他学数学很吃力,学语法也不轻松,他既没有显示出数学思维能力,也缺少艺术思维能力。那他还有没有其他能力呢？当然是有的,就像其他人那样,在他取之不尽的精神世界中,有未被我发现的天资,而他的幸福、他的未来就隐藏在其中。但愿教师能发现和培养这个天资,他就有可能成为一名机械化操作手、有才干的农民、心灵手巧的木工,这在于你善于发现他的唯一的天资。我坚信这样的时刻一定会到来,那时,在我们的社会里将不存在没有才能、没有知识、对生活失去信心的人。每个人都有闪光的一面,都将被发掘出来。虽然现在这还只是理想,但我深信教育的力量是强大的,早晚会有实现的一天。

我认识这样一些人,他们热爱那些看起来极为平常、丝毫不引人注目的工作。他们成了本行业的诗人和艺术家,达到了创造的顶峰。这正是因为大自然赋予的才智和后天的培育达到了和谐的状态,交相辉映,从而使他们的一生光彩夺目。我和我国的一位杰出人物有私人交往,他是两次获得社会主义劳动英雄称号的阿列克谢·乌列索夫[30],可他的职业只是个电焊工。

有一次,我们聊起他的工作。他说:"在很小的时候,我就对建筑工地着迷,我很想做一名电焊工。可我没有掌握电焊技术,我的血亲中也没有懂这种技艺的。我看见焊接的火花在金属缝合处迸出,我被这种魔法吸引住了,简直令我发狂,我跟随着工人师傅:'求您教教我吧。'于是我学会了电焊。我参加过北极地带新城市的建设,也修建过水电站。哪怕只有一次能感受到我是大地上的创造者,就足够了。只要看见一次我建设的房屋有人搬进来居住,我建设的发电站开始发电,我建造的第一批机组开始通电,就足够了。对我来说,这就是生活中的伟大幸福……"

我还有一个朋友,他是我国著名的畜牧专家斯坦尼斯拉夫·伊万诺维奇·施泰曼[31]。他是这样讲述他的工作的:"我从来没有在天上飞行过,也没有爬过高山、下过海。我一生中的大部分时间都是在畜牧场和牛栏里度过的。然而,每当我回忆起过去的岁月,总觉得自己像一个旅行者,一次次地穿过无人行走的小路,不知道前方会发生什么事情,在道路转折处会有什么困难在等待着我;我又常常感觉自己像一名登山运动员,竭尽全力地登上一个又一个高峰。"

儿子,我希望你能好好思考这些话。说这番话的人不是有钱人家的子弟,他曾是个雇农——牧人,因为生活所迫,小时候没在学校上过一天学,然而他凭着顽强的劳动,现在成了卓越的学者、科学博士和远近闻名的红人,他成功地培育出科斯特罗马品种的母牛。他从不外出,一直待在"卡拉瓦耶沃"国营农场,劳作不息。

这些事例再一次证明,人是自己志向的创造者。只有通过劳动才能走上通向智慧、创造和科学的道路。

确定自己的志向,这就意味着要有所作为,有所行动,有所创造,不是去背诵现成的理论,不在自己的感情中游移不定,不筑室道谋,也不纠结于你到底喜不喜欢这份工作。人喜欢的是他为之倾注了心血的工作,这才是最重要的。我想再提醒你一次,任何时候都不要轻视那些最平凡、笨重、脏乱的粗活,因为创造正是从这样的粗活开始的。

再见,亲爱的儿子!祝你身体健康,精力充沛。

你的父亲

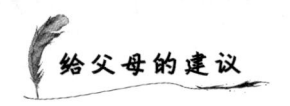

第七封信

亲爱的儿子，你好！

已收到你寄来的短信，我也回你一封短信吧！你在信中提到想买一个手提式晶体管收音机，需要 45 卢布，你希望我能给你，因为所有的大学生都已经有了这种收音机。

寄钱给你买学习需要的东西，任何时候我都不会觉得心疼。但是这个晶体管收音机我是不同意你去买的。原因非常简单，它的声音会影响到正常的生活，已经成了公害。不知你还记不记得，有一次我坐车来看你，我们一起坐在街边的小公园休息。当时公园的景色很美，周边花草树木生长得很茂盛，就像一片绿色的海洋。但是听不到一声鸟叫声，也看不到一只小鸟，只有晶体管收音机的吵闹声，这些声音把小鸟都吓跑了。不管在白天还是黑夜，每个灌木丛下都传来嚎叫、呻吟、呼啸的声音，人们为了炫耀，把自己的收音机声音调到最大，只是希望能够压倒别人。公园里听不到大自然的音乐。你知道大自然的音乐是什么吗？是树叶的摩挲声。在阳光灿烂的日子里，树叶用一种旋律轻声歌唱；在有风的天气里，它们用另一种旋律轻声歌唱，即使遇到狂风暴雨，或者在严寒中，它们也依旧在歌唱……我们小镇上的树林里很快也将充斥晶体管收音机的声音。有个周末我想到林子里去听听大自然的音乐，刚刚躺在草坪上，爵士乐的声音就传来了，震耳欲聋。

你能很好地演奏键钮式手风琴，难道你现在不想在空闲的几分钟里演奏一下吗？要知道你有很灵敏的听力，去买一台小提琴，学一学这种乐器吧。关于晶体管收音机的事就忘掉吧。对城市里的中年人和老年人来说，这些小小的盒子是糟糕透顶的东西：不能打开窗户，否则那些嘈杂的声音会马上一拥而入。即使是为了尊重公众,也应当放弃晶体管收音机。你试想一下,在星期天,成千上万的人到树林和公园里散步。如果所有的人都带着一台晶体管收音机,会有什么结果呢?这样休息反而成了入地狱。不应当把钱投入到这种灾难性的转变中去。

当下部分青年人对精神价值特别是对音乐的消费态度表现为只满足个人需求,这令我非常担忧。他们不想学手提琴,也不想学乌克兰的古老弹拨乐器——科勃扎琴,更不想学唱歌。他们满足于录音带上的音乐。摁下按钮,音乐就有了,不需要学习,也不需要思考。人这样很容易变得愚钝。

等你夏天回来,我们一起去听听大自然的音乐吧。去听听阳光灿烂的夏日里的音乐、日落时分晚霞的音乐、七月夜空中星星的音乐、令人颇感凄凉的秋天树叶掉落的音乐。你还记得我们全班同学在田野间听到的云雀的动听歌声吗?

给你寄了 45 卢布,去买小提琴或学习需要的教材吧,花钱方面不要吝啬。如果不想学小提琴,也可买艺术方面的书籍,《乌克兰艺术史》的第一卷就快出版了,不要错过。

祝你身体健康,心情愉快。拥抱你,亲吻你。

你的父亲

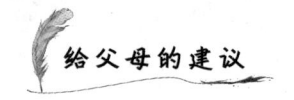

第八封信

亲爱的儿子,你好!

你最近的这封信令我十分担忧。你真的过分乐观地看待你的学业了。它几乎还没有开始,你就已经下了一些结论:在大学学习和在中学相比轻松多了;大学不会像中学一样,每天都有人来过问你,你可以独立地专心钻研教材,不用每天被督促……

我希望你不要这么早就下结论,先把心思放在大学的第一次测验和考试上,争取以好的成绩通过。如果你想做一个有创造性、会思考的专家,那么在大学期间,学习就成了艰难困苦的事业。在大学绝对没有任何轻松可言。如果中学学到的仅仅是科学体系中最基础的入门知识,那么在大学里,你将一页一页地翻开科学这本伟大的书,你必须吃透和消化它们。我要再次提醒你,大学生应当有钻研精神,不只是坐在教室里听几堂课,而是要掌握科学。

首先你应当明白,在课堂上听课,不是件看起来容易的事情。在讲台上站着的,是讲述一门科学或这门科学分支的学者。你应当透彻了解的不仅是科学真理,还有这个学者的观点和他的思想,他的思想可以体现他所属的学派,你要了解学者本人对待这个学派的态度。通过系统地听课,你应当掌握和理解这个学者最重要的思想。

听学者和科学家讲课需要很高的技巧。在中学形成的听课习惯要继续保持,但是还要联系各门学科的科学体系和各种知识的经验系统。在大学里还有另外一项任务要做。大学生除了听课,同时还要思考、研究和推理。这种技能你必须学会。你要同时听课和记笔记,又要推理、思考和研究。我建议你在笔记本的后面留下几页(为了摘要),专门记录学习过程中遇到的问题和自己推理和研究的结果。你可以记下自己的想法，并在摘要的正文中标出自己的想法（可以是简短的几行，或是半页）。

缺乏推理和思考，听课就成了一个机械的过程，而大学生也就变成了死记的"活机器"。要像害怕烈火一样害怕这种危险。对讲座内容不加思考地死记硬背会使人变得愚钝，而且危险不仅仅如此。如果一个大学生只知道记笔记，然后把它记牢并复制下来，也就是用它回答问题，如果在他的脑子里再也没有其他的东西，那么对他来说，大学的智力劳动就变得异常困难，他不能胜任，他的记忆也是破碎、残缺的。一旦出现了死记硬背的现象，肯定就会出现作弊的行为，这样的行为非常可怕，它会毁掉人的创造性思维。作弊者注定只能停留在实例和现象的表面，把自己变成懒惰的、发展停滞的生物。大学里的作弊行为是思想懒惰的产物。作弊行为是作为一个人不推理、不思考的结果出现的。在他那里，什么都不难理解，因为他只追求死记……

在我们这个时代，不追求日新月异的进步，做工作就会很困难。无论你在何处都会遇到困难——工厂、实验室、科学研究所或者学校，任何时候都不要忘记，科学正在进入当代的风俗习惯和社会日常生活中。如果你确定想要做一名学者，那么首先你要很清楚，你以后从事的劳动要比其他任何劳动辛苦百倍。从青春年少直到生命尽头，每一天，每时每刻陪伴你的、和你对话的就只有书本。要心甘情愿坐冷板凳，从中学和大学就开始为成为专家做准备，在学习期间就要积累科学研究的经验。书本——这个文化知识载体应当永远进入你的精神生活。你还要学会拒绝许多诱惑，也要试着接受一些你不愿意接受的东西。我一天工作十四个小时，有时是十六个小时，你是很清楚我的工作情况的。如果你想成为一名学者，从现在开始你就要这么做。科学需要的不仅仅是智慧，还有勇敢、勤奋和耐心，希望你能成为一个勇敢、勤奋、坚毅的人。

祝你身体健康，朝气蓬勃。

你的父亲

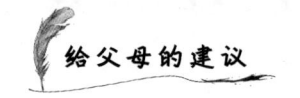

第九封信

亲爱的儿子,你好!

我无意中成为一位见证人,我看见你的一位同学在宣读自己的辩证唯物主义哲学提纲时问旁边的同学:"什么是世界的可知性?"那位同学回答得很吃力又很枯燥,这让我很惊讶。由此可以看出,他们对哲学都没什么兴趣。我马上想起了三十多年前的一个晚上,当时我们四个语言文学系的一年级大学生热烈讨论的恰好也是这个问题——什么是世界的可知性?

对待最激动人心的问题却表现出消极、冷漠的态度,这是怎么发生的呢?为什么科学真理不能触动心灵,不能使内心振奋?这些问题让我无法安宁。我想和你讲一个非常有教育意义的故事,这是关于一名年轻妇女命运的故事。十年前她毕业于我们共和国的一所专科学院。这个故事在某种意义上是有教育意义的,也就是告诉我们如果知识没有触动到一个人的心灵,没有使他的内心激动,他没有珍视、亲近它,人的心灵将空虚到什么程度。

我和这位三十来岁的妇女交谈,她美丽、聪慧、纯净。她娓娓道来,讲述自己坎坷的经历。在今天,在我国,初听到她的故事,一定会让人感到离奇、不可思议。"我生长在一个正直、勤劳、严谨的家庭。母亲和父亲都是有深刻信仰的人。勤劳、为人诚实,他们是虔诚的教徒。在青春期,我的精神世界和 A.H. 奥斯特洛夫斯基[②]的话剧《大雷雨》中的女主人公卡捷琳娜的精神世界很像,同样具有热情,但这是封闭、孤僻的热情……同样敏感而有同情心,细致而讲究,易被感动……我们在中学读过《大雷雨》……是的,读过。"她叹了口气,反复地说着,"我屏声敛息地一口气读完了剧本,就像俗语所说的，一气呵成。这对我来说是意外的启示。我仿佛遇到了一个活生生的知己。我想把自己的不安和想法分享给剧本中的女主人公，卡捷琳娜仿佛一阵旋风，使我的思想和情感急剧转变。之前我和卡捷琳娜一样盲目地相信上帝，相信上帝可以看见一切，无所不知。可眼下卡捷琳娜的悲剧使我的心灵燃起怀疑的火苗，为什么一个人为了证明自己的正直和清白就必须牺牲自己？为什么那些可怕的人要借上帝的名义制造罪恶？

"是的，我信仰过上帝，我诚实的父母到现在仍然是信仰上帝的。在一些人——演讲者、老师、作家看来，出现了一种不可思议的对立关系：'诚实'和'相信上帝'不可能同时出现在一个人身上。从他们的言语中可以听出，如果一个人相信上帝，那么这个人的身上多少有点卑鄙、伪善、偏执的成分。关于这一点他们没有明说，但是从他们的字里行间、只言片语中可以感觉出来。在一个老师的话里我就感觉到了这一点，他是这样宽恕卡捷琳娜的：她误入了歧途，但生活在那样的年代，有什么办法呢？这种宽恕（含有贬低之义）引起我的愤慨。我感到这也是在宽恕我自己、我的母亲，以及父亲。在这位老师的叙述中，让人感到：所有相信上帝的人都多少有傻瓜的成分。一个人信教，说是误入歧途，但依然是个傻瓜。可我没觉得自己是傻瓜，我也不想做傻瓜……

"您知道我的命运就是如此：在许多人眼里，我是个怪人，几乎疯狂。我读完中学，顺利地进入大学自然科学系，又以优秀的成绩毕了业（世俗的观点认为，有了大学毕业证书，完全可以找到一份很好的工作），未来不可限量……但我却选择进了修道院，成为一名女修道士。

"许多人认为我是伪君子，不相信我的宗教感情的真诚性。事实上，在我上大学的时候，很多熟悉我的人就已经在讨论：在一个人身上这些东西是否可以同时兼有——自然科学系和宗教，极为科学的达尔文主义[33]和信仰上帝；科学唯物主义教育（大家都认为，在高等学

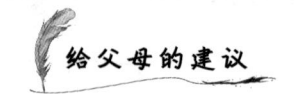

校毕业这个事实本就意味着接受了科学唯物主义教育)和修道院……这些对立的东西怎么可能在一个人身上并存呢?是的,于是许多人认为我是伪善的人。他们认为,在宇宙世纪,一个受过高等教育的人信仰上帝,人们普遍认为是疯狂之举……还有些人认为我有了某种个人悲剧,比如失恋……才会有这样荒唐的局面。

"但是一切不是那样的。或许这对有的人来说是不可思议、骇人听闻的。但我有我的理由:正是中学时期讲授的达尔文理论和大学时期讲授的一系列自然科学课程知识,巩固了我对上帝的信仰。

"您问我:'为什么科学知识不能打动你的心,反而使你更加信仰宗教呢?这种情况怎么理解?'这确实是问题的要害。现在。我已经在修道院生活了两年,也在修道院的大墙内明白了宗教世界观和宗教道德的实质,幡然大悟后,我成为一个无神论者。此时此刻,我想以过来人和研究者的身份来回答这个问题。问题的症结就在于,不管是在中学还是大学时期,我都只是一个记忆和复述知识的活机器。上了一堂又一堂课,听了一个又一个讲座,我学到了很多知识:什么是物质,什么是复杂的生物化学过程,在遥远的星球世界生命存在的可能性,宇宙是怎样产生的,等等。然而所有这一切——究竟是为了什么而学?为的是把知识记牢保存在记忆中,并且能回答出知识得到评分。这样养成的某种思维方式,形成的全部精神生活方式是十分可怕的:储存知识是为了将这些知识保留在大脑中,直到需要的时刻,再释放出来。而我呢,在中学回答了老师的提问,在大学里回答了教授的提问,就从知识中解放了出来,感觉一身轻松,但随即又紧张起来,再去准备不断学新的知识。

"一切学过的东西,只是在某种程度上沿着认识的表面滑过,没有触及心灵。在教师和教授的语言中没有要求我们思考知识的真理性:您去思考吧,掂量吧,相信吧,体验吧,感受吧,仔细看看周围世界吧,看看别人吧。"既然真理从未触及我们的心灵,那么真理也从未使我们折服过。

"现在我可以判断文学在我的精神生活里起到的作用。文学是中学开设的唯一一门引导人如何做人的课程。要知道（按照我的看法）它和其他课程应该是完全不同的。在文学的课堂上，应该是和一个人展开关于人的问题的对话，而不应该把文学知识割裂开来，再交给学生，让学生用它来获取分数。在我的中学时代，老师在分析《大雷雨》中的卡捷琳娜时，如果能够走进我的心灵，善于了解我在想什么，我需要什么，如果他能够用思想净化我的灵魂，告诉我人最高的幸福是在尘世中为了幸福而斗争，这个斗争是每个人能够做到的，也是每个人必须去做的，那么，也许我就不会无可挽回地浪费掉大好的青春岁月，也许我的人生道路就会完全不一样了。我不是专家，不可能判定该如何去讲授文学课，但我知道，文学课应该引导学生认识人，认识自己。

"在中学里，实际上没有引导人如何做人的课程，我渴望开设这样的课程。有一次我问一位我熟悉的文学教师，为什么在中学大纲里没有陀思妥耶夫斯基的作品？为什么没有柯罗连科，没有那些深入人内心的作家，例如：迦尔洵、格列布·乌斯宾斯基、库普林、萨尔特科夫·谢德林、帕乌斯托夫斯基、普里什文？为什么不读甚至不推荐学生课外阅读托尔斯泰和契诃夫的作品？这两位作家的作品，可以说，把人的痛苦和忧伤赤裸裸地暴露出来，这不也能帮助人认识世界吗？为什么不读《堂·吉诃德》和《浮士德》？对人的教育怎么能够没有《堂·吉诃德》？不读这本充满善良、热情、智慧的百科全书，怎么能对人进行深刻的教育？

"在修道院时，我阅读了很多神学书籍，对书本里的内容反复思索，竟使我成为一名无神论者。我努力想要在神学的书里找寻人的尊严。但是我越来越惊讶地坚信宗教是在损害人的尊严，把人从应有的高处降为尘土、灰末，降为没有任何价值的东西。直到那时，我才真正开始思考，在中学和大学究竟学了什么？学过的生物、化学、物理、历史、文学、辩证唯物主义、历史唯物主义这些知识在我脑海中一页一页地重新翻过，所有这一切对我来说都是意外的新发现，它们让我恍然大悟，给了我新的启示，这一次这些知识全部走进了我的心灵，就像是第一次接触到它们。我想起了布鲁诺的遭遇。那是个阴沉沉的下雨天，我坐在修道院的凉亭里，在脑海里回顾学过的历史事件。突然，我眼前的世界被明朗的太阳光照得通彻明亮，我似乎看到成千上万的罗马人，带着无聊的好奇心，在看热闹，看着教会将怎样处死一个人，只因为这个人敢于坚信世界并不是像上帝所描述的那个样子。这幅画面展现得如此清晰，它指引我站了起来，走上林荫小道，登上山丘，在那里可以俯瞰河面与城市，一种想要看看世界、体验生活和热爱生活的情感油然而生。我为布鲁诺的不朽功勋感到骄傲，我认为布鲁诺才是上帝。如果要祈祷，我就在他面前祈祷。我笑了，我为什么要笑？这是因为我比较了两个形象，一个是永恒的受苦受难者上帝，它宣扬忍让，期望得到另一个世界的奖赏；另一个是英勇的斗士布鲁诺。上帝在我的心目中是如此可怜，如此渺小！我开始可怜上帝，于是我笑了。

"我庆幸自己生而为人。我把在学校和修道院学过的所有知识全部重新梳理了。这种独立思考实在太宝贵了，可惜的是它来得太迟了。我不得不将青春岁月消耗在探索中，我本应当在十六七岁就知道的真理，却在二十五岁时才发现。最主要的是，我应该在青春早期就通过艺术作品发现人是多么伟大，可是并没有做到。

"与宗教决裂在我这里并不像人们所描述的那样令人痛苦。摆脱宗教让我感到无比轻松，就好像获得了新生。我把自己要离开的原因告诉了女修道院的院长。她明白我的观点对她的'群体'有多么危险后，立刻将我撵走。就在这一天我给我爱的人写了一封信……他也处于深深的痛苦中，认为我进入修道院是一种不幸。他收到我的信后，飞奔而来，我们结了婚。我感到非常幸福。我们现在有了孩子。"

这就是这位年轻妇女的忏悔。我不止一次深思这令人惊奇的命运，我希望你也深思一下。你要好好想想：要想使科学真理能够令年轻人内心激动，致使他们心里感到不安，我们能够做些什么。请谈谈你对这位年轻妇女的命运的想法。现在好些人对读书，对科学，对共产主义思想不感兴趣，认为读书无用，这是什么原因，也请说说你的想法。

再见，亲爱的儿子，我们已经在期盼着你放寒假了。拥抱你，亲吻你。

祝你身体健康，心情愉快！

你的父亲

第十封信

亲爱的儿子,你好!

你说得对,精神空虚是从青年早期开始的,在这个时期,读书、背书、死记多于思考。你在信中说:"那时情况总是这样的,我们甚至连思考科学真理的本质的时间都没有,需要的只是读功课,背诵功课,记忆功课。"

是的,令人遗憾的是,这种情况确实存在……但是,为什么中小学生、甚至大学生,在教师讲授知识的时候,不去认真地思考知识的实质呢?为什么强大的精神力量——我们思想观念的真理、伟大的科学真理——常常不能触动一个人的心灵深处呢?一个姑娘进了修道院,我们会因为这件事感到奇怪,甚至感到非常震惊。但是我们为什么不为同样性质的事感到惊讶和忧虑呢?例如,许多人背离我们正确的思想真理,舍弃美好的理想,脱离人性的美,去啤酒馆买醉,或去参加不三不四的娱乐舞会,我们却对此熟视无睹、无动于衷,这又是为什么呢?

运用崇高的情感使知识人性化,真正融入人的心灵,使教育充满高尚美好、灵魂净化的内容。这些在我看来,无论是对于中学的教育,或是大学的教育,都是最重要的问题。现在你每走一步,都能听到用来形容我们这个时代的词语:数字时代,电子时代,或是宇宙时代。所有这些形象的说法都没错,但是它们并没有反映出我们时代所发生的各种事情的实质。现在的世界已经进入了人的世界,这才是最主要的。现在有一种趋向是不能容忍的,甚至是愚蠢的。不知为什么最近这种趋向大行其道,它大肆鼓吹:谁没有扎实的数字技术才能,谁就被认为是没有价值的人——不幸的、一无所长的生物。如果我说出耶稣教派、福音教派、洗礼教派等宗教团体的成员中毕业于自然科学系和技术学校的中等、高等学历的人数比例，有些人就要严肃考虑一下，我们的时代应该称呼为数字时代还是人的时代？

你想成为一名优秀的工程师，这很重要。但是你首先应该成为一个人，这一点更为重要。现在，我们要比任何时候都更多地思考：我们究竟应该往人的心灵灌输些什么。令我非常担忧的是，许多青年进入大学后就不再学习人文科学……我所说的，是广义的人文科学教育——情操审美教育，是培养细腻、美好情感的教育，是养成关爱、理解、同情本性的教育。为什么那些和你一起生活的同学彼此那么冷淡？为什么他们对身边的人正在做什么、正在想什么漠不关心？为什么人没有成为每个人最重要的认识对象？为什么对人的认识，对于你们，我的年轻朋友们来说，没有成为最有意思的事情？这一切的根源在于我们放松了对人的情感和审美的教育。

防止心灵空虚和精神贫乏，这不仅是别人的事，也是每一个青年人自己的事。在之前的信中我和你说过，无论是听讲座还是看书、读科学杂志，都需要理解其中的思想，深入思考其中的思想，在自己的意识中建立知识的骨架。只有具备某种条件——即当你认识世界时，将科学真理和自己本人、自己的命运、自己的个性联系起来，共产主义思想对你来说才是神圣的、虔诚的。眼下你们正在按照辩证唯物主义认识论来研究世界的可知性，这似乎是一个与实际生活相距甚远的纯理论问题。然而，实际上这是我们的物质和精神生活的最本质的问题。认识周围的世界——是以人的幸福为名义进行的。你在聆听关于世界的可知性的讲座的时候，你要思考一下自己的实际工作，想想自己用知识做出了什么贡献，利用自己的劳动给我们民族的物质、精神财富中添加了什么。还要想一想，你在探索大自然的奥秘，认识世界，阐释尚未被认识的事物时，给你带来怎样的乐趣。你要制订一个终生的自学计划，因为你从大学毕业后，再过十到十五年，一半的科学知识将是你未曾学过的东西。

给父母的建议

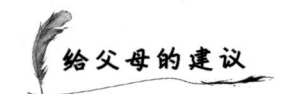

人文科学的、人性的教育，也是一个自我教育的过程。把自己培养成为一个人，这才是最主要、最根本的事情。五年寒窗固然能成为工程师，而学习如何做人，应当是终生的事情。在心灵的自我培育中，美育是最主要的工具。这里所说的美育是广义的美育，它是艺术、音乐、真诚待人的心灵美。关于这个问题，以后有时间我们还需要多谈谈。

我现在正忙于完成关于学校教学和教育工作的手稿，整理完好后送去复印。

拥抱你，吻你。

祝你身体健康，心情愉快！

你的父亲

第十一封信

亲爱的儿子，你好！

你的信使我十分不安。眼下盘旋在我的脑海里的，是你信中所写的年轻人犯下的可怕罪行。一个青年工人和一个大学生杀了一个人……动手杀人并非因为对方做了什么大事，而只是由于一件小事引发的口角。

你信上写的这宗凶杀案迫使我们深刻检讨对待青年人的教育方式，同时深思青年人的精神生活问题。我们国家一半的公民是二十六岁以下的人。我们应当记住并谈论这个事，但不是带着悲悯的心情谈论，而是忧心忡忡地谈论。让我十分担忧的是中学毕业后（或者从八年级就离开了学校）的人们完全脱离了那些有才智的、真正的老师的教育影响，他们把中学老师的教诲彻底抛之脑后。在专科学院和中等技术学校，除了少数例外，品德教育工作实质上并没有开展。而这方面的工作又十分有必要。我拥有准确的资料，这些资料显示：青少年犯罪（杀人、持械打人越货、抢掠、强奸）率在许多地方急剧增长。我们没有权力对此保持沉默。如果教育状况没有得到改善，我们掌握数学、电子学和宇宙学也无济于事，只能抱头痛哭。我们不能看着杀人越货的年轻人成千上万地增长，对这些年轻人来说，杀人和拍死一只苍蝇没什么区别……

这究竟是怎么一回事？难道可以对这种危险的现象置若罔闻，或者心平气和地谈论吗？如果我们中间有这样的人，怎么还能侈谈共产主义建设呢？当你看到法院判决一个二十岁的青年枪决，听到此人在杀人的当晚还拿着从受害者口袋里搜来的三个卢布去酒馆喝伏特加（这个案子发生在克列缅丘格）的时候，难道此时你的心情会因为想

给父母的建议

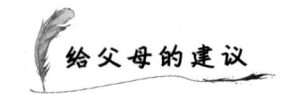

到"我们的青年总体是好的,青年中有成千上万的英雄"而变得轻松一点儿吗?

无论多么高深的数学,无论多么先进的计算机,都无法计算出由于放松对青少年的道德教育带来的巨大损失。一些同志还因为我们的普通教育更偏向数学、物理等自然学科而沾沾自喜。如果他们能够读到那些可怜母亲的来信(她们的儿子在二十岁就沦为了罪犯),也许才会明白对于我们的社会而言,这种教育失误包含着怎样的危险,其危险程度不亚于一个姑娘在自然科学系毕业后拿着文凭进修道院这件事小。

现在青年中形成了一种很不好的风气:他们到俱乐部、舞场或是体育场,聚在一起,第一件事就是喝酒。纵饮无度已成为社会的灾难。酗酒不是个美丽的字眼,而是令人感到悲伤和屈辱的现实。在科技发达的今天,它的可悲程度并没有因为苏维埃人经常进入太空或正准备飞向月球而减少一分一毫,反而加深了。

大概在两个月前,我不得不坐在人民法庭里,听审一个十九岁小伙子在舞场闹事的案子。当法官问被告:"您的职业?"他回答:"小流氓!"他回答时仰着头,语气充满挑衅,以为这样显得自己非常勇敢,结果却恰恰相反。这个被故意大声说出的词汇,让人感到的只有悲哀……这些罪犯在我心中首先引起的是怜悯之情。我怜悯被毁掉的人,对导致他们毁灭的人感到愤怒。有罪的首先是教育者(我对这一点确信无疑)——父亲、母亲、老师、少先队和共青团组织。教育者们很早就种下了祸根:当一个人还是孩子或少年的时候,当他无论做什么还可以被纠正的时候,教育者却疏于管教,所以难辞其咎。我确信犯罪的根源可以追溯到童年和少年时期。主根就是情感冷淡,对所有活生生的、美丽的事物毫无恻隐之心,保持漠不关心的态度。一个残忍毁坏花坛、暴力折断树苗、虐待小猫小狗的孩子,就是一个潜在的罪犯;对活生生的、美丽的事物毫无恻隐之心,就表明在他的心灵中已经种下了犯罪的根苗。从对待动、植物毫无恻隐之心到对待人无怜悯之心,只有一步之差。大自然赋予了人发展美好情感的最大潜力,我想把这种潜力比喻成一个神奇乐器上的数千根琴弦。琴弦能发出各种声音,从最细腻温柔的到最粗狂强烈的。如果没有调好琴弦的音,这个乐器将奏不出乐曲;如果人的心灵没有受到培育的话,人也将永远愚蠢、野蛮。人性就是这个神奇乐器上最精细的一根弦。当你以后有了孩子,为了让他们成为真正的人,你将日夜操劳,你就会明白在对人的创造中最主要的,是培育他珍惜生命的能力,教他把人的生命当作最宝贵、无价的财富来珍惜。一个人,如果他在童年时代就常常关心别人的喜与忧,如果他为了排解父亲、母亲、姐妹、兄弟、爷爷、奶奶的悲伤和痛苦,准备贡献出自己的欢乐和幸福,那么他任何时候都不会举起手来打另一个人。在人的心灵中调好最精细的弦——人性的弦,这意味着首先要教会他为另一个人创造快乐,并且从中体会到人性的快乐。

我想,年轻人仔细听完父辈的教诲和训导不是多余之举,这些教诲和训导主要是关于如何培育自己的孩子,关于如何防止最危险、最可怕的恶行——毫无人性、愚蠢的残暴行为的产生。就在离我们不远的基洛沃格勒,一个十八岁的青年用刀刺入一个十六岁孩子的背部,刺杀了他,为的是抢夺一块表(而那块表似乎已经损坏了)。这种残忍、毫无人性的行为,如此只顾自己、伤害他人的兽性行为是从哪里来的?我深入研究了这个杀人犯的童年和少年时期。原来,他从来没有为了他人、为了身边的人的快乐做任何事情。他没有种过一棵小树,没有栽过一株花苗,他没有从自己亲手栽种和培育的树上摘下一个苹果献给母亲、为了母亲做善良的事情。可他却无法克制自己的欲望(在他那里欲望变成了满足)。他成长为一个残忍、毫无怜悯心的人,别人对他来说是个没有鲜明形象的东西。

只有家庭、学校、少先队和共青团组织为犯罪行为承担责任,也是不公平的。人进入少年阶段(我认为从十二岁起)就已经具备了自我教育的能力;到青年早期(从十六岁起),自我教育就应该成为每

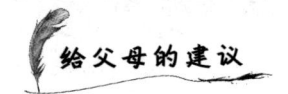

个人、每个中学生、每个大学生的最重要的义务。我希望你能谈谈你是如何看待自我教育的,你认为在自我教育中什么最重要。

拥抱并亲吻你。祝你身体健康,心情愉快!

你的父亲

第十二封信

亲爱的儿子，你好！

谢谢你这封热忱但是有点杂乱无章的来信。我感到高兴是因为这封信充满热忱，也因为这封信的杂乱。不然，就不会有这样的情况：你竭力想说出一切使你激动的东西。

你认为在自我教育中，培养自律精神是最重要的事情，也就是要强迫自己工作，提出目标并付出行动去努力实现。培养意志力在自我教育中当然是很重要的，但是在我看来，意志本身是自我教育的结果，自我教育的实质更加深奥。

自我教育从自我认识开始。年轻人的生活中最复杂、最困难的是：怎样从中看到理想的、英雄的人物和故事，又怎样从这个方面对自己进行正确的估值。我建议你多读一些关于达到人性美高峰的人们（真正英雄）的书。在我们这个时代，有些人的生平就像丹柯㉞一样。你要通读一本关于米哈伊尔·帕尼卡科英雄事迹的书。这位在二十岁就牺牲了的共青团员是第聂伯彼得罗夫斯克人。在斯大林格勒城下的战斗中，他烧掉了法西斯的一辆坦克，自己也葬身在烈火中。你读了他们的事迹，就会从一个公民的角度重新看清周围世界和认识你自己。当米哈伊尔准备将燃烧瓶掷向驶近的法西斯坦克时，突然一颗子弹击碎了燃烧瓶，他的衣服被烧着了，于是他像一把熊熊燃烧的火炬扑向坦克，敌人的坦克烧毁了，他自己也在大火中光荣牺牲了。米哈伊尔这种舍生忘死的行为甚至连法西斯士兵也为之震惊，他们纷纷停止了射击。人们把米哈伊尔·帕尼卡科称作伏尔加河要塞上的丹柯。世界上还有什么能与这种崇高壮烈的英雄行为相媲美呢？在他面前，斯巴达的武士和温泉关的英雄都会黯然失色。这种为祖国而牺牲自我的精神如同一把火炬，它将照亮你的内心世界，帮助你看到自己心灵中最隐蔽的角落。在这一瞬间，你会希望成为一个道德高尚的人，希望为祖国做些什么，希望投身到伟大壮丽的事业中去。

努力去创造这一瞬间，做到这一点非常重要。要珍惜自己在这一瞬间的伟大、崇高的道德热情。在这个崇高的英雄人物面前，你最终将向自己提出这样的问题：我是谁？我为什么活在这个世界上？我有没有建功立业的能力？

你要读一读介绍西伯利亚的联合收割机手普罗科夫·涅克托夫事迹的小册子。战前他是集体农庄的联合收割机手。他在战争中失去了双脚，从军队医院回到家后，他十分忧郁，感觉自己成了全家的累赘。是作家鲍里斯·波列伏伊[35]的《真正的人》这本书鼓舞了他。他装上假肢，用极顽强的毅力和勇气学会走路，后来又学会了驾驶联合收割机。为了嘉奖他的出色劳动，苏联政府授予他"苏联英雄"的光荣称号。

还有一个名叫伊万·卢基奇·摩尔达维斯基的人，他在敖德萨农业实验站工作。在战争前线，他身负重伤，医生截去了他的双手，他的左腿也不能弯曲，成了严重残废。可是，就是这样一个人，竟读完了农学院，做了农艺师。

类似普罗科夫·涅克托夫这样的人，我还认识十八个。在哈尔科夫州的彼得罗帕夫洛夫斯克（离我们家乡很近）有一个名叫格里戈里·尼基福罗维奇·兹米延科的拖拉机手。战争结束后，他的拖拉机不幸被战争中埋下的地雷炸毁，他也失去了双腿。他和普罗科夫·涅克托夫一样，依靠自己的力量又重新回到了工作岗位。如果将这些令人惊奇的人物事迹全部写出来，可以编成一本表现英勇精神的文选，它将成为青年人的生活教科书。它将是一部青年人进行自我教育的最得力、最有效的参考资料。可是暂时还没有编出这样的书，那就读一些有关英雄人物生平的小册子吧。

你应该还记得吧，夏天的时候我答应给你讲一讲苏联战士阿列克谢·别秋克的英雄事迹。他在执行战斗任务时不幸落入了法西斯强盗手里。法西斯强盗把他带到一个军官面前。面对所有的审问，阿列克谢·别秋克的回答都是"没有""不知道"。这个希特勒匪徒割掉他的左耳，他只战栗了一下，在剧痛中没有说出一个字。严刑拷打者们又割掉了他的另一只耳朵。无论是保全生命的许诺，还是枪决的威胁都不能撼动这位英勇的苏维埃战士。法西斯分子们想尽折磨的办法，他们撬开他的嘴，拉出舌头，用钉子将舌头钉在桌子上。一名刽子手拿着一把匕首沿着舌头缓慢地滑动，野蛮的暴徒们发现目的不能达成，就切下他的舌头。在夜深人静时，希特勒匪徒把阿列克谢·别秋克带到河边，命令他向前跑，然后朝他背后开枪。阿列克谢·别秋克跌倒在水里，他忍受住剧烈的疼痛，艰难地游到我方前沿阵地，被战士们发现，送进了军医院。

我在部队医院曾见过阿列克谢·别秋克。我们的床位离得很近，几乎并排在一起。他对于你来说，是一个人向完美的精神高峰飞越的榜样。有数十个苏联战士拥有这样的功勋，但令人遗憾的是，他们的事迹没有被写进书中。我相信，这本书将会有的。它将成为关于心灵自我教育的不可替代的参考资料。孩子，你好好想一想阿列克谢·别秋克的英雄事迹吧！在这种英雄功绩的光辉下探察一下自己的内心吧！每个苏联青年都应当做好建立这样的丰功伟绩的准备。你将是一个保家卫国的战士，记住，你应当时刻准备好为了祖国的自由和独立而鏖战沙场。一旦燃起战火，对于你、对于每一个苏联战士，都需要巨大的精神力量和自我牺牲精神。在我们的生活中，有着什么都无法与它比拟的东西，那就是祖国、亲爱的人民和我们热爱的家园。缺少我们当中的任何人，祖国仍然巍然屹立；但是，我们当中任何一个人一旦离开祖国，就会变得微不足道。自我教育的首要任务就是要把自己培养成为一个英勇的爱国主义者。

现在我们把话题转到你的信中。你在信里谈到年轻人犯下的可怕

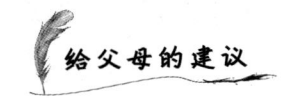

罪行。他们之所以空虚、贫乏、蒙昧无知、目光短浅,首先是因为他们的心灵里没有人最重要的核心——热爱祖国。这是一种最纯洁又最精明、最高尚又最强有力、最温柔又最毫不留情、最温存又最严酷的感情。一个真正热爱祖国的人,他在各个方面都会表现得像一个真正的人。

儿子,要培养自己神圣纯洁的感情。我们的祖国是一棵强壮的千年大树。但愿我们每一个人不是这棵树上的枯枝败叶,而是生机勃勃的青枝绿叶。要记住,我们的祖国永远不会向任何一个侵略者屈服。要知道,我们祖国的真正的爱国者可能会被枪杀、火烧、活埋,正如法西斯恶魔常做的那样,但是坚决不会被征服。

要努力向上,做一个真正的人。但愿你没有妄自菲薄的心理,但愿你不存在这样的想法:杰出的人物都是些非凡的人物,我只是一个普通人……苏联人不是裹挟在命运旋风中的一粒微尘。好男儿志在四方。要以理想为目标,要确立以道德美的顶峰为努力方向。

要不断磨炼自己身上的人性,让人性日趋完善。要对邪恶、谎言、诈骗、损害人的尊严等行为十分敏感,并且要让这种敏锐的感觉达到极其精确的程度。在这里最重要的不仅是意识,还有鉴别力。在你的眼皮底下,一个人在凌辱另一个人,因为事情不大,你对此视而不见,那么要不了多久,你就会对你周围发生的一切都熟视无睹。因此,需要磨炼自己,培养敏锐的心灵和细腻的情感。让心灵比脑子更快感知,为保卫良善做出行动,即使你的意识还没有及时显现想法。一个流氓正在凌辱一个姑娘,应当帮助这个姑娘。你的脑子还没有来得及细想,你的心灵却已经感到激愤,你的情感已在促使你以善的名义采取行动。

美能磨炼人性。我时常想起索洛乌欣的这句诗"手捧鲜花的人不会做坏事"。这里提到的鲜花,从广义上可以理解为一种普遍的美。詹姆斯·奥尔德里奇[36]曾说:一个厚颜无耻的人不会同时又喜爱狄更斯[37]。两者是不能并存的。如果一个人从童年起就在美育方面受到培养，特别是阅读一些优良读物，如果不断培养他对美的感知能力，那么，他就不太可能会变成一个冷酷无情、卑鄙庸俗、贪淫好色之徒。美的东西，首先是艺术珍品，能使人感情变得细腻，而感情越细腻，人对世界的感悟就越敏锐，他能够给世界做出的贡献也就越多……我无法忘记一个战胜了自我的宗教世界观和宗教道德观的年轻妇女的话。她将中学和大学时期读书的目的看成是将知识保存在记忆中，然后学生将面临测验或考试，随即从知识中解放出来。这种对待学习的观点，隐藏着对于每门学科的威胁。而对于文学和艺术，这种观点就是杀手。在中学上文学课不是为了考试。文学应当走进每个人的精神世界，成为人在日常中和美的接触契机。文学成为生活的教科书，只有文学的翅膀在天空中翱翔时才能实现。没有美，没有审美的情感，文学这只鸟就会像石头一样从高空坠落。

有一个问题使我感到不安。在你的生活中是不是每天都能接触到美？在你的宿舍里我几乎看不到什么文艺书籍。但在你的书架上我看到两本好书：奥莉加·别尔戈利茨的《白天的星星》和格·秋尼克的《漩涡》。看到你在阅读它们，没有虚度时光，为此我感到高兴。要知道，人的一生中能够读完的书不会超过两千本，而在书籍的海洋里，一本本好书就像相距遥远的小岛，你要善于登到每个岛上去游览……在书的海洋里，容易迷失方向，也容易陷入浅滩……要谨防既无思想性又无艺术性的低劣读物，它们往往具有惊险、离奇、曲折的情节。弗·培根[38]有一句话说得好："有一些书，品尝一下就够了，有些书最好一口下它，可惜值得仔细咀嚼的书很有限。"

不仅要读书，还要反复地阅读。有一些书，在人的一生中需要阅读许多次，每一次重新阅读，都会发现新的人性美。我不止一次地读过列夫·托尔斯泰的《复活》，费·米·陀思妥耶夫斯基的《白痴》《罪与罚》，但丁的《神曲》，莎士比亚的《哈姆雷特》。第一次读这些作品的时候，我才十六岁。第二次读的时候，我二十岁。当我第三次读这些作品的时候，我三十岁了，感受就完全不同了……随着年龄的增长,你会慢慢发现,喜欢阅读的书的范围在缩小,但这些书确实都是令你爱不释手的好书。我建议你从现在开始,把在学校里读过的书再读一遍,就像反复欣赏一张美妙的唱片一样。我们听过几十次乐曲《天鹅湖》,但从不感到厌烦。反复阅读一些不朽的文学作品,也是在不停地认识自我。读契诃夫的《草原》,把他的这部令人惊叹的作品读上五次、六次、七次,你会希望自己能够变得更优秀。至于高尔基、柯罗连科、肖洛霍夫、普里什文、帕乌斯托夫斯基等人的作品,如果无法背诵这些艺术家作品中的段落,我不能活过一个月。读一读当代作家吧。我建议你读一读出自这些长篇小说家和诗人笔下的作品,如西蒙诺夫、索洛乌欣、特瓦尔多夫斯基、别尔戈利茨、施巴乔夫、谢尔文斯基、加里宁、尼林、田德里亚科夫、马丁诺夫、斯捷尔马赫、贡恰尔。如果重读心爱的书无法吸引到你,这意味着你还没有审美的感情。

要记住,书是人类数千年来的智慧结晶。伏尔泰说过:"一本好书,第一次读时,就像认识一位新的朋友;再读时,像是在拜访一位老朋友。"希望你有越来越多的老朋友。读书不是一个机械的过程,而是一种创造。掌握这种读书技能吧,一边读书,一边教育自己;一边读书,一边思考;一边读书,一边沉思。

请原谅,这封信写得过于详细,话题引申得太远。然而,自我教育本就是一两句话说不完的。

祝你健康愉快!

拥抱你,吻你。

你的父亲

第十三封信

亲爱的儿子，你好！

我非常高兴，这封关于自我教育的信会引起你这么大的兴趣。你细心地观察到现代青年人有一个特点（其实不仅仅是年轻人），那就是非常敏感和容易冲动，有时甚至有点病态的神经质。我相信，人们之间的许多冲突，以及时常发生的争吵，大多数的原因往往是他们不善于控制自己的情绪，有些人甚至根本不注重情绪的自我调节。

然而，培养自己良好的情绪，在我们这个时代，特别是对青年人来说，是非常重要的。几千年来，人的生活基本上是由肌肉的力量以及固执、残忍等神经系统的粗野本性所决定的。到了现代，人的生存能力几乎毫无例外地取决于神经系统的最精确、最复杂的机制。你应该还记得两年前在我们镇上发生的一个事件：三个朋友碰面，一个是军事学校的学员，一个是工人，还有一个是大学生，本是一个令人高兴的聚会。中途不知谁说了一句不中听的话，小伙子们因为这句话打起架来……三个人打得不可开交，人们把他们送到警察局。在那里他们才冷静下来，年轻人惊讶地开始回忆，是什么原因导致他们动手打架的？但三人都不记得了。这就是神经的敏感和冲动导致的后果。在当今世界，人的行为取决于由思维调节的极为细腻、极为敏感的情绪。由此可见，现在应当特别注意分出时间和精力进行情绪培养。而对青年人来说，在培养良好的情绪方面，自我教育起着重要的作用。可究竟需要做些什么，才能控制自己的情绪呢？

首先每个年轻人应当记住，不要用喊叫、冷酷无情和粗野残暴来掩盖思想上的贫乏。在人内心深处的潜意识里，隐藏着一种本能，这就是动物般的恐惧、凶恶和残忍。一个人越是缺乏文化修养，他的

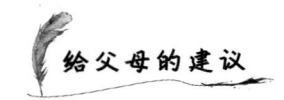

智力和审美的兴趣就越贫乏,动物本能就越经常表现出来,它们以无礼、粗鲁的方式让人知道自己的存在。当一个人无法证明自己是正确的时候,或者他直截了当地说,他犯错了(具有情感和理性的文化修养的人们常这样做),或者开始大喊大叫,也就是用"本能的反抗"来掩盖自己的错误。这种神经质的暴躁易怒的状态,无论是自己身上的,还是别人身上的,都应当得到谅解,要珍惜自己和别人的情感。

要记住,细腻的情感,对于当代人而言,就像空气一样必不可少。感情常常能提高思想的品质,但真正的感情不可能脱离思想而存在——它产生于思想,思想滋养着它,它依靠思想而存活。全靠丰富的思想,人的感情才能成为人精神世界的一股独立的力量,它才有能力激励人去实践高尚的行为。

怎样培养自己细腻的情感呢?首先在任何时候都不要忘记你是生活在人们中间的。任何时候都不要忘记同你一起劳动的人,他们也有自己的忧虑、牵挂、思想和感受,要学会尊重每一个同你一起生活和劳动的人身上的人性的东西,这是人应该掌握的最重要的技艺。细腻的情感只有在集体中,只有在与周围人的精神交往中才能被培养出来。说到这里,我们趋近了自我教育的一个十分重要的问题,除了人们之间充满智慧的亲密交往,还有别的什么能够磨炼人们的情感呢?

究竟如何用丰富的理性和审美兴趣磨炼情感呢?那就是要在友谊中培养自己的情感。友谊帮助你体贴地对待身边的每一个人,提高你对周围人感知的灵敏度。那么,为了拥有真正的友谊、使人精神丰富的友谊,帮助压制住本能、发展人性的友谊,这种友谊需要什么呢?需要你个人的精神财富。只有当你慷慨解囊、宽宏大量,愿意给你的朋友提供某种帮助时,你的精神才能变得充实。精神财富的相互交换,对于培育感情的细腻度和锻炼感知能力是必不可少的。当然,你们的集体才建立几个月,要求你结识到新朋友是困难的。但是真正的友谊终究会建立起来的。你将同他们交流自己的思想和情感,分享快乐和忧愁。

如果我现在有机会到你那里去,我就会把你同屋的同学召集在一起,也可以邀请其他大学生,跟他们说:"年轻的朋友们,要爱惜心灵,培养自己高尚的情感。要记住,在我们这个时代,人对周围世界会变得越来越敏感。'人与人是朋友、同志和兄弟'这句话里,包含了深刻的意义。但是这种深刻性不是所有人都能理解透。成为朋友,这首先意味着要教育人,确立他的本性。"

教育,就其实质而言,就是人克服自身的动物本能,并发展所有合乎人性的方面。共产主义教育是最高的人性教育。

说到人性,我想起一个德国共产党员讲过的一个故事,这个故事说明了法西斯分子是怎样从小就扼杀掉人的人性的。他们给在夏令营受训的少年发一只家兔——很小的、温驯的、长着丝一般的细毛的小兔子。孩子们每天给小兔子喂食,照顾小兔子,依恋上了这个生命,和小兔子难舍难分。接近夏末,这些兔子都长大了。在回家之前,训导员问孩子们是否准备执行元首的任何命令。孩子们回答道:为了法西斯元首,我们甚至愿意献出生命。于是训导员发出命令:每个人必须亲手杀死自己的小兔子。他说:"请你们学会战胜自己的怜悯心。"

法西斯的杀人犯和暴徒就是这样培养出来的,这真是人兽性本能的示范——对一切有生命的和美好的事物毫无怜悯心,对别人的精神世界漠不关心,这就是所有杀人犯、暴行者的心理基础。应该培养自己对一切生命和美好事物的怜悯心。你将来会有孩子,要记住,他们的道德和对待他人的态度往往取决于他们小时候对待飞鸟、花草和树木的态度。

寄给你一本安东尼·德·圣埃克苏佩里[③]的作品选集。我希望你认真地读一读《小王子》这篇童话,并思考它的内容。

祝你身体健康!

拥抱你,吻你!

你的父亲

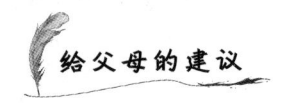

第十四封信

亲爱的儿子,你好!

从你的来信中我感觉到了一种惊慌的情绪,对你来说,同年级那位姑娘的话是你完全没有预料到的。她几乎和专科学院毕业后去修道院的那位姑娘一样崇敬上帝,这种情况令你惊奇到害怕的程度。对我来说,这种事没有什么值得惊讶的。它说明了一个问题,我们的教育存在很大的弊端……我反复思考这位姑娘说的话:"科学十分清楚地解释了人没有不死的灵魂,人也会和动物一样,永远地死去。但是,科学解释了这一点,却使人的心灵变得空虚。而宗教能给予教徒慰藉。科学揭示了宗教的虚伪,却没有给予什么可以替代的信念。"

这位女同学严肃的话语,让我想到了在《科学与宗教》杂志刊登了我的文章后我收到的一封信,信是一位十六岁的师范学院的女大学生写的,现在这封信就摆在我的面前,信里面写道:

"我暂且还不是一个教徒,但是,也许很快就会成为教徒。并非像通常所说的那样,是宗教狂热分子把我感化成教徒,也不是因为受了信教父母的影响,而是有某种想法在我心中形成,这究竟是什么想法,我也说不清楚。在一系列关于自然科学的讲座上,老师反复灌输一个真理:人是必死的,就像牛和马一样,最终都会死亡。正如牛和马没有不死的灵魂,人也没有。人死后埋进土里也会慢慢腐烂,等待他的是小猫、小狗那样的命运。而关于灵魂不死的种种臆造,都是宗教教会的谎言,不要相信,纠缠于这种想法只能说明你们是愚昧无知的。

"当然,所有这些大道理并非都是以这样的宣传方式、逻辑形式被描述出来的。但我感觉就是这样的意思,并且因此激动不安。难道在人那里没有一点点只有人才有的东西吗？哪怕只是与不朽的灵魂稍稍相似的东西也没有吗？人不希望和动物一样。请您相信，在一次讲座上，一位教授用毋庸置疑的事实证明了，在生物化学方面，人是和任何动物一样的生物。我听了这场讲座后，久久不能平静，整夜都无法入睡。人们都希望自己身上拥有与动物不同的某种深刻的、精神的、人性的东西。人们希望在人这里拥有某种哪怕是接近于不朽的东西。于是我开始走进宗教世界，也可以说是在寻觅一条逃离唯物主义的生路。我认为，唯物主义是一种不讲人情、盲目的力量。可我往后该怎么办呢？请您给我找到一个支撑点：生活的快乐在哪里？怎样从纠缠不休的关于死亡的思想，从关于人会被埋进土里，接着世界、太阳、星星将一起在人的意识中毁灭的思想里解脱出来？为了我，请您说说，该怎么办？"

这是一个思想丰富、对周围世界有细致感受的姑娘的来信。她请求我给她的姓氏保密。她的信几乎分毫不差地再现了你的同班同学——那位姑娘的思想。困惑这两个姑娘的问题是十分严肃的。那种对复杂问题的粗浅看法，那种简单化的无神论主张令我大惊失色，许多演讲者和教师正在大力宣讲这种无神论，这种无神论与其说是将人们从信仰上帝中解救出来，倒不如说将他们推向宗教的怀抱。在这种简单化的无神论中，作为主要用来证明没有上帝的王牌，就是展开一个论题：人没有任何不死的东西，人会像任何动物一样不留痕迹地消逝。很难找到另一种更大程度地贬低人的说法了。

是的，要我回复这个十六岁女大学生的信简直难上加难。我回复你的信都很困难，要你向那位同班女同学转述我的话也同样不容易（或者，恐怕需要你向她读这封信了）。

在人的一生中，有一件最令人厌恶的事情，那就是死亡。防备死亡像一根红线贯穿在人的全部精神生活中。正是因为这个缘故，许诺棺材外仍有生命的宗教才能获得千百万民众如此狂热的推崇。高尔基曾写道：是对死亡的恐惧把人赶进了宗教的牢狱。但是唯物主义和科

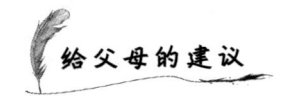

学使关于上帝、天堂和地狱的神话丧失了可信度,也让人看见了自己的天真和幼稚。和可怕的死亡做斗争,应该是人自己的事情。

这种斗争的途径是什么?是人要时时刻刻都过得充实、有意义。穆萨·嘉里尔[①]希望自己身后"留下深刻的、惹人注意的印记,让事业像千年橡树那样留存下来"。而他留下了这样的印记。可是,你说,不是每个人都有能力像穆萨·嘉里尔那样留下印记。我坚信,人的个性是独特的;每个人都有可能成为在地球上留下印记的创造者。要知道,这个是很实在的,因为我们正在建设共产主义。不应做平庸的人,像一粒灰尘那样默默无闻的人。每个人都应当闪闪发光,像宇宙的无数个发光体一样在天空中闪烁。要有独一无二的个性,这在很大程度上取决于自己。应当努力奋斗,为的是不做一个灰溜溜的、无人理睬的人。

创造是战胜令人厌恶的死亡幻影的途径。创造的渴望直到最后一刻都不会离弃人,让人仍处在它的巨大的幸福中。阿列克谢·托尔斯泰和谢尔盖·普罗科菲耶夫,直到生命的最后一刻,他们都还在工作。科学不能给予任何替代品,来取代宗教给予的安慰剂。宗教常常给予人对天堂的希望,按宗教的世界观,可以用祈祷、斋戒、服从来战胜命运的话,那么科学却要断言:"不,人才是不朽的创造者!"

谁说人没有灵魂?人有灵魂,这种灵魂与宗教反复言说的那种灵魂相比要更加丰富。人的灵魂,就是他强大的精神、他的思想、他认识和征服自然的勇敢作为。人可以使灵魂不朽。

有一种创造领域,人在这种创造领域中可以使自己达到不朽,这种创造就是创造人。父亲和母亲不断创造新的生物——儿子、女儿。这是最伟大且永远不朽的创造。子子孙孙,无限繁衍。在这种情况下,通往不朽的道路可归结为:努力在儿女身上重塑自我。但这是在更高基础上的重塑——培养一个人,让他比你自己更优秀。

你最近在读什么书?是科学文献类的,还是文艺类的?有心得就告诉我。请你关注《乌克兰艺术史》第一卷有没有出版,只要市面上有卖,就买两本带回来(其中一本放在学校的图书馆里)。

  祝你身体健康,心情愉快!

你的父亲

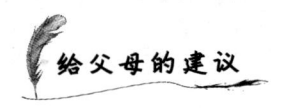

第十五封信

亲爱的儿子，你好！

　　光阴似箭，日月如梭，你已经读完了第一个学期。两个五分，一个四分，初看起来，似乎还不错。但是要记得列夫·托尔斯泰的箴言：应当朝比你更高的位置游去，不然水流会把你冲走。

　　你的来信令我甚感欣慰（即使你很久没写信过来，大概有两个星期了）。值得庆幸的是，对理智的兴趣在你们的集体中正在苏醒，以至你们开始了好几场争论，而且还是争论那个问题——自由和义务。你邀我参与你们的争论，没问题，我乐意做这种事。你在信里提到，你的同学中有人坚持这样的意见：在某些活动的范围内（按你的话是在个人生活的范围内）人是绝对自由的，而在其他的场合，自由受到社会的各种要求的限制。你说你不同意这个观点，我支持你。你的观点：成为自由的人，意味着要善于正确地行动——符合人民的利益要求。实际上你是重复了恩格斯的名言："意志自由就是借助于对事物的认识来做出决定的能力。"现在的年轻人有一种追求，就是用自己的话表达复杂的思想，这是很好的。没有绝对的自由，也不可能有。要知道人是生活在人群中的。列宁也曾说过：你在社会中生活就肯定会受社会的约束。而你的对立者用刀将生活分成两半：一半，人要环顾四周，才能行事；另一半，人可以为所欲为，不考虑任何人。这样划分实质上是建立在市侩哲学的基础上，在工作的地方，他可能显得像一个品行端庄、纯朴的人，而在家里则成了亲人的折磨者。在我们的社会中这样的人相当多！这种绝对自由的思想对爱情、婚姻、家庭生活危害极大。在个人的生活范围里，自由首先是一种伟大的责任。列昂尼德·尼古拉耶维奇·马丁诺夫关于这方面说得很好：

我弄明白和完全了解，
做一个自由的人意味着什么。
在这种艰难的感情中我恍然大悟，
在世上一种最自私的感情中我顿然清楚。
而您知道，做一个自由的人意味着什么吗？
要知道这意味着为一切担当责任！
为了叹息、眼泪和损失，
为了信仰、迷信和无宗教信仰。

顺便说说，如果你没有读过这位优秀诗人的诗句，我将带一本他的《选集》给你。

我们共产党人崇尚自由，但是我们也毫不隐藏自己的观点：我们理解、崇尚的自由，仅仅是在符合人民利益范围内的自由。如果有人宣传战争、使用暴力、贪污腐败、淫荡堕落，在我们这里都会受到严厉的惩罚，在这种情形下，没有也不可能有个人的自由，如果每个人都肆无忌惮地想干什么就干什么，社会就会变得混乱不堪，一个人连走到大街上去都会害怕。苏维埃人自由的前提是社会利益和个人利益和谐一致。大学生好好学习，将来做个优秀的专家，成为对社会有用的人，这是有益于全体人民的。为了好好学习，你可以自由选择很多条不同的道路，唯一不能选择的就是逃避学习、无所作为。

你知道绝对自由的资产阶级思想，给爱情、婚姻和家庭带来了什么吗？在这个领域内绝对自由的各种果实——儿童的悲伤和眼泪、母亲的不幸、被扭曲的童年和对善良的不信任。我了解这样的儿童……他们的父亲们，看样子，都是信奉绝对自由思想的人，对他们应该给予严厉的惩罚，但很遗憾，在我们的法律条文里总是有和道德规范不相吻合的地方。

人的意志和自我约束是享受真正自由的前提。每个人应当精确

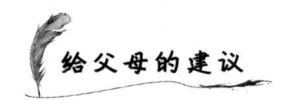

地理解三个概念：可以、不行、必须。理解了这三个方面的含义和区别，他就拥有了一个公民最重要的特质——义务感。义务感使人在行动中获得自由，是高尚思想指引人的行为崇高化——我这样做是以什么为名义？我们的社会是最公平合理的，履行义务不会束缚人，不会封锁他的自由意志，相反，这给他提供了真正的自由。

费尔巴哈[④]写道："自由并不在于开始的可能性，而在于终结的能力。"自由和义务的统一存在于这种明智的思想中。我不禁想起了达尔文所说的关于义务和良知的话，义务和良知是区别人和动物的最重要的特征。亲爱的儿子，一定要努力发展自己作为人的情感。请记住歌德的教诲："如何深刻地认识自己？不是深思冥想，而是积极行动，试着履行自己的义务吧，你就会知道你真正拥有什么。"

祝你身体健康，精神饱满！

亲吻你。

你的父亲

第十六封信

亲爱的儿子,你好!

我现在在柏林给你写信。临行前我曾告诉你,我将在柏林停留十五天左右。但是来柏林后,我就急着把事情办完,不想浪费时间,争取早点动身回国,这样我在德国将只待十天左右。

这不是我第一次出国,我曾经到过许多国家,每当命运把我抛到远离祖国的地方,我的爱国之情会以一种新的力量苏醒。远离祖国时,你会深刻地感觉到自己对家乡的一切负有责任。只要有人谈起祖国的事情,比如谈到苏联学校,谈到我国的经济状况时,我的心就会激动万分,似乎他们谈论的是我个人的事。听到赞美的话是多么快乐呀!当你听到外国人将我们的祖国比作人类指路的明灯时,心里是多么骄傲!当我们的朋友谈到我们的某些缺点,有时是对某种不合理的举措表示惊讶时,听了又是多么不愉快!

未来你也可能在我们国家境外的地方停留游历。所以你时刻都要记住,祖国是养育你的摇篮,是你永远的家,更是你幸福的源泉。这是你先辈的土地,先辈们为了这片土地,流了许多血汗。在自己的家园里既有好的事物,也有不好的事物。如果你看见不好的事物,不要忘记这是在你的家园、你的摇篮。只有卑鄙的人才会对自己家园的恶事抱有幸灾乐祸的态度。不要看到恶的现象就转过脸去,不理不睬,而要做些事情,让你亲爱的家园里出现可以取代恶的现象的善良现象。只有你做了好事,你才有权利议论自己家园里的恶事。你要做十件善事,才有权利对不好的事情批评一句话。

祖国,是个慈祥又严格的母亲。如果她的儿子成为坏人——懒惰、冷酷无情、意志薄弱、虚情假意、不诚实的人,母亲会痛心,当

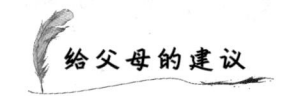

你没有成为一个真正的人的时候,她会难过。你要让祖国因你而骄傲,要善于以祖国人民的最高利益为最高标准要求自己。

你要为自己的先辈骄傲,他们全都是英勇的战士,为了祖国的自由和独立,为了将劳动人民从剥削中解放出来,为了社会主义革命的胜利,为了拯救全世界免于法西斯的统治,他们都曾战斗一生。祖国那些伟大的儿子,都是你的圣物,你的骄傲。请记住,我们的祖国,是世界上第一个社会主义国家,它为全人类开辟了通往共产主义的道路,这是我们民族的骄傲。请记住,我们的祖国将伟大的列宁带给了全世界。

我曾坐火车穿行于波兰和德国,我看见车窗外有很多的陵墓,数千个苏联战士的遗骸在那里安息。为了全世界不受法西斯奴役,我们祖国的数百万个儿子倒在这些地方。火车路过一个小站,我曾经在这里和法西斯军队打过仗,火车没有停留,车上的旅客甚至没有往车窗外看一眼……为了夺取这个小站,我们有三百多个战士牺牲了,其中就有我的朋友李森科中校。

我到过一个叫布痕瓦尔德的地方,现在这里是法西斯受害者纪念馆,战争期间这里是最可怕的死亡集中营之一。在这里,当你看到法西斯是如何以德国人特有的精细和条理杀害了几十万人(也可能是几百万,谁也不知道,因为所有文件都被烧毁了),你会感到毛骨悚然,其中大部分都是苏联人。在纪念馆里,我看到了干枯的人头、用人皮制作的皮包,法西斯就是用这种方式来取乐的。我看见用几十万妇女的头发编织的口袋和床垫。我看见用人骨中的脂肪炼制出来的肥皂,我看见一片田地,德国农民曾在那里用人的骨灰来施肥。今天这些农民的儿子们都是共青团员,他们向我们苏联国家的来宾表示敬意。

可怕的命运威胁着人类。在纪念馆里,我还看到了法西斯的杀人计划。他们企图消灭所有斯拉夫人,在焚尸炉中烧掉两亿人,对剩下的五千万人进行绝育后,送去当奴隶。请记住,正是那些永久长眠在白桦树下的普通苏联战士拯救了人类，使其免于这种威胁。

要记住，为了你的幸福，在死亡集中营的焚尸炉里，在争夺地球上每一寸土地的殊死战斗中，从伏尔加河到柏林，无数苏联人牺牲了，他们中很多年纪和你差不多大。要记住，我们祖国曾经历过的这场致命的灾难；要记住，我们祖国的两千万优秀儿女为了保卫你的摇篮献出了生命。许多母亲甚至不知道自己孩子的尸骨埋在哪里。在你觉得最幸福的那天，一定要去英雄的墓碑前献上鲜花，鞠躬默哀。

要记住，每个民族都有自己的圣物——为登上人类自由和幸福的圣坛献出生命的英雄们。但愿下列英烈的记忆对你来说是珍贵的：伊凡·苏萨宁和乌斯季姆·卡尔马柳克，亚历山大·乌里扬诺夫和桑多尔·裴多菲，谢尔盖·拉佐和厄恩斯特·台尔曼，卓娅·科斯莫杰米扬斯卡娅和尤利乌斯·伏契克，亚历山大·马特洛索夫和因科斯·贝劳扬尼斯，穆萨·嘉里尔和朱利安·格里莫。要记住，人民将两千万烈士都推崇到同样的忘我精神和英雄主义的顶峰。让英雄们永远在你的心房占据一席之地。

你可能会感到奇怪，为什么父亲在信中没有讲述国外的生活和那里的奇闻趣事，为什么讲的都是些早已知道的往事？因为，在这里，无论我看到什么，听到什么，第一时间想到的都是我的祖国。我想到了现在正值二十几岁的青年人，这是多么幸福美好的一代，亲爱的儿子，你们的命运多么令人羡慕哇！你们这一批同龄人将一起见证二十一世纪的到来，你们将充分展现你们的创造才能。然而，使我深感不安的是：你们能不能从父辈手里接过我们的全部精神财富和付出极大代价得来的全部物质财富？你们能不能完全理解并用心灵去感受，我们在伟大的卫国战争时期和祖国经济恢复时期所经历的艰难困苦？

希望你们不愧为我们的继承人；希望你们珍惜父辈所创造的一切；最主要的，希望在我们的每一个接班人那里，有一个圣物在生活中占据主要地位，什么都无法和它相提并论，它就是我们的苏维埃祖国。应当时刻准备保卫它。我在西柏林亲眼见到过一些法西斯青年。我看见过墙上半磨损的题词:"今天日耳曼属于我们,明天全世界都属于我们。"我们的民主德国的朋友们说,这样的题词时不时在那里出现。法西斯主义正在西德复活。我们应当时刻准备保卫祖国。你们应当十分认真地对待军事学科。我们每一个男人,都应当牢牢记住:我有两个职业,第一个职业因人而异——是教师,是农业工作者,或是工程师……而第二个职业在所有人那里都是一样的——祖国的保卫者。

再过一周我就该回国了,我一定顺便去看看你。

祝你身体健康,心情愉快!

你的父亲

第十七封信

亲爱的儿子,你好!

你的来信中提到的问题我思考了很久,所以拖到今天才回信。

爱情在道德上的纯洁性,是人类灵魂的一面镜子。如果一个人在这种精神心理和道德审美关系领域中有什么污点,意味着他是个肮脏的、卑鄙的生物,他不可能成为一个好公民、一个忠诚的劳动者和一个正派的人。

在精神生活的这个领域,理智和意志应该成为感情(性欲)的高度警觉的哨兵。我不接受某些作家和评论家的论断,他们认为不能给感情下命令,因为人无法掌控自己的欲望。这是一块柔软的遮羞布,人们常常试图用它来掩盖性的放荡和所谓的"爱情的解放",列宁对此提出过尖锐的批评。这种"情感至上"的理论对于刚刚步入社会的青年人来说是十分有害的。在性欲使人的情感躁动之前,人应该用美好的精神力量去克制住它,他必定体验到对所爱的人精神上深深的依恋。只有这样,爱情才可能是专一的。在真正的爱情里,理智不断帮助情感,不断给情感注入道德力量,从而使它变得高尚起来。恋人之间在理智上对感情不是加以利益盘算和逻辑分析,在情感上不是衡量对方爱的那个人能给自己带来什么样的依赖关系。这样的爱情是高尚的,在人对人的精神依恋之中,情感和思想融为一体。而且理智和情感达到了统一,良心在人的心中占统治地位。

你已经是个成年人了,很快也要做父亲了,因此我非常坦诚地和你谈论这些问题。作为父亲,我该承担这份责任。假如父亲的儿子变成了坏人,社会有权质问他,您为什么没有履行对社会的义务?要知道,每个公民最重要的社会义务,就是为祖国培育真正的人。孩子,

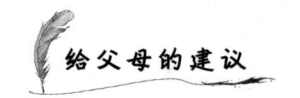

你要记住，父亲是社会赋予公民的崇高的称号。

使我不安的是一种司空见惯的现象，我宁可说是轻浮放荡的行为，许多青年人有这样的"毛病"。在光天化日之下，一个小伙子和一个姑娘在街上走着，要不就是拥抱在一起，要不就是接吻。有一次我问一个很年轻的姑娘："周围人这么多，你不会觉得不好意思吗？"她却回答说："难道我要把情感藏起来吗？"

这个姑娘的回答至少是愚蠢的，虽然她在生理上已经有了做母亲的资格，但是在道德上她却还不具备这种资格。愚蠢地屈服于最初的情感、冲动；愚蠢、恬不知耻地把那种事做给大家看。这本应该是暧昧、隐秘、不许外人侵犯（看一眼都不许）的。一个十八岁的小伙子，他喜欢一位姑娘，于是马上就拥抱她、亲吻她。这是放荡的行为。真正的爱情是伟大的、神圣的义务，这种义务是需要终生承担的。如果你不想失去对方的好感，不想使自己精神空虚，那么就不要屈服于最初的情欲。一个人对另一个人负有某种道德义务，他才能亲吻和爱抚她，这种道德义务就是意识到你将做她的丈夫，做她孩子的父亲。我认为除此以外的其他爱情，如为追求刺激、排解寂寞而产生的爱情，都是道德败坏的。

要记住，爱情首先意味着责任，对你爱的人负责，对她的命运、她的未来负责。那些单纯想通过爱情寻欢作乐的人，是贪淫好色之徒，是堕落者。爱情，首先意味着付出，把自己心灵的力量奉献给所爱的人，为所爱的人创造幸福。莱蒙托夫①在一封信中写道："我用自己心灵的一切力量去爱……"认真思索这些箴言吧。用自己心灵的一切力量，意味着为所爱的人创造幸福和善。

要记住，儿子，你一生的道德纯洁性取决于婚前男人和女人关系的性质，取决于这些关系中精神和道德情操因素所占的优势程度。你要警惕在爱情方面"经验多"和"阅历深"，这是十分可怕的。婚前情侣间的关系越纯洁、高尚，未来丈夫的道德义务感就越强烈。对女人的道德义务感，对她前途的责任感，会使一个青年小伙子成长为男子汉。纯洁的爱情使人变得成熟,思想轻浮、消愁解闷的爱情使人变得堕落。一个在婚前不保持贞洁、建立过肉体关系的人,是一个精神空虚的人。

情侣精神交往的最大快乐,就是在智慧和审美方面相互充实,就是逐渐发现对方好的道德品质和美的情操。其中,情侣彼此渴求地紧紧抓住不放的是什么?互相奉献的是什么?是忠实的爱情!一辈子的爱情!谁不希望拥有矢志不渝的爱情呢?这种爱情取决于什么呢?取决于人无穷无尽的精神力量。我和你母亲结婚快二十五年了……每当我们分开一段时间又再次相见时,我的心如第一次见面一样难以平静。我在这位我今生唯一爱护的妇女身上又发现了新的东西。她似乎在不断展现新的美,当那双眼睛里理性和情感相互交织的时候。内在丰富的精神世界可以从成千上万种情感的细微差别中显示出来,而人的眼睛可以流露这些千差万别的细腻情感。人的眼睛传达情感,同时也传达思想,如果这些感情的范围受到局限,如果感情失去了思想的依托,那么在初次见面时曾令对方倾倒的外在美,随着时光的流逝会变得黯淡无光,失去了它的吸引力。如果爱情仅仅表现为外表的诱惑,表现为在爱人的脸庞和身材里寻求享乐,那么失望和"性格不合"是不可避免的。

世上没有某种专门的"爱情科学",请你记住,有的只是人性的科学。谁掌握了它的入门知识,谁就做好了与异性建立高尚的精神和道德关系的准备。爱情,是对人性最严格的考验。在还处于童年和少年时代的人就要让他上爱情的课程,其内容就是教他应该把自己的精神力量贡献一些给别人,这也是人性的第一课。不尊重别人的人格和情感,就不可能有真正对人的依恋。列宁在同克拉拉·蔡特金①谈话时强调,在恋爱里也必须克制、自律。我们男人在这方面起着主导作用。每当你感情冲动的时候,一定要克制。你要知道,互相爱恋的人的肉体亲密需要用精神亲密来证明是道德的——相互尊重,准备共同生活一辈子,永远互相支持,这样身体的亲密接触才是道德的。你要

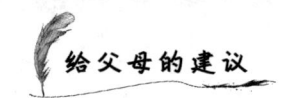

知道，对精神丰富、聪慧、正派的姑娘来说，小伙子在进入婚姻之前要求肉体亲密，是对她的侮辱，会引起她的愤怒。在一个好姑娘脑海里这种事是很遥远的事情……

你要知道，青年人最幸福的生活，就是得到纯洁、理想的爱情的生活，拥有这种爱情，内心世界充实的人们是长久、不想分离的。如果一个小伙子和一个姑娘相遇了，他们都很注重自己的人格和尊严，他们会长久地不去越过那条界限，严守贞操。这并不意味着他们没有逾越界限的欲望，相反这种欲望可能还很强烈，但没有精神上的结合，生理上的结合对他们来说是不道德的。精神上的亲密和理想的爱情时期在他们那里持续时间很长，他们有意延长这个时期，而且这样的坚贞带给他们莫大的幸福。

民间有一句老话："过日子，可不像穿过一片田野那么简单。"其中包含的意思是：一个人在家庭生活中的表现，能真正反映出他的道德面貌。遗憾的是，在我们的社会中也会见到这样一些人，他们在外面表现得像拥有崇高理想的战士，而回到家却是浅薄的利己主义者或是暴君。有一部分人，按照他的道德发展水平，是完全不具备结婚的条件的，无论是娶妻还是嫁人，都是很不道德的行为，对他们未来的孩子也是一种罪过。有的人把婚姻看作满足自己性本能的合法手段。一些放荡的年轻人把婚姻看成是获得他们婚前无法达到的目的的权利——婚前无论各种强求、允诺、发誓都得不到的权利。一旦权利到手，一切诺言都将抛之脑后。任何法律束缚都无法使双方薄弱的精神纽带变得坚固。

请记住，人一旦选择了结婚，婚后需要承担的除了法律和物质上的责任，还要承担精神上的责任。社会的精神的丰富依附于家庭中的人际关系。有时年轻夫妇在第一个月就感到"失望"，"诗一般的爱情"从身边消失。争吵的情况和理由可能是多种多样的，但原因是同样的，那就是：年轻人以为一旦结婚，爱情就实现了，作为进行肉体和精神上的亲近完全没有障碍的爱情，它带来的幸福将是取之不尽的。令他们大为惊讶的是，婚姻生活似乎不是那样令人迷醉，而在肉体的亲热中没有感受到像婚前那样的渴求。他们忘记了，爱情之火，既然被比作火，就需要不断地添加好的燃料，这燃料就是丰富的精神生活。假如没有添加好的燃料，爱情之火终将熄灭，或者冒出黑烟，污染空气，使自己和别人受害。爱情只有在某种条件下才能使家庭巩固不散，那就是除了性生活外，还有富足的精神生活。如果爱情局限在性的欲望之内，这种欲望使精神残缺，以致夫妻关系就是马上脱光自己身上的衣服，赤裸裸地开始肉体亲热。

请记住，年轻人踏入婚姻的殿堂之后，他们应该相比于成为享受爱情乐趣的需求者更大程度上成为自己爱情的创造者。在婚姻中，比起消费和享受，更多的应该是创造。如果不经常创造和积累精神财富，肉体的亲热就不能达到高尚的境界……在家庭生活的某个阶段，可能会突然出现这样的情况：丈夫与妻子都完全耗尽了自己，精疲力竭，他们再也发现不了任何新的东西，无法再给家庭精神生活提供任何东西。婚前曾努力避免分离的两个人，变得彼此无法容忍。这会把家庭生活变成地狱。在这样的家庭中，孩子首先要为此吃苦头。要成为一个好的公民，首先意味着关心社会的未来，而孩子就是我们的未来。儿子，请你一定要记住，当你想要建立家庭时，首先你应该好好检查一下自己，是否做好了履行公民义务的准备。任何时候都不要忘记，谈恋爱、结婚的最终结果，都是生儿育女。

对于一个善于创造自己精神财富的人来说，没有一次又一次的爱情，对他来说爱情只有一次。但愿你成为诠释这句话意义的人。贡恰尔的长篇小说《旗手》中的主人公布良斯基说："有些人的感情反反复复，左顾右盼，他们最终会发现自己在感情上是一无所有的乞丐。"在这段话里包含了深刻的真理，他提倡的是道德纯洁的、忠实的、唯一的爱情。如果你是一个真正的人，如果你能够为你所爱的人创造精神财富，那么对那个你爱了好多年的人的爱绝不会终止。真正的爱情（我再说一遍），不会因为岁月的流逝而消逝，反而会愈加稳固炽烈。我把自己的一片心留在了我所爱的人那里,她也把自己的心灵美和精神魅力献给了我。我们共同创造的那笔财富,是不可能重新被创造的。在这笔财富中,既有精神上的成长、理智和情感的相互充实,又有家庭的荣誉和尊严、家族的传统,以及关于往事的回忆、青年时代诗一般的光环、青春期纯洁的感情。这一切在心灵中留下了深刻的痕迹,以至谁也不可能在失去对方之后,不受到心灵创伤地开始新的生活。丧失了心爱的人的丈夫或妻子,会长年累月记挂在心中,有些人甚至终生都不能忘怀,很难再产生新的感情,于是毕生守节。这种情况并不是例外,也不是"浪漫的遐想",而是人性的深刻体现。人之所以不能忘记心爱的人,是因为对方已经进入了他的灵魂中,和他的命运融为一体……

儿子,这封信写得有点长。我知道,你对父亲的教诲不会抱有成见。希望你能好好想一想我说的这些话。要在所有方面做一个真正的人。

再见,亲爱的儿子,五一节回家来过节吧,哪怕只回来一天也好。

祝你身体健康,心情愉快!拥抱你,吻你。

你的父亲

第十八封信

亲爱的儿子，你好！

你来信问我，具有不同教育水平，属于不同爱好圈子和精神需求范围的年轻人交朋友会不会幸福，爱情能不能把这样的人联结在一起？

大概一年前，我过去的一个学生薇拉 Л. 的母亲到学校来找我。薇拉在读完中学后也进了大学，现在在一个大工厂的工地工作。这位母亲给我看了女儿薇拉的信，薇拉在信中谈到她心中的很多忧郁和不安。我把这位姑娘的真实姓名改了，这样就可以公开这个秘密，这件事很有教育意义。姑娘在信中写道："他是一个很出色的工人，他很爱我，可是在交往过程中我一直没有得到我所期待的那种志同道合的幸福感。有几次我和他谈起应该参加函授学习，应该不断地学习新的知识，因为没有受过中等教育将来就无法接触任何新型机器，他总共只读过六年书……我还提议，最好两人能一同去莫斯科，去列宁格勒，看一看自己祖国的风光。他却惊讶地说：'你向前看得太远了，现在应该想的是如何过好今天。有一份不错的收入就很好了，至于将来怎么样，我们早晚会看到的，况且这些事我们也管不了。'接着他又说：'旅行有什么好处呢？除了白白浪费钱，似乎一无所获。我们需要盖房子，需要想家里的一些事情，比如养猪、喂鸡，等等。至于学习，我不愿意。即使受了中等、高等教育又如何，工资也不会因此而提高，你从大学毕业了，可是工资比我还少。'

"亲爱的妈妈，您说我该怎么办呢？我现在不能再和他见面，甚至不能再看他一眼。妈妈，您觉得我这样做对吗？难道真像他说的那样，我在这件事上有太多古怪行为？我和我的一个女性朋友说起我

的疑虑,她说我过于理想主义。但我觉得和他一起生活将非常寂寞无聊、沉闷、毫无生气,就像生长在咱们家池塘边那棵快要枯萎的柳树一样。"

这位母亲做得很对,她这样写信告诉女儿:"我们每个人都拥有光明且美好的前程,不要把自己的自由捆绑在房舍、厨房、雏鸡舍和猪栏上。根据这个叫维克托的说的话和他对你的态度可以断定,一旦你做了他的妻子,他就会叫你辞职回家相夫教子,接着就常常抱怨,说是他养活了你,亲爱的女儿,这种命运多么可悲呀。"

儿子,通过这个故事,你应该能够知道,对一个人来说,他将自己的命运和谁联系在一起,远远不是无关紧要的一桩小事。他对那个将和他携手一起度过一生的人的精神世界必须有一定的要求。令我感到惊讶的是,在一些给青年人读的报纸和杂志上,常常刊登有一些文章,在那些文章中,一些小伙子和姑娘常常被描绘成思想落后的人。而他们错在哪里呢?就在他们是否愿意和谁结婚,他们的道德和审美态度取决于此人的文化程度。但是,话又说回来,文化修养不总是和教育水平完全契合的。举止无礼和缺乏文化修养常常发生在一些人身上,可这些人偏偏受过高等教育,甚至获得过学位。相反,许多纯朴的工人或者集体农庄庄员却是有很高修养的人。在我们区的一个村庄里,有一个十八岁的姑娘叫波林娜 M.,她是甜菜生产队小队长,因为父亲去世只读到八年级。她认识了一位被分配到村里的青年医生。医生钟情于波林娜,但是姑娘却把自己的感情深深埋在心里。她喜欢这个人,也毫不怀疑他的真心诚意,但是她心中的一种想法形成了压力:按照医生的受教育程度来说,他值得更好的配偶。姑娘带着痛苦的心情发现,心爱的人拥有渊博的知识,而她自己只知道一些零散不全的、浅薄的常识。聪明敏锐的年轻人发觉了波林娜宽宏的、自尊自爱的灵魂。当他的求婚被姑娘坚决拒绝后,他明白了,姑娘在朝她的目标努力且稍有收获之前是不会轻易答应他的。而她目前还没有迈出一步,但愿这一步能让姑娘朝目标更近一点。那这目标是什么呢?是房子？是车子？或是大把的票子？通通不是。姑娘曾对青年医生说过，她想读完十年级，然后还要读大学。她已经在上函授中学，她的理想是成为一名女教师。

姑娘的上进心逐渐吸引住了这位年轻医生。他帮助波林娜学习，同时自己也决心更熟练地掌握外科医术。他们生活在对未来美好生活的憧憬中，并且相信他们的愿望一定会实现。这是一段纯洁美好的、无比崇高的、将持续好多年的恋爱。在他们彼此认识五年后，波林娜从中学毕业，并修完了专科大学的两门课程，这时姑娘就嫁给了年轻医生。

他们的爱情建立在高尚的友谊基础上。他们之间没有肉体亲热的暗示，甚至不允许有这方面的想法。但他们已经在某种意义上互相隶属，他们彼此忠贞不渝、信守忠于自己理想的诺言。如果他们中的一方违反了这个约定，中断了这种精神上的结合，那么就会被对方认为是侮辱和背叛。

如果有作家描写这种爱情，这将是一部多么有意义的长篇小说！这部长篇小说对于教育青年人有多么重大的意义呀！令人遗憾的是，几乎找不到，你打开一部关于青年人的文艺作品，读到的不是夫妇变节，就是失恋，这些被认为是对现实的客观忠实的描写。更糟糕的是，我时常读到令人精神沮丧的内容，其中没有任何复杂的描写，其实质是极简单的淫乱，作家却辩护说，你要读到言外之意：这不算什么，生活是复杂的，没有悲伤和痛苦的生活是不存在的。我不相信这种说法。人们可以建立起没有痛苦、没有悲伤、没有心灵创伤的生活，可以缔造令人惊叹的人间幸福。要记住，你自己就是自己命运和幸福的创造者。

儿子，认真想一想我说的话吧。

祝你身体健康，心情愉快！

拥抱你，吻你。

你的父亲

给父母的建议

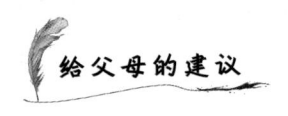

第十九封信

亲爱的儿子,你好!

从你这次的来信中可以看出,我的一番教诲像一个火星,点燃了一场辩论的篝火,这场篝火在你们的宿舍里熊熊燃烧。没关系,这不是坏事。对年轻人而言,这能引起辩论,说明他们对此并非漠不关心,是一件好事。

你在信里说,你的有些同学不相信男女之间有纯粹的友谊,他们认为小伙子和姑娘一旦交友,就必然是爱情。对于这个问题我想谈谈自己的看法,但是请你注意,我的这封信只是为你写的……

友谊是培养人的情感的学校。我们之所以需要友谊,并不是用它来消磨时间,而是为了用它培养好的行为习惯,首先是培养自己好的行为习惯。我认为道德教育最重要的一个原则,就是使每个人在少年和青年时就体验到一种深厚的情感:敬佩人的高尚的精神从而钟情于他。实质上,对一个人的信任以及对人性美的信任就取决于这种敬佩和钟情。如果没有这种因敬佩和钟情而建立的信任,一个人的内心世界就会非常空虚,生活中很小的纠纷都会在他那里引起不断的埋怨,以及对自己能力的不信任。一个内心空虚的人,他对任何事物都缺乏信念,这是一种很可怕的缺陷。这个问题,在之前的信中我就写过,这里再重复一遍。空虚的心灵必然会贪婪地吸引坏的东西,难以接受好的影响,因为精神空虚、思想贫乏本身就是一种病态。心灵空虚的人不可能有真正的朋友,他感受不到存在于友谊中的人性。

生活让我相信,如果一个人在少年和青年早期就不断受到某种道德理想的鼓舞,如果他能够知道品行端正的人是什么样子的,那么友谊就会使他的精神生活不断得到充实。他在友谊中寻求的不是消磨时间,而是为了找到能够安身立命、不断认识自我、进行自我教育的手段。

对成长为一个男子汉来说,这种高尚的精神需求(人人都有这样的需求)——对友谊的需求,是必不可少的。为了成为真正的男子汉,你在青年早期就应该在友谊中敞开自己的心扉。你未来爱情的纯洁、家庭的幸福都取决于此。

没有友谊基础的爱情是渺小的。如果小伙子看重一个姑娘首先是把她当作一个人来尊重,如果他爱她首先是爱她做人的好品质,那么这种友谊不仅高尚,而且也会像爱情一样美好。建立在性欲基础上的交往没有友谊可言,而爱情只有以牢固的友谊做基石,才是真实可靠的。不是爱情本身造就道德和精神上的美,相反,是因为有了高尚的德行,一个人才获得了崇高和美好的爱情。那些认为将精神交往建立在爱情的基础上和建立在性欲的基础上没有两样的人们,是不珍惜爱情的人,因为他们竭力将精神生活的全部都归结为接吻和吃醋。没有崇高的精神生活、没有共同追求的理想的爱情,没有一致的理想追求为基础的友谊,所谓的爱情可能转变为情感的享乐。希望你把别林斯基[④]的话记在笔记本里,反复读一读,对照一下自己:

"爱情是生活中的诗歌和太阳。但是在我们的时代,如果自己的幸福大厦只建立在爱情之上,并且在生活中内心期待的是让自己的所有渴望都得到充分满足……如果我们生活的目的仅仅是为了我们个人的幸福,而我们个人的幸福仅仅只归结于爱情,那是不幸的。那时生活将变成阴暗的荒漠,上面堆满棺材和破碎的心。在这地狱般的现实面前,连但丁描绘的炼狱形象也显得平淡了。"

你认真想一想这个问题:如果把幸福只归结为爱情,那么生活将如地狱一般。如果在别林斯基时代,人就不能只局限于个人的幸福。那么,在今天,我们如果这样做,等同于使自己陷入孤寂的生活和无所作为的境地,将自己的世界缩小到个人的情感和体验以内。如果说别林斯基在他的年代就已经看到,"除了内在的心灵世界",人还有

"伟大的生活世界",而在那个伟大的生活世界里,"思想可以变成事业,高尚的情感可以变成功勋",那么在我们这个时代,不仅为个别斗士提供了这种伟大的生存世界,还向全体人民敞开了大门。性的欲望只有在某种时候才开始获得人两性之间的精神联系和道德义务的性质,那就是在除了展现外在美,还在他人面前展现出内在的精神财富——人的尊严、才能、创造性、社会作用等的时候。建立在性欲之上的幸福,是动物的情欲,它使人变得盲目和不明智。要使爱情成为人的行为,那就必须要使自己的道德发展到崇高的程度,首先要确立自己生活的崇高目标,要有为达到既定目标去克服各种困难的思想,并不断用这种思想激励自己。当为实现崇高目的所进行的斗争成为真正的激情时,那么性爱就不再是行为的目的,你所爱的人也将成为共同斗争的朋友,而不是激励你必须做那种事的对象。正因为爱情产生的情欲不再是目的,人才能够凌驾于情欲之上变得高尚。理解个人幸福和全人类幸福不会贬低人,不会给他构成压迫,相反,它提高了人的品格,因为它不断激起人用高尚的精神需求丰富自己生活的渴望。

　　理解个人感情和人类幸福的一致性,能预防一些个别的纠纷和小的争吵演变成悲剧并毒化生活。在我们的生活中,那种使人惋惜的、贬低人性尊严的悲剧有多少哇!多少"没有出路的绝境"和"无法解决的矛盾"在许多年轻夫妻中产生,仅仅是因为人们把自己的爱情变成了一个很小的宇宙,没有给高尚的心灵活动留下广阔的空间,在其中每走一步,显然都会碰壁!你要记住这一点,要让这种事情成为你未来家庭生活的戒律。在那样的爱巢里,年轻夫妇的精神生活以爱情始,以爱情终,因为很小的事情,虚荣心就汹涌澎湃起来;一点微不足道的小事会让他们感到受了莫大的委屈,伤害了他们的虚荣心,觉得受到了天大的侮辱,因而几个星期互相不说话,因为一些小事就触及自己心灵的痛处,甚至故意用盐撒在这些伤痕上。在这样的条件下,所有这些"悲剧"都会变成原则问题——看法的分歧、性格上的不合等。实际上,这些人根本没有做好精神和心理沟通的思想准备,他们不应当踏入婚姻的殿堂,他们还没有确定自己的个人幸福的范围,就不应该结婚。

几个星期前,我们区的检察长和我谈了一起离婚案件。一对年轻人生活了两个星期,蜜月的幸福就因争吵而黯淡起来。争吵的原因简直令人发笑:夫妇俩因为电视机究竟应该摆在什么地方,达不成统一意见。顺便说一下,这台电视机是新娘的父母赠送的……争吵发展到不可开交的地步,最终两人得出结论:他们的性格差异太大,家庭生活将无法继续。妻子的母亲插手,带走了电视机,而丈夫的父亲也不甘示弱,把送给夫妇的沙发和柜子也搬回家了。两周前还说了好多甜言蜜语的嘴,现在喷出的都是侮辱人的粗话。法庭上一位聪明的妇女——人民陪审员,像俗语所说的,顺着细线解开小线团,帮他们解决所说的问题,夫妻俩艰难地回忆着争吵是如何发展到现在这样不可收拾的地步的,说到最后,连他们自己都羞愧难当。如果硬要把一点小事过分夸大,变成"世界大事",如果在思维活动的视野里没有任何崇高的目的,人就会变得粗俗无比。

对人来说,最重要也最困难的是,在任何情况下依然拥有人的尊严,永远做一个人。

祝你身体健康,心情愉快!

拥抱你,吻你。

你的父亲

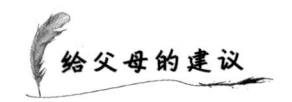

第二十封信

亲爱的儿子，你好！

　　妈妈生病了，在床上躺了三天。大约有一个星期之久，她开始说脚疼，接着就病倒了。我和奥莉加在照顾她，希望能尽力减轻她的痛苦。医生说是年轻时落下的病根，我们的妈妈身上的很多病痛都是年轻时发病的后遗症。在我们的青年时代，国家很穷，为了建设社会主义，人民贡献了一切。我们当时作为大学生每年都需要去地里劳动三个月，那时的劳动并不是现在这个样子。现在机器几乎做完了一切，而那时所有的重活都落到一双手上。有一年，已经是冬天了，我们不得不花整整一个月时间收土豆，用铁棍从上冻的土地里将土豆挖出来，就在那时候妈妈得了重感冒。

　　儿子，请给妈妈写封信吧，马上写，现在你的每一句话对她来说都很珍贵。

　　母亲……每当我回忆起童年和少年时代的一些事情（哪怕是微不足道的小事），现在我依然感到非常难过，我曾让自己的妈妈伤心，她曾为我彻夜难眠、愁白了头发……就在眼下，我想起一个早秋的傍晚，天边聚集着乌云，远处传来雷声阵阵，当时我正要回波尔塔瓦的专科学院去，提着小皮箱准备动身去车站。这时候妈妈不在屋里，她在菜园里忙着干活。她看到我马上要去车站，好像成了一座雕像——一座哀伤的母亲的活的雕像。我听到妈妈喊道："马上要下雨了，加件衣服再走。"我当时身上只穿着一件衬衣，可我当时年轻气盛，对什么都不在乎，天不怕地不怕，而到车站有七公里路要走……我头也不回地走了，某种浅薄的、自私的感情在那时激怒着我的心，在我心灵深处带着某种委屈感……我走着，仿佛一直听见母亲的声音："马上要下雨了，加件衣服再走。"她将多少悲伤和痛苦融入这句话中……她似乎有很多话还没来得及说：为什么你不和我告别就走？儿子，你怎么不和我拥抱、亲吻呢？你是受了什么委屈吗？你别把对母亲的抱怨藏在心里呀！

虽然事情已经过去了三十多年，妈妈已经七十多岁，过上了这个年纪的老人所能享受到的幸福生活。可直到现在，我的耳边还是时常回响着妈妈的声音："要下雨了，加件衣服再走！"少年时代和青年早期的那些瞬间回荡在我心中，当时我曾用某些不孝的行为伤了她的心，这些瞬间在记忆深处越是久远，回忆起来反而越是尖锐，越是清晰，良心受到的谴责就越是深刻。现在的我虽然头发已经花白，但在母亲面前，我还是个孩子，年纪越大，我就越觉得自己是个孩子。

作为母亲的妇女是生命的最重要的创造者。任何时候都不能忘记，儿子，是母亲给了你生命；她养育你成人，教你说祖国的语言；她让你看到世界的美好，对你进行善恶、真假的启蒙教育。作为母亲的妇女是世界上一切美好事物的创造者，因为她是人的创造者。如果谁忘记了母亲，谁就不可能成为一名真正的爱国者。

要时刻记住，母亲心头的一切思念、牵挂和担忧都和孩子有关，和他们的命运有关。孩子心思良善，在事业中表现良好是她的幸福，孩子心眼坏，作恶多端是她的不幸。

你要记住，任何一个妇女都是母亲或者未来的母亲。她们的情感，即使最疼爱自己孩子的父亲也无法体会到。她按照自己深沉而美好的方式体会着自己对人类的责任。母性使妇女变得美丽、聪慧，从女人变成母亲的那一刻，她的情感就获得了一种崇高的、纯洁的意义，这种意义，除了她自己任何人都无法理解。对丈夫的那份情意（如果只有他才值得这份情意的话），对母亲来说，都体现在了孩子身上。女性所特有的温柔、娴雅、秀丽的气质是世界上最高尚的美，像繁花一样盛开着，永远不会凋谢，永远绚丽多彩。如果你们年轻人能够理解和感受到女性所特有的高雅气质的深奥、伟大和令人倾倒的

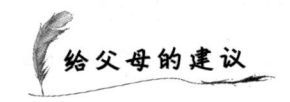

力量,你们的思想和行为将会百倍地高尚和纯洁。

在作为母亲的妇女眼中,所有人,包括她的丈夫,在某种程度上都是她自己的孩子。这是女性所特有的气质的高尚表现——她在每个人那里都能感受到他的内在精神世界,感受到他的喜与悲。看来,这种品质遗传给了小姑娘们,并且在她们拥有母性之前很早就表现在她们的行为中。请好好珍视姑娘们身上的这种女性所特有的气质,要善于把她们当作未来的母亲看待。自然和社会赋予她们世界上最伟大的创造力。她能够再造一个你,比现在更好的你;她能把你跳动的内心和智慧的火花带到未来的每一天;她能在孩子身上注入她自己的美和你的美。她的劳动比你的要复杂得多,请好好保护她的健康、美丽和生活。女性美体现了整个人类的美,姑娘是不能被侮辱的,不能因为她是一个姑娘就对她作恶。你侮辱一个姑娘的时候,就侮辱了你的母亲和所有的母亲。你对待妇女的态度,可以作为一面镜子反映你的内心世界。

祝你身体健康,精神饱满!

拥抱你,亲吻你。

你的父亲

第二十一封信

亲爱的儿子，你好！

你向我求教，想要知道应该如何尊重一个姑娘身上特有的女性气质，并请求我解释一下女性所特有的气质究竟指什么，这个问题能让你激动不安，使我感到欣慰。你要记住，对待妇女时采取什么态度，这是衡量道德的尺度。马克思曾经说过，"根据这种态度，可以判断一个人的一般文化修养水平"。对待妇女态度粗野的人，在一切人际关系上都会是个粗野的人。女性所特有的高雅气质是人类美的最高体现，这种美孕育了新生命并使其成长，使其像鲜花一样灿烂开放。妇女作为生命的负荷者和创造者，最深刻地体现了人类对未来的高尚态度。尊重妇女，意味着尊重生活。作为心灵美和身体美的结合，女性所特有的气质在劳动人民中诞生。劳动人民在女性所特有的气质的概念中，除了美之外，还添加了女性柔弱的思想，这种柔弱使妇女有权受到男人的尊敬和关怀。

女性美越来越多地成为整个人类美的统治者。如果妇女清晰地认识到并珍视自己在创造新生命中的特殊作用，她就不可能是不美丽的。有多少姑娘并不拥有引人注目的外表，却以自己的魅力令人喜欢，就是因为她们都是具有女性所特有的气质的人。我们要善于发现并珍视这种女性美。

女性所特有的高雅气质，这是精神纯洁和道德高尚的最高体现。这些特征表现在她以道德和审美的态度对待自己和男人的纯真感情。男人不尊重这种感情，这对道德高尚的妇女来说是极大的侮辱。

随着母性的来临，女性所特有的高雅气质在她的所有能力和美丽中将如花盛开。要记住，男人的道德越高尚，女人在与他的关系中所起的作用就越大,女人同时可以巧妙地利用自己所特有的女性气质来加强自己在家庭中的权威。在一个美满的家庭里,作为母亲的妇女通常扮演的角色是精神上的领导者和主宰者,身为父亲的丈夫越是顺从她的意志,对于孩子的教育就会越好。这一切你都应该铭记在心。

女性所特有的高雅气质,这是妇女的一种精神力量,它不仅是教育孩子的力量,也是教育我们男子汉——丈夫和儿子的力量。以我们家为范例,你能很好地看到和理解这一点。如果没有你们的母亲,你们就不可能如此善恶分明,也不可能像现在这样乐于助人,如此有仁爱之心。

在大自然和人类的发展历史中,赋予女性的工作比男性的工作更精细、更雅致。我们喜欢妇女柔弱的身体,这没有什么奇怪的。但是,这种特征只有在某种时候才能获得积极的情调,那就是将柔弱的身体和强大的精神结合起来的时候。这种结合散发着女性所特有的气质的迷人魅力。妇女在管理家庭教育孩子或教育丈夫时,意志的坚定性、一贯性和言行的一致性,所有这一切都保证作为母亲的妇女在为家庭建立良好声誉的过程中起主导作用。

在许多男人的内心深处还隐匿着封建思想,在一些青年人中也有,应该同它做斗争。青年人结了婚,每月或每周拿到一笔丰厚的工资,就立刻要妻子辞去工作。他觉得能给妻子带来莫大的幸福。就这样,厨房中琐碎的活儿吞没了一个妇女,就像列宁所说的那样,这些活儿使女人变成了家庭奴隶。精神丰富、意志坚强的妇女们是不允许自己陷入这种境遇的。一些妇女意志薄弱、不求上进,往往满足于丈夫在智力上优于自己。她们认为丈夫应该提高自己的学识,而妻子只需供应他的需要。这种状况不仅危及妇女,也危及男人。你要像防备火一样,防备你未来的妻子满足于你的优势,赞许这种优势……女性所特有的高雅气质的确立和繁荣,在很大程度上取决于妻子的智力发展,依附于她能跳出家庭小天地走多远。真正聪明的丈夫,往往会努力使妻子活在丰富充实的精神生活中,使她在家庭精神生活中处于与自己平等甚至是优先的地位。

如果妻子善于利用自己的优势树立自己在家庭中的道德威信，那么她的女性所特有的高雅气质也会得到充分的展示，在丈夫的眼里，她会显得特别有魅力，她的一双眼睛和脸庞永远不会失去本身的魅力和内在的崇高。她会把自己的智慧、自己的精神成长作为既对丈夫又对儿女进行精神影响的一个最重要的手段。

我认识一位只有小学文化的妇女，她聪明、坚强，和一位受过高等教育的农艺家结了婚。她不仅没有落后于丈夫，相反，她在家里是精神的支柱。从家庭生活开始的第一天起，她就开始阅读有关农业技术、土壤学和化学等方面的科普读物，同时还阅读文艺类书籍。她知道，自己是否能同丈夫进行精神上的交流，取决于她能给丈夫带来多少帮助、她和丈夫有多少相同的兴趣，更重要的是，她能对丈夫的精神生活产生多大的影响。智力上的天赋不仅帮助她清楚掌握所学的知识，也能让她理解丈夫的思想和困难，而且使她表现出对农业的创造性态度。她提出的一些建议透彻、专业，令丈夫大吃一惊。她之所以能做到这一点，是因为她是个聪明、善于思考、勤劳的女人。

在甜菜地里劳动的时候，一有空闲时间她就会读书。她的兴趣范围也越来越广泛。两个孩子相继上了学。对于低年级的课程，母亲能轻松地帮助孩子们学习。可当孩子们开始学习代数、化学和几何时，母亲感到无法再帮助他们，这将削弱母亲对孩子们的精神影响，要知道孩子们已经习惯了母亲无所不知，无所不能。于是她决定一步也不落后于孩子们。她在这方面做得非常成功，以至孩子们都坚信，不是母亲在向他们学习，而是他们在向母亲学习。

她学习了中学的全部课程。她的家庭精神主宰的地位得到了巩固。这一切成就都需要一个妇女付出巨大的努力作为代价。学习外语对她来说是最困难的事。她学不会正确的发音，又不想求教老师。于是她特意买了两用电唱机，一套带有录制课程的录音片，跟着一遍遍模仿。她做得非常成功，即使在这样的情况下，孩子们也没有发现妈

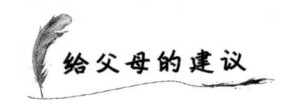

妈和他们同样在学习,他们觉得是妈妈在教他们,而不是他们在教妈妈。

有些妇女按照自己的想法解释这种渴求知识的行为:这个名叫玛丽亚 д. 的妇女努力不落后于丈夫,是为了不失去丈夫。在这种对复杂现象的解释中有真实的成分,但却是庸俗的。由于她有很强的自尊心,玛丽亚 д. 知道,为了使家庭生活更美好,自己必须拥有精神财富,必须不断学习。她应当成为一个有魅力、受人尊重的女人,而不能变成一个只知道服务丈夫和孩子的夫人(这个观念是小市民的)。一个妇女正确的决定是让自己处于家庭精神生活的中心——这是一种精神追求,做到这一点,她一生都可以保持女人的魅力。

如果你希望你未来的妻子成为你唯一的爱人,那你要好好安排自己的家庭生活,使你妻子的精神世界不断得到充实。

祝你身体健康,精神愉快!

拥抱你,亲吻你。

你的父亲

第二十二封信

亲爱的儿子，你好！

你这是催着我写一本专题论文集呀。论文中先谈友谊和爱情，然后谈女性所特有的气质。现在你请求我谈谈对美的认知。那好吧，我就来谈谈这个问题，不过我希望你能将我的话永远记在心里。

从人成为人，从他开始观赏天边的晚霞那一刻起，他就开始审视自己。爱美，这是人的天性，是我们生活中的欢乐。人之所以成为人，是因为他看到了蔚蓝色的天空、闪烁的星星、晚霞射向四处的玫瑰色光芒、刮风前血红色的落日、海天相连处若隐若现的海市蜃楼、茫茫无际的大草原、三月积雪上的蓝色阴影、天空中飞翔的仙鹤群、早晨反射阳光的露珠、阴晦秋日里的灰色雨丝、丁香树丛里紫罗兰色的花团、雪花莲和风铃草的鲜嫩细茎——美丽的大自然一一展现在他面前，让他惊叹不已，他走在大地上，致力于创造新的美。面对美丽的景色，请你在惊讶之余停下脚步，你不仅会为这些美景感到惊叹，你的心中也将涌现出高尚的情感。人的生活之所以快乐，这是因为他听到了树叶的低语声、蝈蝈的歌唱声、春天溪流的潺潺声、风铃草婉转的音调、炎热夏季的云雀声，还有窗外雪花飘舞的沙沙声、暴风雪的呼号声、波浪拍打的哗哗声。在庄严寂静的夜晚，人们屏住呼吸倾听着，并且数百年、数千年地倾听着大自然美妙的音乐。你要善于欣赏这种音乐。你要珍惜美，保护美。

最高级的美就在人的身上，而人类美的高峰，是妇女的美。伟大的诗人们在各种不朽的艺术作品中热情赞扬了这种女性美，塑造了一个又一个不朽的女性艺术形象，这些著名的伟大诗人有：荷马⑥、但丁、莎士比亚、普希金、谢甫琴科、密茨凯维奇等。朝气蓬勃的妇女的美被他们以纯真的感情不断讴歌称颂，他们曾经钟情热恋过的这些女性，成为许多代后人爱情的道德模范。女性美并不是由性本能孕育出来的，也不是与性需求不可分割的东西。请记住别林斯基描述女性的这一段话："这是一位非常美丽的年轻妇女，在她的脸庞上您找不到任何明显的表情——看不到情感、心灵、善良、爱情、自我牺牲、高尚的思想和意向。这张脸仅仅只是美丽、可爱、迷人，再没有别的了；您没有爱上这个女人，也不会有被她爱上的愿望。您静静地欣赏她的举止和轻盈的姿态，但此时此刻，在她的面前，您的心不知为何却跳得更加强烈，刹那间，一股温暖、幸福的热流溢出您的心头。"

我们关于美的观念体现在对外在美的要求中。外在美不仅仅是指人类身体各个部分的完美组合，也不仅仅是指身体的健美，还包括内在的纯净灵魂——丰富的思想和感情世界、合乎道德的尊严感、对自己和对他人的尊重。人的眼睛是人精神生活的中心，是思想的镜子、感情的表达者。人的道德发展和精神修养的一般水平越高，他内在的精神世界就越明显地反映在外在特征当中。按照果戈理的表述，这种灵魂的烛光，越来越多地被当代人所表现、理解和感悟。内在美反映在外在的容貌、气质和品格当中。一个人努力为自己的外表增加特色，如果违背了人性美的正常概念，或者伤害了人的尊严，这会被认为他心灵十分空虚。

内在美和外在美的统一，这是人的道德人格的审美表现。一个人渴求成为美人，想要变得好看，这样做没有可耻之处。但是，怎样才能使自己变美呢？我感到人的美貌在某种程度上能反映出人的创造性和其活动的本质。人的外在美在某种时候会明显地表露出来，那就是当他从事心爱的活动、并且这项活动能突出显示他优秀的个性品质的时候。这时，他的外貌似乎由于其内在的精神而更加光彩照人。古希腊雕塑家米隆的千古名作"掷铁饼的人"可不是偶然创作出的，他将掷铁饼运动员的美体现在一个瞬间，这时候内在的精神力量和肉体力量结合在一起，在这种结合中——美被大大地颂扬。这座雕像一直被世人尊为美神。一个正在思考如何进行创造的少女比一个因游手好闲而无聊得要死的少女身上的美要鲜明、深刻得多。你要记住：游手好闲是美的大敌。劳动的人是美丽的，自己操作着机器方向盘的联合收割机手、拖拉机手和飞行员很美，在树林里忙碌的园艺工人也很美。内在的精神美在某一瞬间使得科学家、思想家、诗人、发明家的脸庞神采奕奕、熠熠生辉，因为在那一瞬间这些人的智慧被创作的愿望激发了起来。如果你想要成为一个美丽的人，那么就劳动到忘我的程度吧，为了使你感到自己是创造者、大师和喜爱的事业中的主人。那么就忘我地劳动吧，为的是你会拥有最大的幸福感——用创造的幸福感表达崇高、伟大、灵魂净化。

美是灵感的伴侣。贡恰尔有一部叫《向日葵》的优秀短篇小说。小说讲了一位雕塑家的故事，他受人委托雕塑一位少女的半身像，这位少女是向日葵生产能手。少女并不美丽的脸令雕塑家大吃一惊。这张脸不能鼓舞人心，不能激发雕塑家的灵感，于是雕塑家谢绝了这份工作。在前往火车站的路上，他坐车经过一片正开着花的向日葵地，在地里他看到了自己雕塑作品的主人公——她正在全神贯注地劳动。此时她的脸在雕塑家眼里成了另外的样子。劳动产生的美丽让她的外表变得鼓舞人心且能激发灵感，内在的美使她容光焕发。雕塑家禁不住感叹道："她真美！"同时他在脑海中已经迅速塑造出了少女的脸的轮廓。

外表的美有其内在的道德根源。人们所喜爱的创造活动可以使人变美，可以改变人的脸部特征，使其变得细致、具有表现力。

不安和操劳也能创造美，就是通常人们所说的"用苦行来创造美"。正如悲伤使人的面部留下不可磨灭的皱纹一样，创造性的操劳就像一个最细致、最内行的雕刻家，他使人的面庞深刻、丰富、有内涵，从而产生美感。反之，内在的空虚会使人的面容变得迟钝、呆板和冷漠。

如果内在的精神财富能创造人的美，那么，无所事事和不道德的

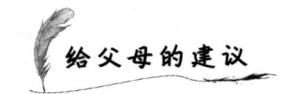

行为将会使这种美毁灭。当你和许多年轻人在一起切磋交流时，在许多鲜明的、令人印象深刻的面相中，你看到一些无论如何都不会引人注意的面孔，它们时隐时现，但是无法使人记住，精神的空虚造成人的无个性的容貌。

不道德的行为可以使人变得丑陋。说谎、假仁假义、空谈不务实都会使人目光游离，这样的人回避直视别人的眼睛，在他的眼神里看不到思想的表达，因为他把思想隐藏了起来。阿谀奉承、奴颜婢膝的人不仅卑躬屈节，而且他的整个外表举止也留下了这样的印迹。阿谀奉承者和奴颜婢膝者，为了猜透首长的心思，他不仅用耳朵聆听，而且全身都在恭听——双手垂着在听，双脚立正着在听，甚至背也在听，这张背随时准备弯曲，曲成讨好别人的顺从姿态，或者曲成请求原谅的姿态。没有什么会比阿谀奉承使人变得更加丑陋，它使人已经不是自己，人仿佛努力要从自己的不利地位中爬出来。嫉妒、自私自利、疑心重、害怕"不被器重"，这些情感使人的容貌变得粗俗、冷酷、阴沉、令人讨厌。人要成为自己，保持自己的本色，要珍视自己做人的尊严——这才是真正美的人具有的气节。

人的美的标准，同时也是人的道德标准。身体的、精神的、情感的完美的统一，就是我们常说的和谐发展。不能把人和最高尚的感情——爱情，变得美丽，就不能把我们的生活变得美丽。全人类的美只有在那时才能达到高峰，就是当我们社会中数以万计的每一个人，说形象点，每一个人的内在美都闪闪发光的时候。就像高尔基向往的那样，人和人像星星一样相互辉映。我坚信，到了共产主义，所有人都是美丽的。不然就不可能是共产主义，因为在那个时候，内在美和外在美这两朵花会同时绽放。

你就是自己精神美的创造者，和你一起生活的人们是否美，就取决于你。

给你寄了一本格林⁴⁶的《选集》，这本书不仅需要用脑子去读，还需要用心去读，不要只读里面的故事情节，还要逐字逐句用心领会它的意义。

　　祝你身体健康,心情愉快!

　　拥抱你,吻你。

你的父亲

给父母的建议

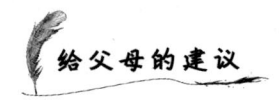

第二十三封信

亲爱的儿子，你好！

你从集体农庄写来的信收到了。大学五年期间，你会很好地认识乌克兰的农业——你至少可以在乌克兰的五个州驻足停留。在来信中你又写道，你现在劳动的这个村子审判了一名前警察（德国占领时期的警察）。二十年前，他曾迫害过苏联人，杀害并折磨过游击队员、老人、妇女和孩子。让你感到吃惊的是：这样的事怎么可能会出现？一个人诞生在苏维埃国家，成长在社会主义制度下，竟突然成了祖国的叛徒。你感叹地说："要知道，生活本身一直在教育人哪！"

问题的症结就在这里：不是生活本身在教育人，而是人在教育人。生活只是帮助人去教育人，我坚信这一点。我给你讲一段过去发生的事，听了之后你就会明白，背叛者是怎样产生的。

不久前，有一个人在我们区的一个村子里居住，他的命运是很可怕的，但对我们来说很有教育意义。

事情发生在战争初期。血腥的战火烧焦了整个乌克兰大地，法西斯强盗疯狂地从西边扑过来，我们的军队撤到了第聂伯河以外的地方。在八月的一个寂静的早晨，敌人的摩托车队开进了这个人居住地的一条主要街道，大家都躲在屋子里，孩子们被吓得忘记了哭喊，恐惧地偷偷看向窗外。

突然，人们看到了难以置信的一幕。这个人走出了屋子，他身穿绣花衬衫，脚上穿着擦得发光的鞋子，双手捧着的绣花巾上放着盐和面包。他对着法西斯强盗谄媚地笑着，把盐和面包递上，还深深鞠了一躬。一个长着棕色头发的小个子上等兵故作宽厚地接过了盐和面包。他拍了拍叛徒的肩膀，然后从衣袋里抽出一盒烟，把烟盒拿在手中，犹豫了一下，打开烟盒，数出里面一半的烟，给了这个叛徒……

孩子们从窗口将这一切看在眼里，他们把这事如实地说给母亲听。很快，整个村子都知道了自己这位乡亲无耻的行为。人们的心里都燃起怒火，纷纷握紧了拳头。后来人们开始思考：这个人是谁？是什么导致他走上背叛的道路？大家从他祖父、曾祖父的家庭谱系开始回忆追溯，又深思熟虑地回顾他的童年。怎么会这样呢？他还只是一个二十来岁的青年哪！而且，他还是一个共青团员。可是，等一下，他叫什么名字呢？大家只知道他姓什么，一个人姓什么，都是随父亲或随母亲的，可他的名字，大家确实不知道。大家对他的母亲非常熟悉，是集体农庄庄员亚丽娜，这个人从小被叫作亚丽娜的儿子。大家认真思考，到底是什么原因让这年轻人走上了背叛的道路？任何人都说不清楚，邻居们说他是一个被娇生惯养的孩子，父母只有这么一个孩子，他每天睡到吃午饭的时间才醒，床铺旁边的桌上放好了母亲精心准备的鲜牛奶、白面包、酸奶油。村民们让孩子们从很小的年纪就习惯于劳动。黎明时分就将他们唤醒，打发他们到田里去工作。可亚丽娜心疼自己的宝贝儿子（她是这样称呼他的：我的心肝儿宝贝，我唯一的、百看不厌的小宝宝），从不让他劳动，也从不让他有任何操心、难受的事情。

这就是生活教育人对你的答复……要知道亚丽娜疼爱儿子达到忘我的程度，可儿子是怎样报答她的呢？如果真是生活教育人，那么母亲的爱就会培养出儿子爱的情感。可是生活不是那样简单的，常见的是，这样的爱最终收获的是不幸。

在那艰苦的岁月里，亚丽娜的儿子是什么时候又是怎样回到村子里的，谁也说不清楚。黄昏时，老人和妇女们在枝繁叶茂的樱桃树下谈论着这件事情，并且苦苦思索：他究竟学的是谁呢？法西斯强盗占领村子才三天时间，亚丽娜的儿子已经戴着警察的臂章在村里来回走动了。

"我们反复思索，胡乱猜疑，可这件事无法让我们稍稍轻松一下，"七十岁的尤希姆爷爷说，"他怎么会变成如此卑劣的家伙呢？是因为空虚的灵魂。这个人灵魂周围没有任何神圣的东西。他的灵魂不会为他的母亲、为这片家乡的土地承受痛苦。他的心脏不会因为担忧自己祖父辈和曾祖辈生活的土地而战栗一下。他的那双手没有在祖辈的土地上开垦繁荣的根基，也没有为民众做出贡献，没有用汗水灌溉庄稼地，没有因为辛苦、美好的劳动而磨出茧子，他只是长成了一丛飞廉①野草。"

对作为母亲的亚丽娜来说，可怕的日子到了。她发现，乡亲们都蔑视她养大的这个儿子，也同样蔑视她。她曾试图规劝自己的儿子，多次提醒他，苏联政权会回来惩罚他的。然而，儿子却威胁母亲说："你知道他们是怎么对待不拥护新秩序的人的吗？""那我就不认你这个儿子！"母亲伤心地说完就离开了家，住到妹妹家去了。

被占领的日子终于结束了。在十一月的一个清晨，苏联的士兵们为尖锐的刺刀统治下的百姓带来了自由的曙光。激烈的争夺战在村庄周边四处打响，亚丽娜的儿子没来得及同自己的主子一起逃跑，他被捕了。可是在欢庆解放的日子里，不知为什么民族复仇没有触及法西斯的走狗和罪犯，法庭没有及时惩罚他们，而是开始核实每一个事实，并没有听信传闻。法官们需要对每一个事实进行核实：谁看见亚丽娜的儿子参加了对一个游击队员的处决？谁看见他持枪射杀苏联民众？谁证明确确实实是他把一个黑眼睛的漂亮姑娘送去做苦役？要证明这一切不容易，尽管大家都知道他犯下了这些罪行。审讯用了很长的时间，法官们终于证实他的那些罪行确实存在，法庭最终判处亚丽娜的儿子七年徒刑。

七年过去了，亚丽娜的儿子服完刑从监狱回到村子，尤希姆爷爷的话似乎成了预言：本来就很少有人知道他的名字，大家都把他称作亚丽娜的儿子，现在人们彻底忘记了他的名字。大家按各种不同的叫法称呼这个三十岁的青年。一些人干脆叫他"卑鄙的家伙"，另外一些人称他为"没有灵魂的人"，第三种叫法是"灵魂周围没有任何神圣的东西的人"。他住在父母的房子里,但是没有任何人接近他的屋子,邻居们禁止自己的孩子走近这个"没有名字的人"的农舍。"没有名字的人",所有的农民都这样称呼他。

我希望这个没有名字的人的可怕命运,能够促使年轻人观察一下自己,看看自己的心灵,问问自己:在我们苏维埃社会中,对我来说什么是最重要的?我和人民的关系是如何保持联系的,过去我获得了什么?今后我如何做才能获得人民的尊敬?

你也应该向自己提出这些问题。想象一下,如果一个人的内心没有神圣的火种(没有这种圣火就不可能有幸福),也就是热爱人民的火种,那么他就相当于把自己推入了孤独的深渊。为什么一个诚实、勤劳的妇女生养出了一个当叛徒的儿子?难道他的童年不是愉快的、无忧无虑的吗?母亲给了儿子满满的幸福,但是,这是什么样的幸福?这种幸福是用怎样的尺度来计算的呢?毫无理性的消费享乐成了孩子的幸福,利己主义的思想遮住了他的双眼。它们构筑了一堵墙将他与人民的欢乐和苦难隔绝开来,使年轻的心变得和铁石一样坚硬,冷酷无情。如果对这个灵魂来说,享乐是唯一的欢乐,如果把别人看作是为自己提供享乐的仆人,要培养诚实、善良、勤劳的公民灵魂是不可能的。

儿子,我看着你的眼睛,同时在想:你为大家做了些什么呢?把你和劳动人民连接起来的那条线在哪里?从取之不尽的美的源泉(革命成果)中吸取养分,给你提供精神财富的根在哪里?是什么给你的生活带来了巨大的乐趣?有一年的五一节假期,你和你的同学开着拖拉机在地里整整工作了两天,就是为了让那些疲惫不堪的拖拉机手休息两天。虽然你每天从田里回来时,身体疲惫不堪,脸上满是灰尘,但心里却是非常愉快和幸福的。因为你为大家做了好事并从中获得了快乐。你们往地里运送了二十吨肥料,那片贫瘠、荒废连杂草都不会生长的土地,变成了肥沃的庄稼地。当你看着这片自己开垦的土地,你眼中燃着自豪的火花。但这股豪情会终生不灭吗?说实话,这是我

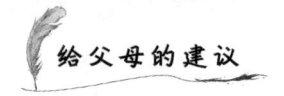

有些担心的。

在我们各族人民的大花坛里，千姿百态、娇艳动人的千万朵玫瑰花的美丽越是鲜明，进入我们眼帘的飞廉丛和有麻醉作用的曼陀罗花丛也就越多。飞廉丛和曼陀罗花丛不知从哪儿冒出来，污染着我们生活中清新的空气。这些飞廉丛和曼陀罗花丛可以连根拔起，从花坛上驱除，但人却无法从社会中赶走。我们能够做的是，时刻关注着，使飞廉丛和曼陀罗花丛无法生长，使每一颗播种在肥沃土地上的种子都能绽放出美丽的花朵。

俗话说得好：近朱者赤，近墨者黑。这句话确实不错，但是常常有这样的现象：一个人，似乎没有任何人教他做坏事，身边也没有发生不道德的行为，但他却成长为一个卑鄙的家伙。主要的问题在于，尽管没有人教他作恶，但也没有人教他行善。他成长起来了，好像荒漠中的一株杂草。

在我们今天可以设想到的最可怕的现象——灵魂空虚，就是这样产生的。谁也没有教那个没有名字的人去背叛祖国，欺压人民，但他却那样做了，因为，就像尤希姆爷爷所说的：他的灵魂不会为他的母亲、为这片家乡土地承受痛苦。他的一双手没有在祖辈的土地上开垦繁荣的根基，没有在祖辈的土地上流下一滴汗水，没有对土地上的人表达过丝毫敬意。一个人，没有人教他学坏，但也没有人教他学好，他也不能成为一个真正的人。为了使我们的每一个孩子成为一个真正的人，只能教他们学好！

祝你身体健康，心情愉快！

拥抱你，吻你。

你的父亲

第二十四封信

亲爱的儿子，你好！

你的来信给我出了个难题，要回答这封信可不那么容易。你向我求教：应当如何办好共青团小组，使得小组活动"热情洋溢、生动、有趣"，使得"开会不乏味，大家不会期待这会早点结束"。这些问题不太容易回答，因为我不是很清楚你们的集体是如何开展活动的，团员们都有哪些要求和想法。但是我谈谈自己的一些想法还是可以的。

我非常了解共青团组织的这个毛病：大家聚在一起开会，但是又不知道该讨论什么问题。原因出在哪里呢？我认为，问题在于集体的精神生活和会议没有联系，和会议上的争论和辩论无关。你们的会议只有在某些时候才会有吸引力，那就是这些会议是在非开不可的情况下召开的，换句话说，当你们都产生了集会的愿望，大家必须聚在一起思考、争论的时候。

在我看来，共青团组织应该从事的主要工作（无论是中学、大学还是集体农庄、工厂），就是培养人。你们要做到使共青团的会议成为自我教育的学校。培养青年的才智和生活智慧，培养情感，培养公民的义务感，培养成熟的道德，所有这些都应当在工作中体现出来，要让每个青年男女能够认识自己，认真思考自己的前途和命运，为未来焦急、不安，把自我意识和理想追求结合起来，使每个人都有奋斗的目标。我坚信，大学和共青团组织最重要的任务，就是帮助人确立正确的思想方向，培养世界观。这些工作要从培养人的聪明才智开始。思想好比是根，理想好比是幼苗，人的思维、活动、行为、激情、热情、冲突，都是从这棵幼苗发展起来的。我认为，按 K.C. 斯坦尼斯拉夫斯基的话来说，共青团组织应该教导每一位青年人学会理解最重要的生活智慧，学会思考，为了接近真理而思考，为了追求理想而思考。所有的人都在抱怨死记硬背，但是为什么没有人抱怨自己没有头脑？因为人们在认识到自己的智力薄弱以前，谁也不追求提升自己的智力……在共青团组织中可以观察到一个非常奇怪的现象：大家什么问题都谈，努力在思想上掌握教育的最复杂的问题，但关于怎么培养人的智慧的问题谁也不谈。而一切都是从培养智慧开始的，培养智慧是根，是一切教育的根本……现如今愚蠢的人是有害的，临到实现共产主义时他们的危害更大，因为从表面看，他们的危害会小一些，而在人的智力发展背景下，他们的愚笨将更严重。

究竟要怎样培养智慧、世界观，使人有思想、有追求呢？怎样把这些问题一一解答呢？

列奥纳多·达·芬奇写道：智慧是经验的女儿。铁不使用会生锈，水不流动会发臭，或在寒冷中凝固，人的智慧不去使用，就会慢慢枯竭。你们应该好好思考一下，就这个问题进行辩论：什么是我们的生活经验？我向你保证，这将是一场有趣的谈话。有趣的地方就在于，你们每个人都会用旁人的眼光观察自己。对你们做的事和你们的行动进行理智的分析。在这种情况下，谈话既涉及思想，也涉及理想，但这一切都通过个人感悟来述说。在关于生活经验的争论中，每个人把自己所做的事情加以总结，这个总结中肯定会包含自我评价。这种讨论会的重大教育意义就体现在这里。歌德曾经说过：追求实际目的的强大智慧是世界上最卓越的智慧。分析自己的经验应当从实际目的出发。但是你们所有的学习活动、所有的脑力劳动都有一个实际目的：成为好的公民、好的创造者、正直的人，成为拥有清晰的头脑、纯净的心灵、灵巧的双手的人。你们要好好想一想，你们是怎样争取成为一个好人的？你们读了哪些令你们激动的好书？在你们的智慧劳动中有没有深入钻研的精神？"要想完全掌握知识，就要如饥似渴地去吸收知识。"建议你们把A.法朗士[48]的这句话作为谈论的赠言。

你们这一代人是共产主义的见证者，你们应该具有创造者的智慧。什么是创造者的智慧呢?这需要将世界观落实到行动中去。你们在大学的学习,一般来说应该具有这样的特点:你们在开动脑筋进行思考时,不仅应当认识和解释周围的世界,还应当确立某种观念,知道为什么去战斗,去捍卫什么。一位大学的共青团工作者对我说:

"很难将大学共青团组织的工作安排得使每一个团员都能参加一些具体活动。我们是'纯粹的思想者',我们与生活能有什么直接的联系呢?"

真是奇怪、轻率的说法……要知道,即使是"纯粹的思想者"也有为自己坚持的信仰而献身的。在分析自己的生活经验时,你们应该回答这样的一些问题:我们的信仰是什么?要肯定什么?捍卫什么?在为什么而斗争?我想,在我们的社会里,正是在思想领域内,科学唯物主义世界观与迷信、偏见、思想僵化之间将还有长久尖锐的斗争。不知还有多少人坚信,许多现象都有其不可知的一面:有些隐秘的超自然现象是永远无法解释的。通常,持有这种观点的是虔诚的信仰者和宗教徒,应该在他们的灵魂中确立另一种信仰和希望:相信今天人们正在一个接一个地解释昨天还未认识的自然界的和思维中的奥秘,在认识过程中,新的谜团不断展现在我们面前,它们终将会被解开。我相信,人在认识了生活最微妙、最复杂的奥秘之后,将会掌握最大的、永恒的秘密——长生不老的秘密。这是一场为了理智的胜利而进行的真正的战斗,也是一场为了人的斗争。在这种情况下需要不断地思考。维·格·别林斯基说过,到处都是为了理智胜利而斗争的战场,人被赋有智慧是为了人能够理智地生活,而不是让他愚昧地活着。你们要用为人类而斗争的经验去充实自己,那时你们将知道要辩论什么,讨论什么了。

总的来说,你们在自己的生活中要确立一个最重要的科学唯物主义真理:那个真理是今天还没有认识到的,但明天将会认识。例如:无线电波的物质上的本质被揭示得还不够充分,万有引力的本质被解释得还十分模糊,在这些方面还有许多不明确的。有关科学唯物主义认识的斗争恰恰在这方面，在这些自然秘密的范围里。要思考，思考，再思考。对智力输送的精神食粮越丰富，你们的争论就会越激烈，你们对生活经验的认识也将越深刻。

如果你们能去思考那些尚未得出结论和还未被认识的事物，那你们将成为真正聪明的人。列夫·托尔斯泰说过：智慧是每个人必不可少的，因而也是每个人所固有的。智慧表现在人清楚地知道自己的使命和完成这一使命的手段。"如果智慧具有这样的特性，能从充满智慧的人那里把智慧转移给缺少智慧的人，那该多好哇！然而遗憾的是，领悟别人的智慧首先需要自己独立地工作。"

这就是智者中的智者的箴言，我们对这些金玉良言应该深入思考。如果你无所事事，消磨时光，不管你周围的人有多聪明，你也不会沿着人类智慧的阶梯上升一级。如果任何富有智慧的争论都没有在你身边进行，就应当"稍稍动动脑子"，使你变得聪明些。

建议你们在共青团公开的学术辩论会上讨论一下罗曼·罗兰⑭的呼吁智慧的勇气和智慧的忠诚的这些话："智慧的勇气在于，在艰苦的脑力劳动面前毫不畏惧；智慧的忠诚在于，在真理面前永不退缩。竭尽全力追求真理，不惜任何代价找到真理，鄙弃做出随意的、模棱两可的决定和说出违背良心的谎言……要敢于独立思考，做一个真正的人。"你们认真想一想，每当你们在进行脑力劳动时，都能克服遇到的困难吗？儿子，要记住，在艰苦的脑力劳动中是很容易向困难屈服的，人们往往想放弃艰难的探索，幻想走一条轻松的捷径。为了真理的胜利，也为了你所信仰的思想和理想的实现，你能够克服遇到的所有困难吗？

你看，有关智慧和聪明才智能够讨论的话题有这么多，关于思想和理想可以谈论的话题也不少。我建议你们可以选择以下的话题组织学术辩论会："谁是值得学习的榜样""人的理想和有理想的人""道德和美"。在我上大学时，我们也曾就这些话题组织学术讨论会，你们也可以尝试一下，你们一定会看到许多观点的交锋。高尔基有个令人惊叹的思想:"大自然剥夺了人用四肢爬行的能力的同时,给了他一个形似拐杖的东西——理想!从这个时候起,人就无意识地、本能地追求美好、高尚的东西!你们要把这种追求变成自觉的行动,让人们明白,只有自觉地追求美好,人才能获得真正的幸福。"你知道这种"无意识的、本能的追求向自觉行为的跨越"指的是什么吗?就是我们常说的自我教育。人通过不可思议的劳动取得了这根拐杖(不是自然给予的),它不是一根把人困在原地的沉甸甸的粗棍子。但愿它将是一根柔韧、灵活的手杖,即使在没有一丝光明的黑暗中也能用它摸索出道路来。

没有理想就不可能有任何进步,没有理想的年轻人也不可能有梦想,而梦想是一丝火花,这丝火花点燃了共青团的崇高理想和乐观主义精神。你们讨论一下关于理想的问题吧,这样你们就会发现,梦想的飞腾是怎样使你们上升到高处俯视生活的,你们将从其中找到很多对你们来说十分宝贵的东西。

这就是我给你们提的有关共青团会议上可以辩论些什么题目的建议。这样的讨论会当然不同于那种让大家感到厌烦、谁也不想发言的会议,一切发言都是早已讲过了的陈词滥调,而且一再重复……这将是一个活泼的、充满创造性思想和鼓舞高尚动机的愉快活动。

祝你身体健康,心情愉快!

拥抱你,吻你。

你的父亲

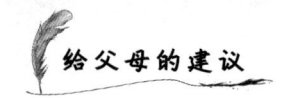

第二十五封信

亲爱的儿子,你好!

孩子们,你们都是好样的。我十分欣慰,因为你们按照自己的信仰采取了正确的行动。令我感到惊讶的是,年轻的园艺师怎么能发出如此无理的、愚蠢的指示——为了不妨碍康拜因收获玉米,要将大片玉米地里意外生长和成熟的向日葵砍掉、埋进土里。你们凭着良知奋起反对这个办法(这个办法不仅是愚蠢的,而且是有害的)。这件事真是有违共青团的良知和真正的信仰。你们拒绝执行这个愚蠢的指示,超额工作几个小时,削下所有成熟了的向日葵花盘,你们抢救了数十公担(一公担等于一百公斤)向日葵籽,这些籽可用来作种子。

你们获得了比物质财富还要珍贵的某种东西,你们获得了巨大的精神财富,这种财富就是罗曼·罗兰所说的"正直的头脑"。

人的精神美,首先表现在忠实于高尚的、与真理相符的、切合实际的信念。去年我已经和你写信谈到这一点,而关于信仰,我可以写出一首长诗来。真理的感情乘以对自己本身的尊重,就会形成那种热烈的信念,这种信念使一个人为人处世仅仅按照良心向他提示的那样做。不久前我们这里发生了一件给人启发的事。十三岁的小姑娘(你认识她)马琳娜 Д. 在学校读七年级。她的父母都是教派信徒。几个月前,马琳娜的父母开始强迫他们唯一的女儿信教,说要是不相信"真正的上帝",人就无法在这个世界上活下去。他们多次带马琳娜去教堂祈祷,但是在小姑娘的意识里从小就有一种信念在生根发芽,那就是相信真正的真理——相信人伟大的理智。有一次她问传教士:

"您说上帝创造了地球上所有的生物……您还颇有信心地保证说上帝只做对人好的事,但为什么上帝造出了数以万计的、致命的细菌,这些细菌造成了无数人死亡呢?"

传教士回答道:"真正的上帝是需要用心和情感去景仰的,而不是你的智慧,不要自作聪明,也不要刨根问底,应当相信上帝,上帝会保佑你的。"

马琳娜说道:"我不相信没有道理的东西。"从此她离开了教堂。父亲和母亲开始威胁她:"我们诅咒你,你不再是我们的女儿。"

小姑娘说:"如果我不再是你们的女儿,那我就离家出走。"

于是她到了朋友那里。她在朋友家住了一个月,学校的同学都在帮助她。她的父母很快赶到(我对这一点深信不疑)女儿那里,请求女儿的原谅。马琳娜坚定的态度撼动了他们,使他们对很多事情进行了思考。他们开始认真留心听传教士所宣讲的内容。马琳娜的父亲已经两次提出"背叛教义"的问题。

这就是真正的思想上的信念。为什么会有这样的情况?一个十三岁的小姑娘表现出追求真理的勇敢精神,而那位三十岁的农艺师却要做违背自己良心的事情?要知道他这个人的本性(毋庸置疑)是相信保留向日葵要比毁掉它好的。可他为什么还要那样做呢?

应当再一次说说灵魂了。农艺师这样的人,只知道口头上讲道理,但是道理并没有融进他们的思想当中,没有从意识上改变他们,没有激起情感。弗·伊·列宁谈到这样的人时说,在他们那里"信念扎根不深,只留在舌尖上"。这种人是承担不了任何重要的事情的,他们只是会说漂亮话的人。这让我想起了一件很可笑的事情。在我们的集体农庄里,有一个年轻的畜牧师。有一次区主席来农场视察工作,对这一位年轻的畜牧师说:"奶牛应该调换到没有单个牛栏的大棚里放养。"也就是说,不要把它们系在"工作的地点",而是让它们在露天的牲口栏中自由地走动。畜牧师马上执行了这个建议,开始大肆赞扬没有单个牛栏的牲畜豢养。可是农庄主席休假回来了,立刻制止了这项试验,奶牛群又被关进单个的牛栏里。但这个时候,区里的报纸却将这个畜牧师当作改革试验能手来报道,颂扬他的一切做法。

年轻畜牧师处于左右为难的境地。于是他找到了一个出路：养牛场里有一小块地段，从区里来的人常常到那儿视察，他就在那里继续试验在没有单个牛栏的大棚里放养奶牛，其他畜牧场则按照农场主席的命令，走老路子。你看，人一旦失去主见，会荒唐到什么样的程度。

你一定要记住，巴结讨好和不坚持自己的原则，离背叛行为只有一步之遥。"信念之所以那么珍贵，是因为它符合真理，而不是因为它符合我们的需求。"要学会坚持自己的信念。真实不是一眼就能看出的。真实往往处在事物和现象的深层。我们可以找到许多例子证明集体农庄里的畜牧场的劳动文明程度居于很高的水平。但是可以找到同样多的事实，证明畜牧场的劳动方式十分原始，还处于封建经济的水平……这两种说法都可以得到证实，但是这两种说法都不是真实，不是真理。真理十分复杂，而且常常是自相矛盾的。如果你不懂得这一点，那么摆在你面前的生活将是不解之谜和无法克服的困难。分析各种事实时，应当善于用辩证的观点，看到它们的发展趋势，到那时所有的事情也就一目了然了。如果认真了解了畜牧业农场里的劳动文明，你就会明白：这个农场，手工劳动是主要的劳动方式，未来手工劳动会逐渐减少，但是这个过程不是一蹴而就的，辩证法在发展，真理、真实也在发展。我们常常会听到一些说法：我们这儿犯罪率在增长，怎么办？变成流氓的人太多了……这不正确，透过有色眼镜看世界多么容易出错。我们这里整体是安宁的，犯罪数量一直在减少。诚然，我们的人民可能无法再容忍那些社会秩序的妨害者、犯罪者和寄生虫了。如果经常谈论起那些流氓、酗酒者和罪犯，那么这意味着，在我们社会现存的美好情况下，这些龌龊的事已经变得不能容忍了。

从集体农庄回学校后，找时间去书店看看有没有《爱因斯坦选集》第一卷，帮我买一本寄回来。

祝你一切都好！

拥抱你，亲吻你。

你的父亲

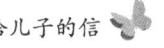

第二十六封信

亲爱的儿子，你好！

看了你的来信，我的内心非常不安。它迫使我思考人的灵魂中的某些无法触及的深处，这些灵魂中的黑暗处很难听从管教，教育者也往往忽略了它……你在信中带着愤懑写到，有一位大学生，他的身为集体农庄女庄员的母亲从遥远的乡村坐车来学校看他，但他却羞于有一个只是朴实的乡下人的母亲，于是躲了起来，不想见她。他让同学传话说他有事去别的地方了，却没有忘记要母亲把装满鸡肉、黄油和白面包的篮子留下来。

你知道这件事时非常气愤，我也陷入深深的思考。我认为用共产主义改造世界，最复杂的领域是人与人之间的相互关系，是在人的心中培养出真正的人性。如果在人自身和他的思想、感情中还没有人性的存在，那么就谈不上共产主义生产关系的胜利。

一位教育学理论家不久前说，真正的思想教育应该从孩子戴上红领巾那一刻开始。这是个错误的认知，从孩子学会喊妈妈时起就应该开始真正的思想教育。一个具有人的身体特征的新生儿将成长为什么样的人，很大程度上取决于他是如何对待母亲的，取决于他在开口说"妈妈"这个词时，体验到的是怎样的情感。儿子有没有尽孝，这是对人性的考验。

这是乌克兰民间的一个古老传说。

有一个母亲，她只有一个儿子。儿子娶了一个令人惊叹的、美丽非凡的姑娘为妻，但是这个姑娘心地恶毒。儿子把年轻的妻子带回自家的农舍里。儿媳妇不喜欢婆婆，对丈夫说："让母亲不要在农舍里随

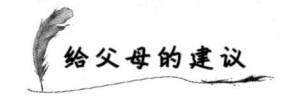

便走动,你把她赶到过道屋里去吧。"儿子便将母亲赶到过道屋里,禁止她随意进入农舍。母亲不敢和恶毒的儿媳妇碰面,只要儿媳妇路过过道屋,母亲就躲到床铺下面去。

然而即使这样做也还不能让儿媳妇满意。儿媳妇对丈夫说:"为了不让母亲在家里散发气味,你把她赶到板棚里去吧。"儿子又把母亲赶到板棚里,只有到夜晚母亲才从黑暗的板棚里走出来。有一天傍晚,年轻的妇人在繁花盛开的苹果树下休息,她看见母亲从板棚里走了出来。妻子大发雷霆,急忙跑到丈夫跟前说:"如果你还想和我在一起,你就把你的母亲杀死,把她的心脏剖出来,给我拿来。"儿子胸膛里的心脏并没有被吓得哆嗦颤抖,妻子的美丽迷惑了他。他对母亲说:"我们走吧,妈妈,到河里洗澡去。"他们走向河边,母亲被石头绊了一下。儿子非常恼怒地说:"你怎么啦,妈妈,绊了一下吗?为什么不看脚下的路?我们得在傍晚前走到河边。"

他们走到了河边,脱掉衣服,洗完了澡。儿子杀了母亲,从她的胸膛中取出心脏,放在一片槭树叶上,用手拿着。母亲的心脏在颤抖。儿子被石头绊了一下,栽倒了,碰伤了膝盖。母亲炽热的心脏掉落在尖锐的石头上,流出血来,抖动了一下,她低声说:"我亲爱的宝贝,你的膝盖痛吗?坐下来吧,休息一下,用手掌揉一揉撞痛的膝盖吧。"

儿子听了母亲的话失声痛哭,他把母亲炽热的心脏拾起,用双手捧着,贴在胸脯上,走回河边,把它放进母亲裂开的胸膛里,他的热泪如泉水般涌出。他终于明白了,任何人都不会像亲爱的母亲那样忠诚地、无私地爱他。

母爱是如此宽宏大量和永不消逝,母亲期望看到儿子欢乐无忧是如此深刻和强烈,以至那颗心复活了,裂开的胸脯合拢了,母亲站了起来。她抱着儿子的头,将其贴近自己的胸脯。这件事过后,儿子再没有回到貌美如花的妻子那里,他对妻子感到厌恶。母亲也不愿意回家了,于是母子二人向着广阔的大草原走去,他们成了两座高耸的古墓。每天早晨，刚刚升起的太阳用它的第一道光照耀着古墓……

  人民智慧创造的传说就是这样的。没有什么比母亲的爱更强烈，没有什么比母亲的抚摸和关怀更温柔，没有什么比母亲的不眠之夜和不闭的双眼更操劳和担忧。乌克兰有句老话说："如果在儿子的心中燃起比母爱弱一千倍的星火，那这星火仿佛是人性不灭的火焰，将燃烧一辈子。"

  有了母爱，人类才得以生存，没有什么比母亲的爱更强烈、更圣洁、更无私。任何的眷恋、爱情、热情和母爱相比，都显得微弱，带有私心杂念，我想，维·格·别林斯基的这段话一点儿没有夸张。

  儿子的感恩和孝心……父母的心感受到儿女的冷漠无情、没有孝心，发现子女忘记了父母为他们做的事，两个老人的心会经受多少痛苦和悲伤啊！对一个感到人生临近黄昏的人来说，没有什么比一种欢乐更令他们高兴的了，这种欢乐的源泉就是儿女们懂得双亲为了他们的幸福和利益所做的善举，因而有颗感恩的心。在国民道德宝库中，不孝恐怕是对人的恶习的最尖锐、最深刻的谴责了。在劳动人民那里，我们应当学习培养纯洁、高尚的心灵的方法。我们需要在无穷无尽的国民道德源泉中吸取精神力量，缺乏这种精神力量就不可能有真正的人性、同志情和兄弟情。我现在给你讲述，在我们州的一个村庄里人民是如何审判不孝的儿子的。学习吧，儿子，无论对待好人好事，还是对待坏人坏事，都要在人民那里学习。

  一个名叫赫里斯京娜的母亲辛苦养大的儿子安德烈从前线战场上戴着军衔健康地回来了，还带回来几箱子战利品，但是他从来没有在母亲面前打开过。母亲的农舍破旧，儿子打算盖一座新的。他在村庄另一头离母亲较远的地方选了一块地。他盖了一座砖房子，房顶上铺着时髦的锌板。后来他结婚了，快活地过着自己的小日子。母亲的农舍眼看着就要倒塌了。她请求儿子用麦秸盖上有窟窿的房顶，但是儿子却说："我自己的事情还忙不过来呢，你自己想办法吧。"母亲伤心

给父母的建议

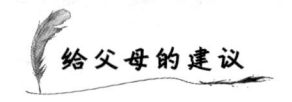

地哭了……

巨大的不幸又降临在年老的母亲身上：她病了，无法从床上起来，她的一侧身体失去了知觉，一只手和一只脚不能动了。母亲的邻居们来到儿子那里，对他说："安德烈（儿子的名字），你还有良心吗？你的母亲病得起不来了，你应该经常去照顾她。"安德烈嘴上敷衍地答应去看望母亲，实际上从来都没有去看望过。善良的邻居们照顾着这位生病的老人。

半年过去了，一年也过去了，母亲的身体越来越糟糕。儿子还是一次都没有来探望过母亲。镇上传言四起：儿子抛弃了母亲。人们都称安德烈为冷酷无情的人，甚至用一个更富有表现力的词称呼他——畜生。与安德烈的新房紧邻的四户邻居也准备在旧宅地上另盖新房，但是诚实的集体农庄庄员怎么会和一个畜生一样的人住在一起呢？集体农庄庄员们在其他地方找好地段，建造好新房，陆续都搬迁走了，只留下四座用麦秸盖顶满是窟窿的空房子。沿着安德烈居住的街道行走成为一件令人胆战心惊的事情。从黄昏到清晨，空旷的院子里不断传来猫头鹰凄惨的叫声。一年后又有五户集体农庄庄员搬家，迁入新居去了，街道冷清得可怕。安德烈请求农庄主席把周围的空地划分给别人建房，但是没有人愿意和他做邻居。

在一个雷声隆隆的晚上，闪电使一所废弃的房屋燃烧了起来，风呼呼地吹着，所有废弃的房屋都熊熊燃烧起来，唯独安德烈的房屋因是锌做的屋顶而完好无损。就在这天晚上，安德烈的母亲去世了。安德烈和妻子前来主持葬礼，他挤出几滴眼泪，试图做些儿女应做的事情，但是什么也没做成，一切应该做的事，其他人已经替他做好了。邻居收拾好母亲遗留下来的衣服，将其捆成一团。安德烈拿着那团衣服回了家，人们用一种惊讶又愤恨的眼神送走了他。

火灾留下的废墟上长出了野草。人们看见，狼在晚上悄悄走近安德烈的农舍，站在一堆灰烬上，抬起头来，悲戚地哀嚎着。

大家都绕着安德烈走，也不和他打招呼。恐惧抓住了这个不孝的人的灵魂。他害怕得不敢出门，每当太阳落山就上床睡觉。任何人都不想在火灾遗址上建造新的住宅，院子里开始长满飞廉等杂草和白杨。人们议论，在安德烈身上到底发生了什么事？他白天不敢出门，晚上在火灾遗址上徘徊。一天人们得知，安德烈在火灾遗址里留下的一根柱子上自缢身亡了。

几台推土机开到了火灾遗址，把地面弄平整，把半腐朽的老树桩连根拔除。拖拉机犁好了地面，农业生产队在上面种上了向日葵。花朵面向太阳怒放，欢乐降临到这片村庄边缘的地方。一群快乐的农机手搬入安德烈的农舍中居住。临到傍晚，人们听到巴扬手风琴的声音，听到少女的歌声，不免记起那件令人不快的往事，沉思安德烈的悲惨命运。

我不认识那个因为自己的母亲是普通的农妇而感到羞耻的大学生，但是我可以十分有把握地说他是一个可怕的人，在困难的时刻不能指望他——他将会叛变。当他成为一家之主、父亲和丈夫的时候，他会做出很多背信弃义的事情，这些背信弃义积累起来，将促成最大的背叛——他将摧残自己的孩子和妻子，他将使自己的孩子成为一个利己主义者，一个自私、蔑视他人、冷漠无情的人。

祝你身体健康，心情愉快！

拥抱你，亲吻你。

你的父亲

给父母的建议

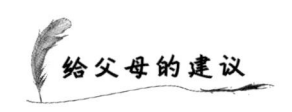

第二十七封信

亲爱的儿子,你好!

　　令我惊讶的是,你的来信中写道:"按您写信的口吻,就好像明天我就要结婚,一年后我就会有孩子似的……"

　　人应当预先学习一切所需要的知识。人从十八岁开始真正的劳动。但从他迈出第一步起,就要开始教他劳动。有关人类繁衍的知识也是这样的,要未雨绸缪,预先教给孩子。教育自己的孩子,意味着培养他的人性。不只要一年,甚至要再过五年,你才会有家庭,有孩子。令我惊异的是,我们教给少年、青年人许多知识:耕耘土地、种植粮食作物、驾驶拖拉机、操作车床,但是谁也没想到要教他们怎样教育自己的孩子。有时临到一个人有了孩子,才临渴掘井,匆忙去教……而在各种知识中,这方面的知识是最重要的。

　　对我来说,每天都是在孩子们的欢笑中开始的。在孩子的眼睛里看到玫瑰花绽放的美景,看到孩子在观察蓝天上奇形怪状的云朵、在树叶间飞舞的色彩斑斓的蝴蝶……孩子们常常兴奋地向大家展示爸爸和妈妈送的礼物。这一幕多么美好,社会和父母给孩子营造了这么好的环境,制造了这么多的欢乐。但是每当面对天真烂漫、无忧无虑的孩子们,在我心中会油然而生一种忧虑。我不由得想起小时候的安德烈,他也总是乐观愉快、朝气勃勃,他什么时候都不会撒娇,因为母亲会满足他一切刁钻古怪的要求。令我焦虑的这个问题,每一个未来的父亲都应该思考,你也要好好思考一下。我们对孩子的爱像一个巨大的、永不熄灭的火炬,它能在孩子心里点燃感恩的小火星吗?孩子是否能感觉到他生活中的快乐和幸福,是双亲的劳苦和汗水,以及许多非亲非故的人的辛苦操劳换来的?但是这些不熟识的人们都是值得珍重的，之所以值得珍重，是因为没有这些人，他就无法生存，虽然他不会产生这种想法。

在自己的孩子身上延续、再造自己，这是双亲最大的幸福。你将会盯着自己的孩子看，仿佛在欣赏一个令人惊叹的、举世无双的奇迹。你准备奉献出一切东西，只要这些东西对你的孩子有利。但是不要忘记，他首先应当成为一个人，不要成为废物。而且在一个人那里，最重要的品质是具有责任感，对为你做过好事的人有回馈的义务，有感激之情。他只有那时候才会体验到感激之情，即当他为了父母、长辈做好事的时候。孩子应当用善行回报善行，这是父母教育子女最重要的准则。

你要记住，孩子的幸福按其本性来说是自私的：长辈为孩子创造的良好条件和谋得的福利，他认为是理所当然的。在他尚未凭借自身的经验（经验也不会自动来到他那里）感受到他欢乐的最重要的源泉是长辈的劳动和汗水，他将深信母亲和父亲活着仅仅是为了带给他快乐和幸福。下列情况似乎是离奇、反常的：在一个诚实劳动的家庭里，双亲非常疼爱孩子，为他献出了所有的心力，孩子却成了没有心肝的人。其实并不奇怪，孩子仅仅作为享乐的消费者长大，而这是教育子女时最可怕的情况，因为只有体会到做好事的伟大和美丽的人，才懂得一种崇高的快乐——为别人做好事的快乐。只有这种无私的、合乎人性的快乐，才是能使年轻的心高尚起来的力量。

如何才能做到让母亲和父亲为儿女付出的粒粒金沙变成儿女回报父母的金矿呢？最首要的，应当教导孩子用整个心灵看到、感受到、理解和体会到：他生活在人们中间；为了他的快乐和幸福，有的人耗尽了自己的力量和智慧。他的童年的每一个安逸的、无忧无虑的日子，都需要别人付出劳动和心血。

儿子，我希望你的孩子出生后，你首先让他看得见人，感受到人的存在——这也许是在教育一个人以及在儿女身上重建自己的过程中最困难、最复杂的事情。

一定要记住，从孩子有了自我意识开始就要教他为人亲切、热忱、恳切和诚恳。为人们做善事是从孩子关切美好的东西开始的。一切使人得到美的享受和快乐的东西都有神奇的教育力量。

年轻的父亲和母亲应当学会设计人，学习思考教育孩子的内容：为了孩子敏感地感知周围世界，为了让他用心感受到自己生活在人们中间，孩子应当做些什么？但愿每个家庭都有自己的家庭节日，这个节日的目的是希望孩子为亲人带来快乐。我们这里的许多家庭都过玫瑰节。你应该还记得小时候和奥莉加一起栽种玫瑰的事情吧，记得如何照料玫瑰、如何给它浇水的事吧。孩子们很快产生了完成这些不复杂的劳动的强烈欲望，但是他的热情很快也冷却了下来。必须常常提醒孩子：浇水吧，防冻吧，快松土吧！其实他并不乐意干这种单调的劳动，因为劳动的结果——香气扑鼻的花朵——在他的观念中不可思议地遥远。这时应当教他变得有耐心。

春天，眼看着长出了第一批很小的绿叶——孩子的眼中燃起欢乐的火花。一段长久的、单调的劳动开始了，孩子重复地干着浇水、松土和施肥等工作。终于，孩子意外地发现了第一朵小花，接着第二朵、第三朵……孩子们十分欢乐，这种欢乐是什么也比不上的。这不是孩子收到礼物时感到的欢乐，这不是闲暇和休息时的欢乐，也不是旅游时乘车坐船的欢乐。

这是为最宝贵的人——母亲、父亲、奶奶、爷爷做好事的欢乐。而这件好事让孩子们兴奋、激动、欢乐，正是由于这件好事就是美。孩子等待着花儿展开它的花瓣。孩子已经很有耐心了。但是如果发生意外的事：某人摘下了他的花朵，而这朵花本是他要作为意想不到的礼物献给母亲的，这对孩子来说是痛苦的。可是一个人，如果在他的一生中没有体验过痛苦，就算不上是真正的人。

对年轻的父母来说，没有什么比在某一刹那看见孩子闪闪发光的眼睛更幸福的了，因为此时此刻孩子正摘下一朵玫瑰花送给母亲。在这一刹那，孩子的眼睛闪烁着纯洁的、人性的光芒，他因此变得崇高。那双眼睛因内心的欢乐而炯炯发光——一种为别人造福的欢乐。

这种纯洁的、人性的光芒仿佛打开了孩子的眼睛,让他看向世界、看向人们,看他们的欢乐、操心、焦虑、悲苦。就在孩子带给母亲一朵鲜艳的花时,他第一次在母亲眼里看到了惊喜和快乐。在这一刹那,孩子提醒自己:母亲很少有机会体验欢乐和惊喜,她有不少悲苦的时刻。孩子开始对自己最亲的人产生了怜惜之情,渴求带给母亲更多的欢乐和惊喜,孩子的心在这些瞬间因黄金般点点滴滴的无私奉献而变得宽厚。孩子想要更多地为亲人和父母造福。

这是对人进行真正的共产主义教育的开端。体验到为他人创造美和做善事的感受的孩子,能看到更宽广的世界。在苹果树繁花似锦的枝头上,在一串串成熟了的葡萄上,在一朵朵沉思的菊花上,他看到人的劳动、操劳和焦虑的体现。他不会随手折断树枝、摘下花朵,因为良心不允许他做坏事。

一年又一年过去了,家庭形成了传统,在母亲、父亲、奶奶、爷爷生日那天,孩子们都要向过生日的长辈献上一束鲜花。如果某个长辈的生日是在冬天。就让孩子们在暖房或者屋子里的火炉旁养上一盆花……孩子要为好多事焦虑,这很好,这些焦虑将触动他的心灵。

让你的孩子的生活充满牵挂;让他为了朝气蓬勃的美丽生物惊惶万状、为了刚开花的或繁花盛开的树木忐忑不安;让他为了寒冷秋风下的小苹果树操心;让他的心焦虑着:在这个寒冷的夜晚,小灰兔有没有悄悄地躲藏在苹果树下、有没有啃食树皮果腹?让他一大早就到果园里去,试着用手摸摸苹果树细嫩的枝干,用麦秸把树干包裹起来;让他为春寒中冻伤的桃树的花芽、暴风雨中掉出巢穴的雏鸟而心疼。

让孩子在花园里和菜园里有自己美好的角落。冬天他也应该在屋子里有一个温暖舒适的小天地。

在他入校读书两年后,就要给孩子建一个感恩园。让他为母亲、父亲、奶奶和爷爷栽种苹果树、葡萄苗。这是儿童关心长辈的体现。

给父母的建议

要求孩子们像照料玫瑰花一样照料果树,可不太容易。在这种情况下,一切全靠父母的教育智慧和坚持不懈。应当经常向孩子暗示:他在为谁劳动,他的劳动将带给谁欢乐。两三年过去了,栽植的小果树结了第一批果实,在孩子的眼中这仿佛是时隔许久的奇迹。现在已经不需要提醒他为果树劳动、浇水和施肥了,他不会忘记做这些事。他将带着焦急的心情等待苹果和葡萄的成熟,以便摘下果实拿到母亲面前,看到她眼睛里的欢乐与惊喜。

这些瞬间在孩子的心里留下了不可磨灭的痕迹。他似乎已经登上了人生道德发展的第一个高峰。孩子为了宝贵的亲人在劳动中灌注的精力和体力,形成了情感体验的一个完整的世界。为他人做好事成了他的需要。他从内心感到应该帮助同学、朋友和心爱的人。有做好事需要的孩子成为对人以及人的举动、事件、相互关系等具有敏锐的眼光、领受能力的人。他能知道母亲和父亲什么时候有困难,他什么时候应当帮助他们。体验到做好事的快乐的孩子,对母亲和父亲的悲伤和痛苦非常敏感。

内心诚挚、反应灵敏的孩子对看起来似乎没有不良行为的地方,也会感到羞耻。不久前四年级的科利亚 Б. 对我说:"妈妈有心脏病,不能让她为我操心,所以我必须学好每一门功课。"这个男孩子认为,如果分数册上出现不好的分数,妈妈的心脏将会很难受。他希望妈妈是宁静的、不受干扰的……孩子努力学习有自己的原因,首先是为了带给母亲和父亲欢乐,而只有在特定情况下才能在孩子心中激起这种愿望,那就是当孩子已经体验过为母亲和父亲做好事的欢乐的时候。我坚信,迫使孩子努力学习是有可能的,首先要激起他为双亲努力行善的愿望。

要记住,道德的教育,首先要有理性和智慧的约束。孩子从开始有意识地生存,就应当知道三个概念:可以、不行、必须。有些教育者犯下的最大、最致命的错误,形象点说,是他们不善于交替运用这三个概念。对十二岁的孩子,或是十三四岁,甚至是十五六岁的孩子都只会说可以。对一个孩子，甚至对成了年的他，一切都是可以的，一切都被准许。似乎有一种想法深深印入他的头脑中：他是宇宙的中心，一切都在围绕他转。后来，这个骑在父母脖子上的孩子，突然发现母亲和父亲改变了说法：不行。在这个孩子面前周围世界突然展开了全新的、不为所知的一面：这样做被禁止，那样做也不被准许。他感到自己被捆住了手脚，受到了凌辱和委屈。对于善与恶、正确与不正确，他有着颠倒的概念。在此之前，他感到他带给双亲的是快乐：无论他做什么，母亲和父亲都会夸赞，甚至当他用小拳头威胁奶奶，面对这种无礼的举动父母也会夸赞说："我们的儿子就是这样敢作敢为的人。"可眼下他忽然感到自己带给父母的不是欢乐，而是灾祸和悲苦，他已经不是"心肝宝贝"，不是"百看不厌的、令人心疼的小儿子"，而是"上帝的惩罚"。代替温柔的废话出现的是敲后脑勺，要不然就是皮鞭。孩子产生了病态的自尊心，并且越来越严重。父母的每一句刺耳的话，都是撒在他流血伤口上的盐。怜惜自己，这种心灵状态是利己主义的无穷无尽的源泉。不能容许孩子产生这种心态，它孕育着冷酷无情。但愿一个人怜惜自己仅限这样的程度，即和他对他人的怜悯相称的程度。

　　要善于怜惜和爱。父爱应当是明智的，而不是本能的。但愿这些教训对你来说是能传给后辈的经验。

　　祝你身体健康，精神焕发！拥抱你，吻你。

你的父亲

给父母的建议

第二十八封信

亲爱的儿子，你好！

你来信请我就如何经济、合理地（"合理"这个词用得很恰当）利用时间给你提些建议。你抱怨说："一件工作接着另一件，还没有来得及回顾，一天就过完了，余下许多工作没有完成，而这些工作都是原定要当天做完的。"从你的信中我还了解到，落到你身上的，就像你所说的"一大堆该读的书"，可是来不及读完它们。

根据我的经验，向你提出几点建议。

1. 第一位，也是最主要的——关于这一点，早在去年我就写信对你说过——就是善于在听课过程中储备时间。不善于听课的大学生，在测验（或考试）前几天，都要紧张地复习听课纲要，捧着笔记本不放，每天只睡两三个小时。全部的复习工作，本来应当持续不断地完成的，却都堆积到这些"救火般紧急的日子"来做。根据我的推算，在一年中，那些需要"紧急动员全部力量""救火般紧张的日子"加起来不少于五十天，也就是说，几乎是全部工作时间的四分之一。这种情况是导致时间不够用的最主要原因之一。应当预先防止这种突击复习。必须学会在听课时就对记下来的内容纲要有所思考，并且每天都要复习笔记，哪怕花两个小时也要及时做。我建议你不妨将纲要分为两栏：第一栏是对讲课内容的简短复述，第二栏是应当进行思考的讲课内容；还应当顺便记入一些关键的问题。这些问题就是骨架，该学科的整个知识大厦都建立在这个骨架上。每天应当思考的正是构成骨架的这些问题，我上面所说的每天的复习阅读就是要联系着这些思考进行的。如果你所有的科目都按这种要求去做，你就不会有"紧急动员全部力量"的日子。你将不需要在准备测验和考试时通读和学习所有的笔记纲要。一个科目的骨架就是大纲,在大纲的基础上你将回忆起该科目的所有内容。

2. 如果你想有充裕的时间,那你就要每天坚持读书。每天阅读并且认真钻研四至六页和学习的科目相关的科学文献。此外,每天专心阅读不少于十至十五页的其他学科的书籍,包括科普读物,无须仔细钻研(也就是不需要记笔记),但是也要用心去读。你通过阅读获取的知识,就是你专业学习所必需的背景材料(智慧背景)。这个背景越丰富,专业学习就越轻松。你每天读得越多,就有越多的时间储备。因为你阅读的一切读物,和你在课堂上学习的内容有成千上万个接触点。我不妨称呼这些接触点为记忆的锚。这些锚把课堂上必修的知识固定在脑海里。要有能力迫使自己每天阅读,不要把今天要读的书推到明天。今天从手中溜走的东西,明天是怎么也补不上的。

3. 要从早晨六点钟左右开始你一天的工作。五点半起床,做早操,喝一杯牛奶(不要养成喝茶的习惯,成年以后喝也来得及),吃一个圆面包就开始工作。如果你习惯了从六点开始工作,那就要再努力提前十五至二十分钟。这会给一天的工作日一个好的开头。

上课之前的一个半小时,是黄金的工作时间。对我来说,一切做成功的事情,都是我在早晨做的,三十年来,我都是在早晨五点钟开始工作,而这段早晨的工作只做到八点。我的三十本教育学方面的书,以及三百多篇其他方面的学术著作,都是我利用早晨五点到八点这段时间完成的。我已经养成了这种习惯,即使我想在这段时间睡觉也不行。在这段时间我的兴趣仅仅在于智力劳动。

我建议你用早晨的一个半小时去完成最复杂的创造性的脑力劳动。去思考重要理论的中心问题,阅读艰深的学术论文,从事各种学术提纲的写作。如果你有研究性质的工作,在早晨这段时间完成最好。

这样,你将不会每天熬夜太久。你要这样安排自己一天的作息,晚上至少在十二点以前的一个半小时(或是两个小时)入睡,保证自

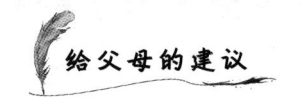

己有充足的睡眠，这样就能免于疲劳。

4. 要善于确定自己的脑力劳动系统。这是特别重要的规划，许多方面都取决于这种规划。我指的是要分清主要和次要。主要的工作应当及时安排时间去做，为的是不要让次要的事情将主要的事情挤到之后的计划中。重要的事情应当天天做，不能间断。对你的专业，你要确定好最重要的一些学术问题，你能不能成为工程师，就取决于对这些学术问题的理解程度。这些构成一个系列的问题是相互渗透的，它们贯穿在许多学科之中。主要的学术问题，应当利用早晨的时间放在第一位去钻研。要善于根据主要的学术问题寻找有重大价值的书籍和科学著作，要规划好整块的时间去仔细认真地钻研这些书籍。

5. 要善于给自己创造内在的促进因素。在脑力劳动中，许多工作没有达到让你感兴趣的程度，使你带有很大的意愿去完成它。通常唯一主导你的动因仅仅是"需要"。你一天中的脑力劳动恰恰是因为这样的"需要"开始的。要善于把精力集中在思考问题和理论的准确性上，要使得"需要我做"逐渐变成"我想要做"。最感兴趣的工作应当保留在结尾去做。

6. 要在书籍和报刊的大海里尽情遨游。在大学时代，要读的书籍必须经过严格的选择。求知欲强的人希望把所有的书都读完，但这是不可能的。要善于限定阅读范围，将可能影响你工作作息的书从这个阅读范围中排除出去。但是同时也要记住，随时都会出现你预先未列入计划的必读新书，因此你必须有备用时间。正如我在信里和你讲过的那样，这些备用时间是由于你提高了平时的工作效率（善于进行课堂学习，做笔记）而一点点积累下来的。

7. 要学会对自己说"不"。大量的活动围绕着你。有科学小组、业余文艺活动小组、体育运动队、舞蹈晚会以及许多俱乐部。参加这些活动都需要时间，你要善于在多种多样、具有诱惑力的活动中做出果断的抉择，因为过多参与活动必定会给你带来很大的损害。娱乐和休息都是必要的，但是不能忘记主要的事情：你是个劳动者，国家在你身上花费了许多钱，你首要的时间不是跳舞和休息，而应该是劳动。我建议你把下棋和阅读文学作品作为休息的一种方式。在极度寂静的环境中聚精会神地下棋，这是调节神经系统放松紧绷的神经，使思维条理化的最好方法。

8. 不要把时间浪费在琐事、微不足道的东西和荒谬的空想上。我这里特指无聊、空洞的讨论和无所事事消磨时间。常常有这样的情况：几个人围坐在一个房间里，开始聊天，按照乌克兰的俗话讲，就是胡扯，一个小时、两个小时就这样过去了，什么事也没有做，在这种闲聊中，什么高明的见解也讲不出来，而时间却一去不复返。要善于把自己和同志们的谈话变成充实自己精神世界的源泉。

9. 要学会减轻自己的脑力劳动。这里指的是善于创造时间储备。为了做到这一点应当习惯于系统化分类地做笔记。我现在差不多有四十个笔记本。每一本都预先指定是为了记录关于教育学的某个问题的思考，既是强烈鲜明的，又是昙花一现的思想（这些思想有一个"习性"：它们在头脑中只出现一次，不会重现）。我还记下了我读过的关于这个问题的最有趣和最鲜明的见解。这一切都是很有用处的，大大减轻了脑力劳动强度，为以后的研究工作储备了很多观点和材料。我知道你有一些笔记本，但没有系统分类。你记笔记应准确地系统分类，这能减轻自己的脑力劳动强度。

10. 对每一项工作，都要寻找最适合于它的脑力劳动方式。应避免刻板公式和陈规旧套，要不惜花费时间去深入地领会那些和你所做的研究有关的事实、现象和规律。你思考得越深刻，记忆就越牢固。在没有理解意义之前，不要去强记，这样做会白白地浪费时间。对于你已经熟知的东西不要去读，只要看一眼就行。但同时切忌对没有理解的内容走马观花地忽略过去。任何走马观花和不求甚解都会迫使你对一些事例和规律多次返回去钻研。

11. 脑力劳动是一个人进行的，要消除妨碍因素。如果你和几个人共用一个房间，大家各行其是，不能达成一个严格遵守的协议，你的任何有效的脑力劳动都不能顺利进行。首先你应该和同室居住的人达成一个共同遵守的协议：在规定的时间里禁止谈话、争论或做打破安静的事情。在集中精力从事脑力劳动的时间，每个人都必须独立地进行工作。如果有在阅览室和图书馆工作的可能性，要最大限度利用这种可能性。

12. 脑力劳动要求像数学一样精确的思维和文艺性的思维交替进行。你可以交替地阅读科学文献和小说一类的消遣性作品。

13. 要改掉某些坏习惯，我指的是下面这些：开始工作之前呆坐十五到二十分钟；翻阅明明不需要阅读的书本；睡醒了不起床，还要再躺十五分钟等。

14. "明天"是勤劳的最危险的敌人。任何时候都不要把今天该完成的工作推到明天。应当养成习惯，把明天的一部分工作提前到今天就做完。这将对明天的工作起到很好的内在推进作用。

15. 任何时候都不要停止脑力劳动，哪怕一天也不要停。夏天是休假的好季节，但也不要离开书本。每天都要用新的知识来充实自己，未来脑力劳动所必需的时间的源泉之一就在这些知识的积累中。

这是十五条金科玉律，我认为每个大学生都应该奉行不悖。

祝你身体健康，精神愉快，心情愉快！

你的父亲

第二十九封信

亲爱的儿子，你好！

你这封透着伤感的信我收到了，对于你在新年前夜产生的这种情绪，我并不觉得奇怪。因为我也曾有过这样的时候：为"人为什么活着""生活的意义在哪里"这样的问题苦恼过。

有关生活的意义的问题是伦理学的一个基本问题。你的心灵为这方面的种种想法而感到不安，我反而非常高兴。如果一个人的心在任何时候都不会被忧愁占据，那生活中的欢乐他也无法拥有。

不久之前，我参观了一个博物馆——华沙附近一个法西斯的死亡集中营。在杀人犯和暴虐者们抱着魔鬼般的意图想出来的许多发明物中，我看到有一个看起来极简单、结构不复杂的发明物：一辆运货的四轮大车。注定要被折磨死的囚徒们往大车上装满十吨重的大石头，沿着年久失修的道路，把车拉到两公里以外的地方，把石头卸下来，再重新装上，重新运输。所有这一切是不停顿的，日复一日，在许多个星期、许多个月，循环往复地进行着。在这个发明物看似简单的构造背后暗藏着魔鬼般的意图：使人遭受最可怕的痛苦，肉体和精神上的痛苦兼有——一种无理性、无目的的苦役带来的痛苦。在极度的折磨中，一个人那里有关人性的东西被一点点地扼杀掉——法西斯暴君们的意图就是这样的。为达到此目的，他们不仅承受令人疲惫不堪的体力劳动，而且经历精神上的苦痛。如果一个人被迫从事一种毫无意义的工作，他就会感受到精神上的痛苦。回忆一下古希腊神话中关于西西弗斯[⑩]的劳动吧，回忆一下但丁《神曲》中的地狱篇吧。

人不管是行善还是作恶，最终的结果都是死去，那么人活着的意义又是什么呢？宗教正是钻了这个空子，它寄生在这个令人痛苦的问

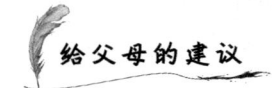

题上，它许诺在死后的世界里，人可以获得永生。不过在古代就有人明白，不可能有死后的生活，任何人都无法永生。古希伯来的思想家埃克莱西阿斯特认为，一切东西都来自尘埃，最终又归于尘埃，生活的意义，总的来说，是没有的。"一切尘世的东西都是虚幻和精神的折磨。"早在古代就有人明白，永生是与人的一种渴望相联系的，人的一生如果为新的一代留下了有意义的痕迹，他就获得了永生。

每一个苏联人都有自己的生活目的，有的甚至有好几个。一个人希望能成为一名工程师——新机器的设计师，另一个人希望能给人们提供一种小麦品种，这种小麦能结出两个麦穗。第三个人想成为一名教师，第四个人想做医生，第五个人想当一名有高超技艺的工人。可不可以说这些目的都是生活的意义呢？不，生活的意义，在我看来是更深刻、更包罗万象的。在那个将自己的目的建立在制造飞向火星的宇宙飞船的人那里，和在那个把自己个人的幸福看作培植高收成小麦的人那里，就实质而言，生活的意义是同样的：为人们服务，给人带来好处，激发人对完善、创造和美的渴望。生活的意义不是每个人具体的目的，而是生存的原则和生活的路径。一个人工作、克服困难、取得成绩是为了什么，这其中包含了生活的意义。

我给你讲讲谢苗·拉夫连季耶维奇和阿列克谢·杰米多维奇这两位工人的故事。他们生活在第聂伯河上的一个小城市里，年纪相仿，都快五十岁了，都在一家重工业工厂工作了大约二十五年。他们都有自己的小房子，在他们的小房子旁的空地上都有葡萄园。两人的葡萄苗的数目也几乎相同——每个人都有一百多株葡萄苗。他们两人都爱上了在葡萄园中劳动，达到了忘我的程度。两个人从早春到晚秋，几乎所有的业余时间都是在心爱的葡萄园里度过的。每个人从每株葡萄苗那里都能收获三十公斤葡萄，总共加起来有三吨之多。但是人们对他们两人的态度却截然不同。虽然很多人认为谢苗·拉夫连季耶维奇是个怪人，但是并不影响大家对他的喜欢；而人们都憎恨阿列克谢·杰米多维奇，不愿和他往来。为何有这样的区别，原因就在下面。

葡萄刚刚开始成熟,谢苗·拉夫连季耶维奇的住宅旁的空地里就充满了孩子们的欢声笑语。他有几十个少年朋友。谢苗·拉夫连季耶维奇在葡萄园里搭了个窝棚,和瓜园里的窝棚一个样,他的少年朋友们常在这里集合。他几乎把所有葡萄都送给了孩子们,不仅让孩子们在葡萄园里尽情品尝,还让他们带回去给奶奶和爷爷品尝。晚秋时分,葡萄的叶子开始脱落,给葡萄园的地面铺上了一层杂色的地毯,葡萄藤的枝条变得光秃秃的。这时谢苗·拉夫连季耶维奇叫来所有的小朋友,发给每人一些葡萄苗,嘱咐他们:把这些葡萄苗栽种起来吧,创建自家的葡萄园,给亲人带来快乐。这时候来到谢苗·拉夫连季耶维奇的葡萄园的不仅有儿童,还有成年人,特别是小朋友的父亲,也向他求葡萄苗。

许多人把谢苗·拉夫连季耶维奇当作怪人,忍不住问他:"在葡萄园里的劳动到底给您带来了什么呀?您一年到头、从早春到晚秋在葡萄园里忙个不停,却什么也没有得到,一个戈比也没留下。三吨葡萄,这可不是一个小数目,把它们卖了,有了这笔钱你早就可以建一座大房子了。"

谢苗·拉夫连季耶维奇想了想,笑着回答道:

"我从自己的劳动中收获甚多。我觉得现在的自己很富有,富过在地球上生活的任何人。我有房子。对我来说,这座小房子已经足够用了。"

谢苗·拉夫连季耶维奇很喜欢孩子,孩子们也把自己真诚的心交给他。在他上班的时间,孩子们就在葡萄园的窝棚里等他,他们中谁也不会摘下一颗果实。如果有谁动了这样的念头,就会被其他孩子们揪耳朵。我坚信,人的人性、真诚、善良可以通过孩子们对待他的态度来衡量。受到孩子们喜爱的人是真正的人。任何时候你都不要欺骗孩子,在他们面前,你不要遮掩自己的真实面目,他们能感知和辨识虚伪,憎恨欺骗行为。

给父母的建议

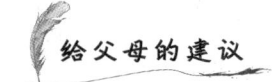

　　阿列克谢·杰米多维奇住得离谢苗·拉夫连季耶维奇不远。在生产劳动中,大家都知道他是一个有经验和热爱劳动的工人,但是谁也不喜欢他。不知为什么,人人都对他抱有警惕心,人们说他心胸狭窄……和谢苗·拉夫连季耶维奇相同的是,从早春到晚秋,他都在葡萄园里忙碌。但是在他的葡萄园里,任何时候都听不到孩子的声音。他的葡萄园被高高的栅栏围着。栅栏的木板上还缠绕着带刺的铁丝。门柱子上有小块的碎玻璃,还拴着两条凶恶的看家狗,阿列克谢·杰米多维奇专门为看家狗搭建了结实的岗棚。如果有人前来购买葡萄苗(人们在他那儿只买这种货品),阿列克谢·杰米多维奇会走出门外,出示自己的货品,就像他自己说的,只想尽快把买主打发走。到了葡萄成熟的季节,他就夜以继日地守在葡萄园里。他在葡萄园里像谢苗·拉夫连季耶维奇一样,也搭建了一个窝棚,只是除了主人外,任何人都没有在这里待过。收获的葡萄,包括最后的浆果,全部都送到集贸市场出售。听说他已经攒了超过一千卢布的钱了。

　　这里给你展示的是两类人、两种生活的意义。记住,要像防备火一样,防备不好的一类人,要向好的一类人学习。生活的意义就是服务大众。像阿列克谢·杰米多维奇这样的人,被同胞们鄙视。他们可能感到自己很幸福,但他们的幸福是泼留希金[51]式的幸福。

　　我想用古代的医生们的座右铭来结束这封信:"燃烧自己,照亮别人。"好好思考一下这句箴言吧,我的儿子。如果没有为了人民的利益牺牲自己的无数先烈,就不会有人类的历史,我们的生活就会变成暗无天日的地狱。从穆齐亚·赛沃拉到米哈伊尔·帕尼卡科,从卓娅·科斯莫杰米扬斯卡娅到亚历山大·马特洛索夫,人类历史的苍穹布满了这些永远灿烂的星星,它们代表人们的美好未来的理想。希望这些星星的光芒能照亮你前进的道路。儿子,请记住这句话:燃烧自己,照亮别人!

　　祝你身体健康,精力充沛!拥抱你,吻你。

你的父亲

第三十封信

亲爱的儿子，你好！

你请我回答这三个问题：

1. 共产主义社会的人将是什么样的？在未来的人身上有什么重要的特征？

2. 什么样的道德恶习是最危险、最不能容忍的？

3. 在我看来，在青年一代的教育工作中，常犯的最严重的错误是什么？

第一个问题。共产主义社会的人已经生活在我们中间。你不能把事情设想成这样：一个庄严的时刻突然来临，钟声响起，宣告新人的诞生。我给你讲过的谢苗·拉夫连季耶维奇，这种人已经是未来的新人。庸俗的人们都把这样的人称为怪人。我认识三十多个这样的人（顺便一提，我有一个理想：写一本关于这些人的书，就叫《怪人的世界》）。离学校不远的村庄里就住着这样的一个怪人，你大概能猜到我说的是伊万·普罗科菲耶维奇。他有一个向大家开放的花园。他是他那条街上十五个孩子的教导员，整个夏天他都在花园里为孩子们忙碌。孩子们在那里制作收音机、玩耍、唱歌、学习拉小提琴……

在邻近的一个村子里有一个这样的人——他是一位退伍军官。他领着一笔数目可观的退休金，本可以安享余年，可是他从早到晚都在劳动，为大家服务，他是共产主义思想的宣传家。他每天下地，到生产队、畜牧场去，给畜牧场的工人和农民讲世界上发生的事情，给他们读文艺作品。他投身生产岗位，每次都和人们一起劳动两三天，然后又转到别的生产队或畜牧场去。

依我看，共产主义制度下的人首先是善良的人。感觉到别人的存在和他们的精神需要，这就是未来的人的最主要的特征。对下列事情保持个人深切的关注：希望每一个人、每个同胞，都成为精神充实、道德美好、聪明、勤劳的人。珍惜、尊敬、热爱我们生活中最宝贵的东西——人。所有这一切，我称之为善良，称之为人性。

真正善良、有人性的人也会仇恨恶，仇恨我们的敌人——战争的拱火者、年轻一代心灵的教唆者。我们应当像学会善良一样，学会仇恨。

在瓦·科热夫尼科夫[82]的中篇小说《这位是巴卢耶夫》中有这样一段很动人的话："一个人能够为了自我的满足而工作，并且从自己的劳动中感受到忘我的喜悦，就可以认为他的一只脚已经踏进了共产主义。"热爱劳动，在劳动中展现自己的才能，这就是共产主义理想在我们日常生活中的生动体现。在我们的国家，当没有人对劳动漠不关心，没有人把劳动当作是谋生手段的时候，才能说共产主义已经深入到每个人的心灵。"如果真的有什么上帝值得崇拜的话，那就是劳动和劳动创造的奇迹。"我想用这句话表达的意义是：劳动给每个人展现了自我教育、自我认识和自我完善的无限领域。劳动是没有止境的，人的自我教育、自我认识也是无穷尽的，因而人的完善也是永不休止的。

第二个问题。最危险、最不能容忍的恶习，我认为是没有人性，对人冷漠无情、残忍。这样的恶习有很多。我给你讲一件事情，不久以前我成了这个事件的见证人。

在第聂伯河上游的一个大村庄里，一个九十二岁的老妇人去世了，她是四个儿子的母亲，十一个孙子的祖母，二十二个曾孙的曾祖母。她度过了十分艰难的一生。在东普鲁士，在玛祖尔人的沼泽地里，在喀尔巴阡山脉中，在柏林城下，都埋葬有她的骨肉，在六个战士的纪念碑上都有她的姓氏，上面的每一个字母背后，都有她的不眠之夜，有她的激动与期望。

这个历尽苦难的母亲死后，她五十岁的最小的儿子，怀着悲痛和忧虑对人们说：请帮助我送母亲最后一程吧。他在木材场找不到现成的做棺材的木板，但是他遇到了善良的人们，大家脱帽为死去的老人默哀。他们将一棵大松树的树干锯成几块木板，对他说："拿去吧，孩子，给母亲做最后的老屋吧。"木板需要运走，但木材场所有的汽车都忙着。这时又碰到一个好心的人。儿子站在迎面驶来的第一辆汽车面前，把自己的悲伤告诉司机，司机搁置了自己的运输工作，将木板装上车，开出了木材场的院子。就在这时，发生了一件奇怪、不合情理的事情。汽车队的队长看见自己的汽车装着木板，司机在大门外用绳子帮忙捆木板，他喊叫起来：

"你这是在干什么？你为什么不开车干自己的事？"

司机和老妇人的儿子对队长说："请不要喊叫，请您冷静下来，有人死了，需要帮助。"这位队长不仅没有冷静下来，没有表示歉意，反而暴跳如雷，大发雷霆，向脸色苍白的司机挥舞拳头，爬到车上，把木板扔在地上……司机把车开走了，儿子站在木板前手足无措地痛哭起来。他在泪眼婆娑中没有发现一位陌生人赶着一辆马车向他走来。这人刚从制油厂回来，听到吵闹声便停下来，想了解是怎么一回事……他知道一切后，主动把木板搬上马车，轻轻触碰了一下痛不欲生、受委屈的儿子的肩膀，低声问道："木板拉到哪里去？"

汽车队队长的行为，就是最可怕、最不能容忍的道德败坏。我反复地问自己：在我们的社会，那些难以称之为人的人们是在什么样的环境里长大的呢？是什么原因使他们变得冷酷无情、麻木不仁呢？孕育冷酷无情和仇视人类的社会条件，在我们这里并没有。这意味着，还有另外的原因。这是一个最尖锐、最反常的问题。在共产主义建设时期，生活向我们提出了这些问题。在我们的社会中还将出现像汽车队队长这样的人，关于共产主义可能仅仅是理想，但是目前我们还没有建成。想要对这些人进行再教育是很困难的事。应当防止这样的恶——在童年和少年时代就要进行正确的教育。

我从小就认识前面所说的那个汽车队队长，他叫伊万卡。小时

给父母的建议

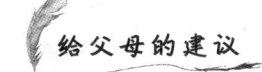

候,他和别的孩子一样,每天上学念书,夏天雨后,他喜欢光着脚在小水坑里跳来跳去,也会翻过栅栏到邻居的果树园里偷摘苹果,好像邻居家的苹果比他自己家果园里的苹果更香甜。

然而还是有一些和别的孩子不一样的事情,这些往事让邻居们提起就生气。伊万卡的父母和奶奶(父亲的母亲)共同生活在一起。儿媳妇不知为什么厌恶婆婆。她把这位老妇人安排在很小的贮藏室里独自居住,让她自己给自己做饭。伊万卡常常听见母亲说奶奶恶毒,不是好人。有一次过节,母亲做好了凉菜。"儿子,拿去给奶奶吃,"她对儿子说,"就用我们清理碎骨头的那个小盆装着……"母亲让孩子取柴火烧炉子时,对他说:"伊万卡,把干柴拿来,湿柴留给奶奶,她不喜欢农舍里热乎乎的。"

于是,孩子认为奶奶是个不值得重视的人……

有一年夏天,老奶奶央求伊万卡:"孙子,到牧场里为我采一种叫野酸模草的野菜吧,我想煮汤喝……"小男孩不想去牧场,他跑到菜园子里揪了一把甜菜的茎叶给奶奶。眼神不好的奶奶把甜菜的茎叶切碎煮了红甜菜汤。伊万卡为此还津津乐道地向伙伴们诉说欺骗奶奶的过程。

听了伊万卡的讲述,孩子们为他所干的事感到非常吃惊:要是自己做出这样的事情,父母将怎么对他们呢?孩子们回家后一五一十地讲述了这件事,顿时恶毒的儿媳和不孝的孙子受到全村人的谴责。

几年过去了。伊万卡长大成人,去了部队。想必命中注定就是这样的:他毫发无损地度过了整个战争岁月。但是没有回到父母家。离村庄不远处正在建设一个大电站。伊万卡在某个办事机构找到了工作,他一天到晚都在开车来回运输建筑材料。他爬升得很快,没多久当上了调度员,然后当上了汽车队队长,他八面玲珑,逢迎讨好,令有些人中意:领导开口指示,一句话还没说完,他就猜中了领导的意图,不管领导需要什么,他都能替他弄到手。

伊万卡的父亲去世了,奶奶也去世了,只剩下母亲一个人。儿子把她安顿在大房子的一间小贮藏室里。搬来一个炉子,对母亲说:"妈妈,你自己煮饭吃吧,安分守己过日子,不要再来打扰我。"

此时此刻,母亲想起当年让他给婆婆送冷菜时对儿子的吩咐……可能她记起了具有民族智慧的格言,格言教导说:只有在那时才能看透人心——当孩子没有躺在旁边,而是躺在床上的时候。

像伊万科这样的人,人们把他叫作坏人,未来不属于这样的人。未来属于那些现在已经踏上共产主义道德台阶的人们。住在遥远乌兹别克斯坦集体农庄的铁匠沙马赫穆德·沙赫梅托夫,他和妻子在艰苦的战争年代把十六名孤儿收为义子,教育并抚养成人。住在我们乌克兰的社会主义劳动英雄娜杰日达·扎格拉达,在困难的饥荒年代,她将二十二名孤儿收为义子,培养教育他们。这才是真正的英雄主义,这才是真正的人性。

第三个问题。在年轻一代的教育工作中最严重的缺陷,在我看来,就是忘记今天的孩子明天会长大成人。在很多父母那里,甚至在教师们那里,对待孩子都抱着一种态度:这些孩子似乎永远是孩子。后来他们恍然大悟,猛然发现自己的错误,在惊讶和绝望中抓挠自己的头发:他们没有发现,小孩子转眼就成了少年,少年转眼就成了青年,更没有料到的是,青年人立刻就有了结婚的要求,他们的这种要求弄得父母惊惶万状……我认为,父母、教师以及一切教育工作者的智慧,就是把很小的孩子看作未来的成年人。换句话说,就是应当会爱孩子。契诃夫这样写道:"孩子是神圣的、纯洁的。即使在强盗和鳄鱼的眼中,孩子们也被当作天使。我们自己无论闯入怎样的陷阱,但是应当让他们生活在适合于他们天使身份的环境里……不能把他们当作自己情绪的玩具,时而温存地亲吻,时而狂怒地打骂。比起独断专行的爱,不爱他们更好些。"

专横的爱,是一种摧残儿童的可怕的力量。父母亲专横暴虐的爱可归结为"爱的分量",因情绪而变化:如果父亲有很好的情绪,家中就笼罩着宽恕一切的气氛,孩子可以随心所欲,做什么都被允许,

给父母的建议

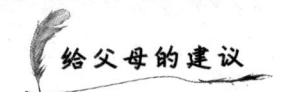

甚至用拳头殴打奶奶，或者做出表示嘲弄和侮辱的手势给她看；反之，父亲情绪不好，他就可以侮弄孩子。

而在学校的教育工作中最主要的缺陷，在我看来，是公民教育的缺失。公民教育应当居于首位，这一点应当说很多，写很多。

祝你身体健康，精力充沛！亲吻你，拥抱你。

你的父亲

给女儿的信
——论爱情

　　人的爱情不仅应当是美丽的、奉献的、忠贞的，还应当是明智的、小心谨慎的、目光锐利的和苛求挑剔的。当爱情是明智的和小心谨慎的时候，爱情才可能是美丽的和幸福的，记住这一点，好女儿。

给父母的建议

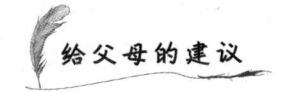

给女儿的信——论爱情

亲爱的女儿,你的信让我很激动。今天你十四岁了,你正在迈过一条界线,在这条界线外将成为一个女人。你问我:"父亲,什么是爱情?"

我一想到今天不再是和一个小孩子,而是和一个姑娘交谈,我的心跳就加速。但愿你跨过这条界限后,能得到幸福。而只有当你成为一个明智、懂礼的女人的时候,你才能得到真正的幸福。

是的,数百万的妇女,无数豆蔻年华的十四岁少女都在带着怦怦跳动的心思考这个问题:什么是爱情?每一个女人都按照自己的心思理解这个问题。当男性特质在每个男青年身上苏醒的时候,他们也离不开对爱情的思考。我亲爱的小女儿,从这一刻起,我给你写信的内容会和以前不一样了。我内心深处的愿望——将一种生活智慧告诉你,这种智慧被称作生存的能力。我希望,你能将父亲的每一句话,都看作一颗小小的种子,但愿这些种子能萌生出你观点和信念的幼芽。

这种想法也曾让我无法平静:什么是爱情?对我来说,在青年早期最亲近的人是玛利亚奶奶——一个令人惊叹的人,多亏了她,美好诚实的品质才进入我的心灵。她活了一百零七岁,死于战争前夕。玛丽亚奶奶将我带进童话、本族语言和人性美的世界。当我十六岁的时候,在早秋的一个寂静的夜晚,我和她坐在枝繁叶茂的苹果树下,望着飞往温暖的远方的仙鹤,我问道:"奶奶,爱情是什么?"

奶奶对于复杂的事情喜欢用童话故事来解释。听了我的话,她黑色的眼睛显出了沉思和惊慌的情绪,她抬起眼睛,用一种特别的目光看了我一眼,这种目光是我以往没见过的。

给女儿的信 —— 论爱情

"什么是爱情……上帝创造世界的时候,就教会所有的动物繁衍自己的种系——生育和自己一样的动物。上帝把一个男人和一个女人安排在了一块野地里,教他们搭起窝棚,然后给了男人一把铁锹,给了女人一把种子,说:'你们就一起在这里过日子、繁衍后代吧!我先去忙自己的事情了,一年以后再来看看你们过得怎样。'

"刚刚过了一年,上帝就带着他的天使长加百利来到了人这里。他们到的时候正是清晨,太阳刚刚从天边探出头。上帝看见男人和女人坐在窝棚旁,田里的庄稼已经成熟,他们的旁边有一个摇篮,摇篮里的婴儿在沉睡。男人和女人一会看看红色的太阳,一会又彼此对视。在他们目光相遇的一刹那,上帝在他们眼睛里看到了一种神秘的力量和无法理解的美。这种美胜过天空,胜过太阳,胜过土地,胜过长满庄稼的田野——胜过上帝造出的一切事物,甚至胜过上帝本人。这种美使上帝震惊、奇怪、惊愕,以至上帝的心因此恐惧、嫉妒得发抖:这是怎么回事呢?上帝想,是我创造了大地,是我用泥土捏出了人,使他有了灵感、思想、力量等生命迹象,但是我没有创造这样的美;它是从哪里来的,它是什么东西?

"天使长加百利告诉上帝说:'这是爱情。'上帝问:'什么是爱情?'天使长也回答不上来,只好耸了耸肩膀。

"于是上帝走到男人面前,用自己苍老的手轻轻碰了一下他的肩膀,问道:'人,教会我懂得爱情。'男人没有察觉到上帝的触碰,以为是一只苍蝇落在了肩头,依然望着妻子的眼睛。

"上帝身体虚弱,没有力气,但他是一个凶狠易怒、报复心很强的老家伙。看到人不理睬他,他摇身一变,变成一个残酷无情的恶魔,大声吼叫起来:'啊呀呀,人,这么说你是不想教我懂得爱情啦?你将见识我的厉害。从这一刻起——你变老吧。生命的每一个小时将逐渐带走你的青春和力量。你就变成一个衰老不堪的人吧。我会回来的,五十年后我要来看看你的眼睛里还剩下什么!'

"五十年后,上帝果然带着天使长加百利来了。放眼看去,原

305

来的窝棚不见了,替代它的是一座用原木造的村舍,空地上建造了花园,地里的庄稼熟了,儿子们正在耕地,女儿们正在收割麦子,孙子们在草地上嬉戏玩闹,老头儿和老太太并肩坐在木屋前,一会儿看看天边红色的朝霞,一会儿又看看对方的眼睛。上帝在他们的眼里看到了更加强大、持久的美。在男人和女人的眼睛里,上帝不仅看到了爱情,还看到了忠贞。上帝暴跳如雷,气得双手发抖,他唾沫四溅,喊叫着:'人,你为何没怎么变老?不行,你去死吧。我要让你在痛苦中死去,在土里腐烂,变成尘土。我还会再来,我倒要看看你的爱情会变成什么样子!'

"三年以后上帝带着天使长加百利又来了。他看见,男人坐在小山丘的一座坟墓旁,他的眼睛是忧郁的,但是在这双眼睛里依然有强大的人性美,这种美令上帝感到不可思议和畏惧。上帝不仅看到了爱情和忠贞,还看到了刻骨铭心的思念。上帝由于恐惧和无能而双手战栗,他走近人,双膝跪倒在人的面前,央求道:'人哪,把这种美让给我吧,不管你想要什么都可以,只要你答应把美让给我。''我做不到,'人回答说,'这种美实在是太珍贵了,只能用生命来换;而你,上帝,据说是永生的。''你获得永生吧,你获得青春吧,只要你把爱情给我!'上帝大喊起来。'不,不需要。无论是永葆青春还是长生不老,都不如爱情珍贵。'人回答说。

"上帝站起身来,将自己的胡须握成一团,离开了坐在坟墓旁的老人,他将脸转向麦田和红色的朝霞,他看见:在金黄色的麦穗旁,站着一群男人和女人,他们时而看着天边的红霞,时而彼此对视。上帝猛然想起许多忘记了的事情,在惊慌和绝望中用手抓住自己的头发,他后悔莫及,沮丧地离开大地回到了天空。自此以后,人就成了地球上的上帝。

"爱情就是这样的,我的孙儿。爱情——她高于上帝,是永恒的美和人的不朽。我们最终都会变成一把尘土,而爱情却依然存在。"

爱情就是这样的,我的女儿。尘世间成千上万种动物都生存着,繁衍着。只有人才会相爱。人只有在像人一样去爱别人的时候,才算得上人;如果不会爱,不把自己提高到人性美的高度,他就只是由人生出来的、外形像人的动物,永远也不会变成人。

亲爱的女儿,我现在将和你像两个成年人一样交流思想,这真是件好事。你已经对人类智慧最困难的一页——什么是爱情,进行了思考,这也是件好事。如果所有的年轻人毫无例外地都懂得这种爱情的智慧,那么,我们就会有一个和谐的社会,幸福会人人有份,并且人人都在幸福方面感到很满足。好女儿,不仅年轻一代的个人幸福取决于如何掌握这种伟大的爱的智慧。我们整个社会的道德纯洁和美好幸福都取决于年轻人有没有掌握爱情的智慧。人能够学会建造雄伟、壮丽、辉煌的庞然大物——水电站、宫殿、宇宙飞船、核潜艇,但是如果他没有学会真正的爱,他就只是一个野人。而且比起没有受过教育的野人,受过教育的野人更要危险百倍。

我们的生活中有两个方面的内容:一个是一个人在生产岗位上的劳动,他的社会面貌和作为公民的创造性活动,以及他对人民和社会应尽的职责;另一个是精神心理和道德审美方面的内容:家庭、儿女、父母对于儿女和儿女对于父母的职责和义务。这个内容不可忽略,很遗憾的是,不少人在这个方面依然是粗野无教养的人,甚至沦为奴隶或者卑鄙下流的小人。这些灾难(是的,这是些可怕的灾难)都是社会的恶。在精神心理和道德审美方面粗野无教养的人,沦为奴隶或者卑鄙下流的小人,都不能成为真正的公民、真正的创造者和真正的爱国主义者。一个人的精神财富和道德审美是何种程度的丰富和无限,同一性也将是这种程度,因为人的这两个方面是密不可分的。

亲爱的女儿,我收到了很多和你一样大或者稍大一些的女孩子的来信,你回家时可以读一读。这些信已经有几千封了。这是许多人的哀号,但与此同时,也是引起忧虑的提示,这些信提醒人们爱情是需要创造和培育的。它不能通过遗传来传递,就像延续种族的本能通过遗传来传递一样。

给父母的建议

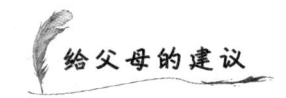

　　这些信中有一封是一位在中等技术学校上学的十七岁女学生写来的。她认识了一个小伙子，两个人好上了。小伙子爱喝酒，喜欢说无礼的话，还对姑娘说："你不要把自己装扮成招惹不得的人……"姑娘哭了，她很痛苦，但还是原谅了小伙子各种粗鲁无礼的行为，她说："要知道我多么爱他。"不久，不应当发生的事情发生了：姑娘怀孕了。她委身于他不是因为爱情，而是因为她害怕，如果她拒绝他的要求（害怕谈到要求，但是这种事情又常常发生），他就会离开自己，去寻求更加顺从、更好说话的姑娘……当姑娘对小伙子说："我们将有孩子了。"小伙子听了姑娘的话很是惊讶："什么，我们的孩子？不，是你的孩子，不是我们的孩子。"说完扬长而去……姑娘只好辍学，搬到了另外一个城市生活。她的人生被毁了。过了一段时间，她得知她孩子的父亲被学校开除了。

　　这些信像一片片烧得通红的铁片，烧灼着我的内心，在其中有着绝望的呼喊和因感情矛盾引起的慌乱言语："他爱我，但是不尊重我。""我怎么做才能让他不仅爱我，而且尊重我呢？"

　　我的小女儿，你现在应该明白了吧。我不是没有缘由地想起明智的玛利亚奶奶讲过的故事，也不是无缘无故地和你讨论什么是爱情。我是想提前提醒你，不要去犯很多姑娘犯过的错误。为了这些错误，她们不得不付出十分沉重的代价——幸福、快乐、健康，甚至是生命。人的爱情不仅应当是美丽的、奉献的、忠贞的，还应当是明智的、小心谨慎的、目光锐利的和苛求挑剔的。当爱情是明智的和小心谨慎的时候，爱情才可能是美丽的和幸福的，记住这一点，好女儿。特别应该牢记的是，生活里不仅有善良和高尚，遗憾的是，还有邪恶、阴险、狡诈、虚伪、欺骗、卑鄙。你不仅应该有一颗坦诚、善良的心，这颗心也应该是严厉、果断和苛求的。

　　真不知道这种逆来顺受的奴隶哲学是从哪里学来的："他打我，可我还是爱他。"当你在生活中遇到这种哲学，你会为她感到害怕、痛苦和屈辱。有一次，一个一年级女学生的母亲偷偷告诉我，她的丈夫怀疑她不忠诚，常常毒打她，就算没有毒打，也会用其他方式侮辱她，损害她的尊严。妇人诉说这一切时甚至十分满足："如果他不爱我，就不会打我……这意味着我在他心里还是有地位的……"要是我告诉这位年轻的母亲，这些事应当大声说出来，应当仇恨这种可怕的恶行，她会很惊恐，怕我会泄露她的秘密，急急忙忙离开我，用这些话来告别："这些事我没对你说过，请您明白……"我心里不得不承载着许多他人的秘密——作恶、不幸、痛苦、屈辱。年轻的妇女们细语甚至害怕大声说出，如果要说，也是环顾四周、小心翼翼地低声耳语……

这一切都是怎么造成的呢？

奥·倍倍尔[33]说过："妇女沦为奴隶早于奴隶制度的出现。"妇女的头脑将是精神上的奴隶制度在人世间的最后一个避难所。接受了高等教育，在精神上却是一个奴隶。你要像警惕火一样，警惕这一点，好女儿，不要成为这样的女人！

我坚信，在精神心理和道德审美方面的内容里，有些人确实是粗鲁无教养的人，甘愿做奴隶或者是卑鄙小人，这样说一点也不过分。无论是粗鲁无教养，还是卑鄙，都和精神上的奴隶制度融成一片。这话是怎么说出来的："他爱我，但不尊重我。""怎样才能使他不仅爱我，还能尊重我？"仿佛这两件事互不相干地存在着：这边是爱情，那边是尊重；今天他爱我，可是不尊重我，明天他尊重我，可是不爱我……

米·尤·莱蒙托夫说过一句非常感人的话："我用自己心灵的全部力量去爱。"为了真正的爱情，必须有强大的精神力量。学校、家庭和老一辈人的使命就是在人的身上激发出这种明智的力量。一切学校教育，实质上是培养爱、不妥协的精神、人的自尊感和学会恨：爱祖国和家乡的人民，仇恨它的敌人，爱母亲和父亲，爱你将和他结合为一体，与你的观点、信念、激情相同的那个人。

当有一个男青年，你一看见他，甚至一想起他你的心脏就会加速跳动，当你希望这个男青年用惊讶、赞赏的目光看你，认为你是世上唯一所爱的女人的时候，这意味着在你的身上女性意识已经苏醒，新生命的创造者——母亲，母性已经苏醒。从这一刻起对你来说，新生活开始了。要记住，从此时此刻起，你不仅要对自己负责，还要对未来的孩子负责，他是你肉体的一部分，你心中要有他。

母性的苏醒，自古以来表现为对异性的渴望，一种为了创造新的生命，为了延续种族而和异性结合的意愿。这是一种不可遏止的本能的力量，这种力量吸引小伙子追求姑娘，而姑娘也追求小伙子，但这还不是人的爱情。设想一下，有一块贵重稀有的大理石，雕塑大师用自己的双手将这块石头雕刻成一个特别优秀的作品——一朵石刻的玫瑰花，这朵花毫不逊色于带着几滴露水、映有霞光、芳香馥郁的花朵。雕刻大师在一块美丽但是形状不规则、没有生命的石头上看到一朵花，他便动手雕塑，汗流浃背地辛苦劳作着，终于把这块石头呈现出鲜活的、美的轮廓。这是手工创造的美、人为建造的美、用大理石制造出来的美。在那双充满崇高精神、因人的内在美和才能变得无比高尚的手还没有触碰这块大理石之前，它只是一块死的石头。而这双充满崇高精神的手正是人的爱情。对一位遐迩闻名的雕塑大师而言，只有当他拥有人的爱情，才能把爱情从野生的石头中提取出来，才能成为配得上高尚的人类爱情的人。爱情是一种使人变得高尚、能够提升人的品质的感情。生而为人，如果这种伟大的劳动——爱情的劳动从没有落到他头上，他对爱情便茫无所知，在我看来，他还是一个披着野兽毛皮的原始人，他将一块大理石拉到自己的山洞里，欣赏这块石头，但他没有料到这块神秘的石头里深藏着如此令人惊讶的美。

许多年轻人并没有比这个原始人聪明多少，不幸就在这里：他们也只会把一块大理石挖下来然后欣赏它。感到对性的向往，并且通过竭力追求已经得到满足，于是认为这就是爱情。如果除了性欲之外，别的什么都没有，那么夫妇生活将只有生养小孩了，然而生养孩子不需要很高的智慧，母鸡也能孵出雏鸡，这是自然教会它的……但是孩子不是雏鸡，如果把他们生出来的父母的智慧比孵出雏鸡的母鸡的智慧多不了多少，他们将会非常地不幸。

亲爱的小女儿，一定要记住，你是人。人和动物的区别，就在于他抬起了自己的头，能够看得见天上的星星。人不同于美丽的扁角鹿，鹿长得很好看，那又怎么样呢？推动人行动的不仅仅是为了延续种族而同配偶结合在一起，而是深刻的人的渴望：更看重与配偶在精神上的契合度——正是这种渴望使人凌驾于动物之上。

少年和青年早期是人生的朝霞；人应该迎着朝霞，为明智而勇敢的爱情创造精神的力量。是的，你思考这件终身大事吧，好女儿，思考为了得到伴你一生的爱情，应该怎样创造自己的精神和心灵的力量，应当将爱情终身保留着，珍惜它，爱护它，使双方互相忠诚，至死不渝；应当使爱情成为唯一且不能分离的，避免在爱情中犯错误，不要让自己有一天对爱情失望。我将爱情称之为明智的、英勇的事情，只有这样的爱情才是真正的人的爱情。但是如果意志薄弱的年轻人将感情的小船急速划向无人知晓的某处，如果你们的感情没有睿智和英勇坚强，那么任何幸福都将没有，相反，很大的不幸可能降临到你们的头上。如果对性行为向往，不加思索就放纵情欲，追求转瞬即逝的慰藉、短暂的享乐，这意味着，你，可爱的小女儿，陷入了可怕的危险之中——一朵花，它初看起来似乎是美丽的、令人迷醉的，其中却潜藏着致人死亡的毒物。我们不害怕坦率地说出来，如果只有性欲，其中既没有令灵魂净化的聪明和勇气，也没有令人高尚起来的睿智，这是很大的恶事，在生活中，这种恶事时时刻刻在窥伺着你。这种恶事因下列情况而严重起来：一个小伙子要求一个姑娘迎合他的意愿，仿佛他并非有意作恶（淫乱），而是真的爱这个姑娘。但是不幸的是，对于爱情，他无论在精神上还是道德上都没有成熟。他的肉体发育得可以做父亲了，而在精神、道德的发展上，他还是个孩子。但是这个孩子并非是不会伤人的，它是可怕的。可怕之处恰恰在于作为孩子的他，却可能成为父亲。

这种不幸的根源向外延伸，发展为感情上缺乏教养和情感勃发而做出的无礼行为，而在人的爱情的范围里，从无礼行为到卑鄙下流行为只有半步的距离。好女儿，思考一下我的劝告：仅仅是竭力满足自己的性欲又不准备成为真正男子汉的小伙子是无知无识的，姑娘也常常这样，她意志薄弱地在"不会反抗、驯顺的"感情波浪上漂浮，用人家熟悉的话语为自己不遵守妇女道德的行为辩护："连我自己也不知道为什么，但是我爱他。"如果一个男青年违反礼俗的出格行为会使他人、社会受害，如果他还没有意识到他违反礼俗的行为也会使他自己受害，那么，姑娘们，你们不遵守妇女道德的行为首先也会使你们自己受害。无论如何你们都不要成为不遵守妇女道德的人。自然要求你们成为有智慧、英勇刚毅、思维周密、小心谨慎、苛求、审慎的人。但愿你们从大自然在你们身上唤醒女性意识的那一刻起就成为一个真正的女人。我不妨奉劝姑娘们几句：做一个要求苛刻的女人吧。如果你们的审慎挑选结合着女性的明智和英勇，不是在思想轻浮的状态下表现出来的，就不要害怕这样做。如果聪明勇敢的女人能够成为爱情生活的主宰者和统治者，那么我们的社会在精神心理和道德审美方面就会达到全面的和谐一致，同时这样的女人将英明勇敢地活在姑娘们的心中。

在爱情生活中成为主宰和君王的妇女，是培养真正男子汉的强大教育力量。我坚信，女人用明智和勇敢不断创造男人的精神上的高尚、美好、忠诚和可靠。你不禁要问：女人怎样才能成为爱情的主宰和君王？怎样理解爱情的明智和英勇？爱情的这股强大力量的根源在哪里？

女孩、姑娘、年轻的母亲，都应该将一条真理谨记于心：爱情就是责任。首先是责任，然后才是满足和快乐。爱情的幸福存在于对他人的巨大的责任之中。谈到责任，我认为有一个教育的重要原则，为了在学校和家庭中都笼罩着对他人负责的气氛，人应该为他人的平安、幸福、欢乐、命运、生命承担一定的责任。要让小孩子懂得，他走的每一步、他的每一个行为,都会影响和他在一起的人的精神生活,这些人包括父亲、母亲、老师以及完全不熟悉的"外来的"人。一个人,只有当他不让他人蒙受祸害、屈辱和不安时,他才感到自己是个平安幸福的人。要使得无论是刚刚踏进校门的孩子,还是少年、青年人,当他知道自己给他人带来痛苦的时候,他都会整晚睡不好觉。宝贝女儿,这就是我所说的创造爱情的精神力量。帮助自己创造这些力量的人,应当有着更强大、更丰富的精神和更慷慨的心灵。每个人也应当是自我的教育者。只有这样的人才会智慧地、英勇刚毅地去爱别人,他能够感受到他人的存在,感知别人心中最细微的活动。只有感情丰富敏锐、富有同情心、热情恳挚、善良的人,才能够对恶事真正做到严格要求、绝不调和、绝不容忍,才能够对轻浮言行、精神与心理的奴役和下流勾当毫不宽恕。学生对他人有责任心的教育应当贯穿在学校工作的方方面面,关于这个问题,在下封信中我再和你细谈。

当我看到有一些人由于对小事不负责任发展到对大事也不负责任的时候,我的心痛得像被扯裂般。要记住,宝贝女儿,爱情和孩子联系在一起。脉脉含情的对视、拥抱、接吻,这些只是创造新生命的第一步。你孩子的幸福、你和你亲人的命运,都取决于你想象中的爱情是怎样的,取决于你在爱情里寻找些什么、你找到了些什么。我认识一些孩子,可以称他们是轻浮爱情下产下的孩子。没有任何爱情,没有任何生孩子的打算,他们仿佛是稀里糊涂的、意外生下来的。轻浮爱情下生出来的孩子是不幸的孩子。

阴云密布的秋天,稀拉地下着小雨。小科利亚站在汽车场的大门外。他为什么来到这里?他的家里只有妈妈,从妈妈和其他人那里他得知自己的父亲就在这里工作,在汽车场里当司机。有一次,善良的人们还指给他看:那个男人,他就是你的父亲。小男孩还记得父亲的大致模样,现在他只想再看他一眼。在科利亚的心灵深处还抱有一丝希望:也许父亲会把车停下,走到他的面前,问道:"嗨,儿子,

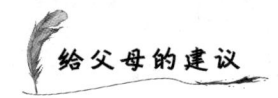

你过得怎样?"说不定还会让他到驾驶室里坐一坐。孩子这么想着的时候,他的心脏由于紧张似乎停止了跳动……父亲开着车从他身旁驶过,科利亚发现父亲认出了他,但是父亲没有多看他一眼。

失望、痛苦、愤怒、仇恨,一齐涌上孩子的心头。他回家了,从此以后对任何人都失去了信任;对他而言,世界上再也没有什么神圣的东西。可你知道,好女儿,孩子心头只有恶念、狂怒,这对社会是多么大的不幸?对年纪很小的孩子进行教育是多么困难哪,因为他刚有了自我意识,就不得不经受精神上的痛苦和折磨:我不被任何人需要;我是完全偶然来到这个世界的;我的出生是对母亲的惩罚,我使她感到痛苦……社会有了这样不幸的孩子,社会就不可能幸福。对孩子来说,任何东西都无法替代父母的亲情;父母的轻佻行为给孩子造成的伤害,也是任何方式都无法补偿的。

人的爱情,是人类高度文明的表现。根据一个人是如何对待爱情的,可以得出他是个怎样的人的结论。人对爱情的态度最明显地体现出了他对社会未来和社会道德的态度和责任心。

注 释

① 《汉谟拉比法典》：古巴比伦国王汉谟拉比（约公元前1792—前1750年）制定的法典，是古代东方法学珍贵文献，它反映了奴隶占有制的特点。汉谟拉比国王是政治家和统帅，他曾征服美索不达米亚大部分地区和亚述。——译者注

——第3页

② 列夫·托尔斯泰：列夫·尼古拉耶维奇·托尔斯泰，俄国作家、伯爵、彼得堡科学院通讯院士、名誉院士。代表作有《战争与和平》《安娜·卡列尼娜》《复活》。他还写了许多宗教、哲学、美学、政论著作。他的作品对世界文学产生了巨大影响，反映了俄国社会时代面貌。——译者注

——第21页

③ 伏尔泰：弗朗索瓦-玛丽·阿鲁埃。法国作家、启蒙运动哲学家、自然神论者。代表作有《哲学通信》《路易十四时代》《老实人》等。伏尔泰毕生抨击宗教偏执和君主专制制度，他为法国大革命做了思想准备，对世界社会科学的发展起了重大作用。——译者注

——第22页

④ 伊·彼·科特利亚列夫斯基：伊万·彼得罗维奇·科特利亚列夫斯基，乌克兰作家。作品有幽默长诗《埃内伊达》，描写乌克兰社会各阶层的生活；剧本《娜塔尔卡—波尔塔夫卡》和《有魔力的士兵》。他的作品表达了对人民的热爱，富于幽默感。——译者注

——第28页

⑤ 女学生T.：这个女学生的姓氏的首字母是T。后同。——译者注

——第36页

⑥ 伊·彼·巴甫洛夫：伊万·彼德罗维奇·巴甫洛夫，苏联生理学

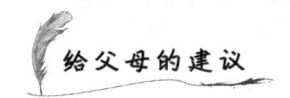

家、彼得堡科学院院士、苏联科学院院士，创立高级神经活动的唯物主义学说、现代最大的生理学派和生理学研究的新方法，写有血液循环与消化生理学方面的经典著作（1904年获诺贝尔奖）。他通过长期试验，构建条件反射法，判定心理活动的基础是大脑皮层所产生的物质生理过程。巴甫洛夫对高级神经生理学（第二信号系统、神经系统类型、机能的局限、大脑两半球工作的系统性等）的研究，对生理学、医学、心理学和教育学的发展产生了重大影响。——译者注

——第39页

⑦ 安·谢·马卡连柯：安东·谢苗诺维奇·马卡连柯，苏联时期乌克兰共和国教育家、作家。在高尔基劳动教养院和捷尔仁斯基儿童公社对违法儿童进行群众性改造的教学实践中取得了史无前例的经验，制定了在集体中进行共产主义教育的理论和方法，实行教学和生产劳动相结合的实验，发展了苏联家庭教育理论。作品有《教育诗》《塔上旗》《父母必读》等。——译者注

——第39页

⑧ 铃兰波良拉：一种多年生草本植物；"波良拉"，俄文英译，意思是林中的空地。——译者注

——第54页

⑨ 卓娅·科斯莫杰米扬斯卡娅：卓娅·阿纳托利耶芙娜·科斯莫杰米扬斯卡娅，化名"丹娘"，卫国战争时期的女游击队员，苏联英雄（1942年追授）。莫斯科第201中学学生。1938年加入苏联共青团，自愿参加游击队，任侦察员。在彼得里谢沃村（莫斯科州）被德军绞死，就义前宁死不屈，高呼爱国口号。——译者注

——第63页

⑩ 父名：俄国人姓名包含三个部分，首先是名字，其次是父名，最后是姓氏。只有表尊敬时，才会称呼人的父名。——译者注

——第64页

注释

⑪ 费·米·陀思妥耶夫斯基：费奥多尔·米哈伊洛维奇·陀思妥耶夫斯基，俄国作家、彼得堡科学院通讯院士。代表作有中篇小说《穷人》《白夜》，长篇小说《被欺凌和被侮辱的》《罪与罚》《白痴》《卡拉玛卓夫兄弟》。他的作品对俄罗斯文学和世界文学都有深刻影响。——译者注

——第87页

⑫ 屠格涅夫：伊万·谢尔盖耶维奇·屠格涅夫，俄国作家，他的《猎人笔记》收入短篇小说和随笔，表现了俄国农民的道德风貌和聪明才智。中篇小说《阿霞》《春潮》，创造了一批言与行相脱离的"多余的人"的形象，还创造了一批当代新人——平民知识分子、民主主义者和富有牺牲精神的俄罗斯妇女形象；长篇小说《烟》《处女地》，描绘了侨居国外的俄国人的生活和民粹派运动。晚年创作了抒情哲理作品《散文诗》。屠格涅夫是位杰出的现实主义作家，是心理分析和描绘风景的大师。他对俄罗斯文学和世界文学产生了很大影响。——译者注。

——第94页

⑬ 这里指的是1967年1月22日，《工人报》刊登了一位16岁的九年级学生克利沃夫·罗加·托利·Н的一封信，这位少年经常会得"四分"和"五分"的成绩。在家里，他会经常帮父母干活，但是父母总是唠叨个没完，数不清的责难让整个家庭好似在地狱。他在绝望中写信给报馆倾诉。详情见后文：第三节父母之爱的明智性。——译者注

——第101页

⑭ 弗·索洛乌欣：弗拉基米尔·阿列克谢耶维奇·索洛乌欣，苏联时期俄罗斯作家，作品有描写现代农村的中篇抒情小说《弗拉基米尔乡间小路》《一滴露水》《俄罗斯博物馆书简》；论文特写集《活的语言和僵化的语言》；中短篇小说集《面包上的蜜》。——译者注

——第112页

317

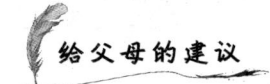

⑮ 康拜因：特指联合收割机，能够一次性完成谷类作物的收割、脱粒、分离茎秆、清除杂物等工序。——译者注

——第139页

⑯ 歌德：约翰·沃尔夫冈·冯·歌德，德国作家、现代德国文学奠基人、思想家和博物学家。代表作有长篇小说《少年维特之烦恼》《罗马哀歌》《威廉·迈斯特的学习时代》和《威廉·迈斯特的漫游时代》；剧本《哀格蒙特》；自传《诗与真》；歌剧《浮士德》等。——译者注

——第156页

⑰ 高尔基：原名阿列克塞·马克西姆维奇·彼什科夫，苏联时期俄罗斯作家、苏联作家协会第一任主席。1888年后致力于文学创作，于1892年开始发表作品，取笔名高尔基（意思为"痛苦的"）。代表作为长篇小说《母亲》；自传体三部曲《童年》《在人间》《我的大学》，另有多篇回忆录，其中有关列宁和托尔斯泰的回忆录具有文献价值。——译者注

——第160页

⑱ 塔列兰：出身于贵族家庭，法国资产阶级革命时期外交大臣（1797—1807，1814—1815），长期活跃于法国外交领域，是一位善于权变的政客。——译者注

——第182页

⑲《死魂灵》：俄国作家果戈理的长篇小说，1842年第一卷出版。第二卷手稿焚毁。——译者注

——第182页

⑳ 谢尔盖·拉佐：谢尔盖·格奥尔吉耶维奇·拉佐，西伯利亚和滨海地区建立苏维埃政权斗争的领导者之一，苏俄国内战争时期的英雄。1920年任党中央滨海地区和远东局军事委员会委员，被日本干涉军折磨致死。——译者注

——第183页

注释

㉑ 罗丹：奥古斯特·罗丹，法国雕塑艺术家。作品的构想充满戏剧气氛，力求表现哲学观念。主要作品有《思想者》《青铜时代》《加莱义民》《巴尔扎克》等。——译者注

——第183页

㉒ 布鲁诺：乔尔丹诺·布鲁诺，意大利泛神论哲学家和诗人。被指控宣传异端而被宗教裁判所在地罗马处以火刑。布鲁诺的物活论反对经院哲学和亚里士多德学派。布鲁诺发展了哥白尼的日心说，认为宇宙是无限的，存在许多个世界。主要著作有《论原因、本原和太一》《论无限、宇宙和诸世界》等。——译者注

——第186页

㉓ 亚历山大·乌里扬诺夫：亚历山大·伊里奇·乌里扬诺夫，民意党"恐怖派"的组织者和领导人之一。列宁的哥哥。参加1887年3月1日谋刺沙皇亚历山大三世的准备活动。在法庭上做了纲领性演说。5月8日，在施吕瑟尔堡要塞被处以绞刑。——译者注

——第186页

㉔ 索菲娅·佩罗夫斯卡娅：索菲娅·利沃夫娜·佩罗夫斯卡娅，革命民粹派分子、民意党执行委员会委员、谋刺亚历山大二世事件的组织者和参与者，1881年4月3日在彼得堡被处以绞刑。——译者注

——第186页

㉕ 霍斯罗夫·鲁兹贝赫：热爱自由军官组织的创始人和领导人之一。1943年加入伊朗人民党。有数学、炮兵学等方面的著作；还发表过文学作品。被军事法庭判处枪决。——译者注

——第186页

㉖ 尤利乌斯·伏契克：捷克斯洛伐克民族英雄。1942年，被德国秘密警察逮捕，在柏林的普勒岑塞监狱被杀害。伏契克曾在布拉格的培雷卡监狱写成《绞刑架下的报告》一书，1950年因此被追赠首届国际和平奖。——译者注

——第190页

319

㉗ 伊利亚·伊利夫和叶夫根尼·彼得罗夫：苏联作家，伊利夫原名伊利亚·阿尔诺里多维奇·法英济尔别尔格；彼得罗夫原名叶夫根尼·彼得罗维奇·卡达耶夫。他们合著的书《十二把椅子》和《金牛犊》，是讽刺文学佳作。——译者注

——第190页

㉘ 保尔·柯察金：苏联作家尼古拉·阿列克谢耶维奇·奥斯特洛夫斯基创作的名著《钢铁是怎样炼成的》中的主人公。这部小说描写苏维埃政权的建立过程和共青团员保尔·柯察金英雄的一生。——译者注

——第192页

㉙ 巴赫：约翰·塞巴斯蒂安·巴赫，德国作曲家和键盘演奏家。写过约1000首不同体裁的音乐作品。巴赫的创作是复调音乐的顶峰之一，充满人道主义思想和丰富的生活形象。他汇集和概括了前一时期几乎所有的流派，并预示了浪漫主义以前晚期的各种音乐风格特征。代表作有清唱剧《马太受难曲》《b小调弥撒曲》《平均律钢琴曲集》等。——译者注

——第197页

㉚ 阿列克谢·乌列索夫：阿列克谢·亚历山德罗维奇·乌列索夫，生产革新者、电焊工，采用金属槽焊法。两次获得社会主义劳动英雄称号。——译者注

——第200页

㉛ 斯坦尼斯拉夫·伊万诺维奇·施泰曼：苏联畜牧学家、社会主义劳动英雄。领导培育牛的科斯特罗马品种；研究了在不供暖的处所养殖牛犊的方法。1946—1958年为苏联最高苏维埃代表。获苏联国家奖。——译者注

——第200页

㉜ A.H.奥斯特洛夫斯基：亚历山大·尼古拉耶维奇·奥斯特洛夫斯基，俄罗斯剧作家、彼得堡科学院通讯院士（1863）。他的作品以巨大的艺术魅力体现了非自由人的反抗。他最著名的剧作有

《肥缺》《炽热的心》《森林》等。他的剧作兼有日常生活的逼真描写和人物性格的细腻刻画,对俄国戏剧的形成具有决定性的影响。——译者注

——第206页

㉝ 达尔文主义:以达尔文的观点为基础阐述地球生物界进化的唯物主义学说。根据达尔文的观点,生物进化主要是三个因素相互作用的结果:变异、遗传和自然选择。由于三个因素的不断作用,生物在进化过程中积累了所有的新的适应特征,最后导致新物种的形成。——译者注

——第207页

㉞ 丹柯:可能是高尔基的小说《伊则吉尔老婆子》中的人物丹柯。小说描写丹柯为使集体摆脱困境,取得自由而牺牲自己。在紧要关头,丹柯毅然撕开自己的胸膛,掏出自己的心,照亮人们走出森林的道路,丹柯的心"燃烧得跟太阳一样亮,甚至比太阳更亮"。人们得救了,而丹柯则死了。——译者注

——第219页

㉟ 鲍里斯·波列伏伊:鲍里斯·尼古拉耶维奇·波列伏伊,苏联作家、社会活动家、社会主义劳动英雄。两次获苏联国家奖。他依据苏联英雄А.П.马列席耶夫的功勋写的《真正的人》,塑造了苏维埃社会正面人物的形象。А.П.马列席耶夫是苏联飞行员,人称无脚飞将军。苏联卫国战争中失去双脚,后经顽强努力,终于驾驶飞机重上蓝天。——译者注

——第220页

㊱ 詹姆斯·奥尔德里奇:英国作家。著有反法西斯和反殖民主义的长篇小说。长篇小说《外交官》及其续篇《人和武器》揭露了英国外交政策的伪善。两部曲《异国之子》和《危险的游戏》,阐述了不同社会制度的国家和平共处的必要性。获列宁国际奖。——译者注

——第222页

321

㊲ 狄更斯：英国作家。一生著作丰富。著有作品《波兹特写集》《匹克威克外传》《尼古拉斯·尼克尔贝》等。——译者注

——第 222 页

㊳ 弗·培根：弗朗西斯·培根，英国哲学家，英国唯物主义创始人。在《新工具》著作中宣称：科学的宗旨是提高人对自然界的控制能力；建议改革科学研究方法，肃清理智中的谬误（"偶像"或"幽灵"）。主张采用试验法，并在实验的基础上归纳整理试验的结果。——译者注

——第 223 页

㊴ 安东尼·德·圣埃克苏佩里：法国作家。他写的长篇小说《南方邮航》、散文集《人类的大地》和童话《小王子》，充满哲理和人道主义精神。第二次世界大战时期担任飞行员，1944 年 7 月 31 日执行一次空中侦察任务时失踪。——译者注

——第 227 页

㊵ 穆萨·嘉里尔：穆萨·穆斯塔福维奇·嘉里尔（嘉里洛夫），苏联鞑靼诗人。著有抒情诗、长诗，歌剧剧本，1948 年获苏联国家奖，1942 年受伤被俘，在法西斯牢狱中被处死。——译者注

——第 230 页

㊶ 费尔巴哈：德国唯物主义哲学家和无神论者。起初是黑格尔的追随者，后来批判了黑格尔的唯心主义。费尔巴哈哲学的中心是被解释为生物的和抽象个体的人，他把宗教解释为人的精神的异化，认为道德的基础是人渴望幸福。他对马克思形成唯物主义观点有很大影响。主要著作有《黑格尔哲学批判》《基督教的本质》《未来哲学原理》《宗教的本质》等。——译者注

——第 234 页

㊷ 莱蒙托夫：米哈伊尔·尤利耶维奇·莱蒙托夫，俄国诗人。1837 年因《诗人之死》一诗，被流放到高加索当兵，在皮亚季戈尔斯克决斗时遭杀害。他的浪漫主义作品反映了他的自由叛逆个性的

理想，如《咏怀》《又寂寞，又惆怅》《预言家》等诗篇，长篇小说《当代英雄》是他的顶峰之作。——译者注

——第240页

㊸ 克拉拉·蔡特金：德国共产主义运动女活动家。1881年起为德国社会民主党党员。1889年参加第二国际的筹建工作。1910年哥本哈根国际妇女代表大会上根据她的倡议，通过了以3月8日为国际妇女节的决议。1919年起为德国共产党中央委员。1920年起为德国国会议员。1921年被选为共产国际执行委员会主席团委员。——译者注

——第241页

㊹ 别林斯基：维萨里昂·格里戈里耶维奇·别林斯基，俄国文学批评家、政论家、革命民主主义者、唯物主义哲学家。对俄国社会思想和文学艺术的发展均有影响。——译者注

——第249页

㊺ 荷马：传说中的古希腊诗人。早在古希腊、罗马时，便有人把《伊利昂纪》（又译为《伊利亚特》）《奥德修纪》（又译为《奥德赛》）等确定为他的作品。相传荷马是流浪四方的盲乐师、说唱艺人。——译者注

——第259页

㊻ 格林：亚历山大·斯捷潘诺维奇·格林，苏联时期俄罗斯作家。作品有《红帆》《穷途末路》《灿烂的世界》等。——译者注

——第262页

㊼ 飞廉：一种混杂在农作物中的有刺的野草，属头状花序科（菊科）。——译者注

——第266页

㊽ A.法朗士：法国作家。作品有长篇小说《希尔维斯特·波纳尔的罪行》，以讽刺手法表露对现实的不满，另有长篇小说《诸神渴了》对革命提出异议。1921年获诺贝尔文学奖。——译者注

——第270页

323

㊾ 罗曼·罗兰：法国作家、音乐评论家、社会活动家。作品有《人民戏剧》《贝多芬传》《米开朗琪罗传》等，还有音乐理论方面的著作，1915 年获诺贝尔文学奖。——译者注

——第 272 页

㊿ 据古希腊神话，西西弗斯因为欺骗了神，被惩罚将一块巨大的石头推到山顶，可石头刚推到山顶又自动滚下去，他只能在推上去又滚下来的循环中重复下去，他一辈子都在永无止境地推着这块巨石。——译者注

——第 293 页

(51) 泼留希金：俄国作家果戈理的名著《死魂灵》中的人物，吝啬鬼的代名词。——译者注

——第 296 页

(52) 瓦·科热夫尼科夫：瓦季姆·米哈伊洛维奇·科热夫尼科夫，苏联作家。作品有描写战争的短篇小说；长篇小说《迎着朝霞》(1、2 卷）叙述西伯利亚的革命运动;《盾和剑》歌颂苏联侦察员的功勋。在中篇小说《这位是巴卢耶夫》《彼得·里亚宾会》《特别分队》中表现了苏联人的英雄品质。——译者注

——第 298 页

(53) 奥·倍倍尔：奥古斯特·倍倍尔，德国社会民主党和第二国际创始人和领导人。多次当选国会议员。反军国主义和反战的热忱战士，支持妇女解放。1872 年因支持巴黎公社被捕入狱。——译者注

——第 309 页